여러분의 합격을 응원하는
해커스경찰의 특별 혜택!

FREE 경찰학 특강

해커스경찰(police.Hackers.com) 접속 후 로그인 ▶ 상단의 [무료강좌 → 경찰 무료강의] 클릭하여 이용

해커스경찰 온라인 단과강의 20% 할인쿠폰

C2C2A4C39C2RD87C

해커스경찰(police.Hackers.com) 접속 후 로그인 ▶ 상단의 [내강의실] 클릭 ▶
[쿠폰/포인트] 클릭 ▶ 쿠폰번호 입력 후 이용

* 등록 후 7일간 사용 가능(ID당 1회에 한해 등록 가능)

경찰 합격예측 온라인 모의고사 응시권 + 해설강의 수강권

BCFBDDC35FEAETGW

해커스경찰(police.Hackers.com) 접속 후 로그인 ▶ 상단의 [내강의실] 클릭 ▶
[쿠폰/포인트] 클릭 ▶ 쿠폰번호 입력 후 이용

* ID당 1회에 한해 등록 가능

쿠폰 이용 관련 문의 **1588-4055**

단기 합격을 위한 해커스경찰 커리큘럼

입문
탄탄한 기본기와 핵심 개념 완성!
누구나 이해하기 쉬운 개념 설명과 풍부한 예시로 부담없이 쌩기초 다지기
TIP 베이스가 있다면 **기본 단계**부터!

▼

기본+심화
필수 개념 학습으로 이론 완성!
반드시 알아야 할 기본 개념과 문제풀이 전략을 학습하고
심화 개념 학습으로 고득점을 위한 응용력 다지기

▼

기출+예상 문제풀이
문제풀이로 집중 학습하고 실력 업그레이드!
기출문제의 유형과 출제 의도를 이해하고 최신 출제 경향을 반영한
예상문제를 풀어보며 본인의 취약영역을 파악 및 보완하기

▼

동형모의고사
동형모의고사로 실전력 강화!
실제 시험과 같은 형태의 실전모의고사를 풀어보며 실전감각 극대화

▼

마무리
시험 직전 실전 시뮬레이션!
각 과목별 시험에 출제되는 내용들을 최종 점검하며 실전 완성

PASS

* 커리큘럼 및 세부 일정은 상이할 수 있으며,
자세한 사항은 해커스경찰 사이트에서 확인하세요.

**단계별 교재 확인 및
수강신청은 여기서!**

police.Hackers.com

해커스경찰

킹재규
경찰학

2차 시험 대비

총알 총정리 모의고사

경찰채용 최근 3개년 단원별 출제키워드

총론

	출제비율	22년 2차	23년 1차	23년 2차	24년 1차	24년 2차	25년 1차
경찰과 경찰학	12문제 (30%)	• 경찰개념(대륙법계) • 경찰활동의 기본이념	• 대륙법계 • 형식적 실질적 의미의 경찰 • 경찰개념의 분류 • 국가경찰과 자치경찰 • 공공질서 • 경찰의 관할	• 경찰개념(종합) • 위험	• 영미법계 • 경찰개념의 분류	• 경찰의 분류 • 형식적 실질적 의미의 경찰 • 경찰행정의 특수성 • 경찰의 관할 • 경찰의 기본이념	• 경찰개념의 분류 • 주요 외국 판결 • 위험(사례) • 경찰의 관할 • 경찰의 기본이념
범죄학		• 학자 • CPTED	• 화이트칼라범죄 • CPTED • 지역사회 경찰활동 (COP) • 무관용 경찰	• 지역사회경찰활동 • 범죄예방활동(사례) • SARA	• 학자 • 억제이론 • 범죄예방이론 • 멘델존 • 지역사회경찰활동	• SARA모델 • CPTED • 사회구조원인론 • 지역사회 경찰활동	• 현대적 범죄예방이론 • 범죄예방의 접근법 • 중화기술이론 • 지역사회경찰활동 • 순찰
경찰과 윤리		• 전문직업화 • 청탁금지법 및 이해충돌 방지법	• 경찰부패 • 경찰청 공무원 행동강령	• 사회계약설 • 냉소주의 • 경찰부패 • 청탁금지법 • 적극행정	• 범죄와 싸우는 경찰 모델 • 내부고발 • 경찰윤리강령 • 청탁금지법 • 이해충돌방지법	• 경찰부패 • 냉소주의 • 경찰청 공무원 행동강령	• 적극행정 • 종합(박스형)
한국경찰의 역사	1문제(2.5%)	• 종합	• 인물	• 경찰조직의 연혁	• 미군정시기 경찰	• 미군정시기 경찰	• 인물 • 종합
비교경찰	1문제(2.5%)		• 종합		• 종합	• 종합	
경찰행정학	6문제(15%)	• 동기부여이론	• 경찰조직편성의 원리 • 계급제와 직위분류제 • 국가재정법 • 보안업무규정 • 경찰통제 • 경찰 인권보호 규칙	• 경찰조직편성 • 동기부여이론 • 예산 • 경찰장비관리규칙 • 보안업무규정 • 경찰 감찰 규칙 • 경찰 인권보호 규칙	• 경찰조직편성 • 계급제와 직위분류제 • 국가재정법 • 경찰장비관리규칙 • 보안업무규정 • 경찰홍보	• 조직편성원리 • 직업공무원제도 • 예산제도 • 경찰장비관리규칙 • 언론중재 및 피해구제 등에 관한 법률 • 경찰통제(종합) • 정책결정모델	• 조직편성의 원리 • 동기부여이론 • 보안업무규정 • 경찰 인권보호 규칙
경찰법의 법원	14문제 (35%)		• 법원			• 법령 등 공포에 관한 법률	• 법규명령과 행정규칙
경찰조직법		• 자치경찰사무 • 국가경찰위원회와 시·도자치경찰위원회 비교 • 권한의 위임 대리	• 국가경찰위원회 심의·의결	• 국가수사본부장 • 시·도자치경찰 위원회 • 행정권한의 위임 및 위탁에 관한 규정	• 시·도자치경찰 위원회	• 국자법(사례형)	• 시·도자치경찰위원회 • 종합
경찰 공무원과 법		• 승진 • 징계(2) • 소청	• 임용권자 • 직위해제	• 경찰공무원 복무규정 • 징계		• 종합	• 경찰공무원 채용
경찰작용법 일반론		• 법치행정 • 경찰재량 • 행정행위 • 법치행정 • 행정의 일반원칙 • 경찰작용의 유형 • 강학상 경찰허가 • 행정조사 • 개인정보 보호법 • 의무이행 확보수단 • 국가배상 • 행정심판법 • 종합	• 경찰비례의 원칙 • 경찰하명 • 행정기본법 • 공공기관의 정보공개에 관한 법률 • 의무이행확보수단 • 질서위반행위규제법 • 행정절차법 • 행정심판법	• 행정행위 • 부당결부금지 • 행정기본법 • 개인정보 보호법 • 의무이행 확보수단 • 행정상 법률관계 • 행정심판법 • 행정소송법(판례)	• 법치행정의 원칙 • 행정기본법 • 행정응원 • 공공기관의 정보공개에 관한 법률 • 개인정보 보호법 • 의무이행 확보수단 • 국가배상 • 행정심판법	• 비례의 원칙 • 행정행위의 부관 • 공공기관의 정보공개에 관한 법률 • 질서위반행위규제법 • 행정행위의 무효 • 행정절차법 • 국가배상법	• 법치행정의 원칙 • 질서위반행위규제법 • 공정력 • 무효 • 경찰강제 • 개인정보 보호법 • 행정절차법 • 행정심판법 • 행정소송법
경찰관 직무집행법		• 즉시강제 • 정보의 수집 등 • 판례	• 보호조치 • 물리력	• 종합(2)	• 정보의 수집 등 • 경찰장비 • 손실보상 • 물리력 • 종합	• 경찰장비와 장구 • 직무범위	• 위해성 경찰장비 사용기준 등에 관한 규정 • 경찰착용기록장치 • 손실보상

경찰채용 최근 3개년 단원별 출제키워드

분야별 경찰활동(6문제, 15%)

	22년 2차	23년 1차	23년 2차	24년 1차	24년 2차	25년 1차
생활안전	• 경찰청과 그 소속기관 직제 • 112치안종합상황실 운영 및 신고처리 규칙 • 아동·청소년의 성보호에 관한 법률 • 실종아동등의 보호 및 지원에 관한 법률	• 경범죄 처벌법	• 지역경찰의 조직 및 운영에 관한 규칙 • 아동·청소년의 성보호에 관한 법률	• 아동·청소년의 성보호에 관한 법률	• 112신고 • 경범죄 처벌법	• 112신고 • 풍속영업의 규제에 관한 법률 • 실종아동등의 보호 및 지원에 관한 법률
수사경찰	• 스토킹범죄의 처벌 등에 관한 법률 • 성폭력범죄의 수사 및 피해자 보호에 관한 규칙	• 가정폭력범죄의 처벌 등에 관한 특례법 • 마약	• 아동학대범죄의 처벌 등에 관한 특례법	• 피의자 유치 및 호송 규칙 • 가정폭력범죄의 처벌 등에 관한 특례법	• 특정중대범죄 피의자 등 신상공개에 관한 법률 • 마약(LSD)	
경비경찰	• 행사안전경비	• 재난 및 안전관리 기본법	• 국민보호와 공공안전을 위한 테러방지법			• 국민보호와 공공안전을 위한 테러방지법
교통경찰	• 종합 판례	• 음주운전 판례	• 종합 판례	• 운전면허	• 정차 및 주차의 금지	• 운전자의 의무
정보경찰	• 집회 및 시위에 관한 법률		• 집회 및 시위에 관한 법률	• 정보배포 원칙	• 확성기등의 소음 기준 등	• 집회 및 시위에 관한 법률 정의
안보경찰		• 보안관찰법				
외사경찰			• 경찰수사규칙과 범죄수사규칙	• 범죄인 인도법	• 국제경찰공조	

Contents

01회	경찰학 총정리 모의고사	9
02회	경찰학 총정리 모의고사	23
03회	경찰학 총정리 모의고사	37
04회	경찰학 총정리 모의고사	51
05회	경찰학 총정리 모의고사	65
06회	경찰학 총정리 모의고사	79
07회	경찰학 총정리 모의고사	92
08회	경찰학 총정리 모의고사	108
09회	경찰학 총정리 모의고사	122
10회	경찰학 총정리 모의고사	138
11회	경찰학 총정리 모의고사	154
12회	경찰학 총정리 모의고사	169
해설	해설지 다운로드	183

 킹재규경찰학

총알 총정리 모의고사

초츠모

문제

총알 총정리 모의고사 1회

01
경찰개념에 관한 설명으로 가장 적절한 것은?

① 경찰개념은 역사적으로 발전되고 형성된 개념이므로, 근대국가에서의 일반적인 경찰개념을 '공공의 안녕과 질서유지를 위한 권력작용'이라고 할 경우, 이는 각국의 실정법상 경찰개념과 반드시 일치한다고는 할 수 없다.
② 독일에서 경찰권이론은 14세기에 등장하였는데, 이 이론에 따르면 군주는 개인 간의 결투와 같은 자구행위를 억제하기 위하여 공동체의 원만한 질서를 보호할 권리와 의무를 갖고 있으며, 이를 위한 필수불가결한 조치를 경찰권에 근거하여 갖고 있다고 보았다.
③ 범죄의 예방과 검거 등 보안경찰 이외의 산업, 건축, 영업, 풍속경찰 등의 경찰사무를 다른 행정관청의 분장사무로 이관하는 현상을 '비경찰화'라고 한다.
④ 1882년 프로이센 고등행정법원은 크로이츠베르크(Kreuzberg) 판결을 통해 경찰관청이 일반수권 규정에 근거하여 법규명령을 발할 수 있는 분야는 소극적인 위험방지에 한정된다는 사상이 법 해석상 확정되는 계기가 되어 경찰작용의 목적 확대에 기여하였다.

02
다음 사례에서 설명하는 경찰의 개념에 대한 설명으로 옳지 않은 것은?

> 경찰청 사이버수사국은 최근 사이버금융범죄 특별단속을 진행하며, 보이스피싱 조직의 현금수거책 검거, 불법 도박사이트 운영자 추적, 악성코드 유포행위 적발 등을 수행하고 있다. 이러한 활동은 주로 경찰청의 사이버범죄 수사 전문팀이 전담한다.

① 경찰작용의 성질과 관계없이 실정법상 보통경찰기관의 권한에 속하는 일체의 작용을 말한다.
② 제도적·역사적 측면에서 형성된 경찰개념에 해당한다.
③ 타 행정작용에 부수하여 그 행정작용과 관련해서 발생하는 위험을 방지하기 위해 행해지는 경찰작용이다.
④ 보이스피싱 수사 외에도 교통경찰, 경비경찰, 해양경찰, 생활안전경찰 등이 사례와 같은 경찰개념에 해당한다.

03
다음에 대한 설명으로 가장 적절한 것은? (다툼이 있으면 판례에 의함)

① 사회공공의 안녕과 질서를 유지하기 위하여 일반통치권에 근거하여 국민에게 명령·강제하는 권한을 경찰권이라고 할 때, 협의의 경찰권은 경찰책임자에게만 발동될 수 있다.
② 협의의 경찰권은 경찰기관 외의 일반행정기관에서는 발동할 수 없다.
③ 우리 대법원 판례는 위해성 경찰장비인 살수차와 물포의 직사살수의 사용요건으로 명백한 위험의 원칙을 요구하고 있다.
④ 국회의장의 국회경호권이나 법원의 법정질서유지권은 협의의 경찰권에 해당하지 않는다.

04
범죄원인론에 대한 설명으로 가장 적절하게 연결되지 않은 것은?

① 버제스(Burgess)의 동심원이론 – 특정 도시의 성장은 도시 중심부에서 주변부로 동심원을 그리며 진행되는데, 그러한 과정에서 침입·지배·계승이 이루어진다고 하였다.
② 글레이저(Glaser)의 차별적 동일시 이론 – 동작경찰서는 관내 청소년 비행 문제가 증가하자 청소년들을 대상으로 폭력 영상물의 폐해에 관한 교육을 실시하고, 해당 유형의 영상물에 대한 접촉을 삼가도록 계도하였다.
③ 서덜랜드(Sutherland)의 차별적 접촉이론 – 범죄는 범죄적 전통을 가진 사회에서 많이 발생하며, 이러한 사회에서 개인은 범죄에 접촉·동조하면서 학습한다고 한다.
④ 머튼(Merton)의 긴장(아노미)이론 – 범죄는 정상적인 것이며 불가피한 사회적 행위라는 입장에서 사회 규범의 붕괴로 인해 범죄가 발생한다.

05
범죄통제이론에 대한 설명 중 적절하지 않은 것은?

① 억제이론은 실증학파의 입장으로 폭력과 같은 충동적 범죄에는 적용에 한계가 있다.
② 합리적선택이론은 고전주의 범죄이론에 바탕을 이론으로 미시적 범죄예방모델에 입각한 일반예방효과에 중점을 둔다.
③ 상황적 범죄예방이론의 일종인 합리적 선택이론은 억제이론과 같이 인간의 자유의지를 전제로, 범죄자는 비용과 이익을 계산하여 자신에게 유리한 경우에 범죄를 저지른다고 한다.
④ 상황적 범죄예방이론의 일종인 범죄패턴이론은 범죄에는 일정한 장소적 패턴이 있다.

06
환경설계를 통한 범죄예방(CPTED)의 기본원리에 관한 설명으로 가장 적절한 것은?

① '활동의 활성화'는 일정한 지역에 접근하는 사람들을 정해진 공간으로 유도하거나 외부인의 출입을 통제하도록 설계함으로써, 접근에 대한 심리적 부담을 증대시켜 범죄를 예방하는 것이다. 출입구의 최소화, 통행로의 설계, 울타리 및 표지판의 설치를 예로 들 수 있다.
② '영역성의 강화'는 주민들이 모여서 상호의견을 교환하고 유대감을 증대할 수 있는 공공장소를 설치하여 이를 이용하도록 함으로써, '거리의 눈'에 의한 자연적인 감시와 접근통제의 기능을 확대하는 것이다. 놀이터와 공원의 설치, 벤치·정자의 위치 및 활용성에 대한 설계를 예로 들 수 있다.
③ '유지관리'는 시설물이나 공공장소의 기능을 처음 설계되거나 개선한 의도대로 지속적으로 이용될 수 있도록 관리함으로써, 범죄예방을 위한 환경설계의 장기적이고 지속적 효과를 유지하는 것이다. 청결유지, 파손의 즉시 보수, 조경의 관리를 예로 들 수 있다.
④ '자연적 접근통제'는 건축물이나 시설물의 설계 시 가시권을 최대한 확보하고 외부 침입에 대한 감시기능을 확대함으로써, 범죄 발각 위험을 증가시키고 범행 기회를 감소시키는 것이다. 가시권 확대를 위한 건물의 배치, 조명 및 조경 설치를 예로 들 수 있다.

07

다음 중 전통적 경찰활동(Traditional Policing TP)의 내용만으로 바르게 짝지어진 것은?

> ㉠ 경찰이 곧 대중이고, 경찰과 시민 모두에게 범죄방지 의무가 있다.
> ㉡ 경찰업무 우선순위를 범죄(강도, 절도, 폭력 등) 퇴치에 둔다.
> ㉢ 업무의 효율성은 112신고와 이에 따른 반응시간이 얼마나 짧은가로 판단한다.
> ㉣ 정책결정과정에서 주민의 참여를 증대하고 경찰의 권한을 분산하는 것을 기본요소로 한다.
> ㉤ 지역사회의 요구에 부응하는 분권화된 경찰관 개개인의 능력 강조한다.
> ㉥ 언론 접촉 부서의 역할은 현장경찰관들에 대한 비판적 여론을 차단하는 것이다.

① ㉠㉡㉥
② ㉡㉢㉥
③ ㉠㉣㉤
④ ㉡㉣㉥

08

경찰의 윤리에 관한 설명으로 옳은 것은 모두 몇 개인가?

> ㉠ 셔먼(Sherman)의 미끄러지기 쉬운 경사로 이론은 사소한 부패가 습관화되면 나중에는 커다란 부패로 이어진다는 이론이다.
> ㉡ 존 클라이니히(J. Kleinig)의 내부고발의 윤리적 정당화 요건으로 적절한 도덕적 동기에 의해 내부고발이 이루어져야 하며, 성공가능성은 불문한다.
> ㉢ 회의주의와 비교할 때, 냉소주의는 조직 내 특정한 대상을 합리적 의심을 통해 신뢰하지 않는 것과 관련이 있다.
> ㉣ 사회계약설을 토대로 코헨(Cohen)과 펠드버그(Feldberg)가 제시하는 경찰활동의 기준에 따르면, 경찰입직 전 집에 도둑을 맞은 경험이 있었던 김순경은 경찰에 임용되어 절도범을 검거하자, 과거의 도둑맞은 경험이 생각나 피의자에게 욕설과 가혹행위를 한 경우는 '공공의 신뢰 확보'에 위배된다.

① 0개 ② 1개
③ 2개 ④ 3개

09

경찰윤리강령에 관한 설명으로 가장 적절한 것은?

① 우리나라의 경찰윤리강령은 경찰헌장(1966년) – 새경찰신조(1980년) – 경찰윤리헌장(1991년) – 경찰서비스헌장(1998년) 순서로 제정되었다.

② 민주적 참여에 의한 제정보다는 상부에서 제정되고 일방적으로 하달되어 냉소주의를 불러일으키는 단점이 있다.

③ 경찰윤리강령의 문제점 중 비진정성은 전문직업인의 내부규율로서 선언적 효력을 가질 뿐 법적인 강제력이 없기 때문에 이를 위반했을 경우 제재할 방법이 미흡하며, 지나친 이상추구의 성격 때문에 발생할 수 있다는 것을 의미한다.

④ 1945년 10월 21일 국립경찰의 탄생 시 경찰의 이념적 좌표가 된 경찰정신은 대륙법계의 영향을 받은 '봉사와 질서'이다.

10

「부정청탁 및 금품 등 수수의 금지에 관한 법률(시행령 포함)」에 대한 설명으로 가장 적절하지 않은 것은?

① 음식물, 선물은 5만원까지 허용되지만 예외적으로 선물의 경우 농수산물 및 농수산가공품과 농수산물·농수산가공품 상품권은 15만원까지 가능하다. (대통령령으로 정하는 설날·추석을 포함한 기간에 한정하여 그 가액 범위를 두 배로 한다.)

② ①의 "대통령령으로 정하는 설날·추석을 포함한 기간"이란 설날·추석 전 24일부터 설날·추석 후 5일까지(그 기간 중에 우편 등을 통해 발송하여 그 기간 후에 수수한 경우에는 그 수수한 날까지)를 말한다.

③ 경조사로 축의금과 화환·조화를 같이 보낼 경우 합산하여 10만원까지 가능하므로, 축의금 3만원과 화환 7만원짜리를 같이 보낼 경우 10만원 범위 내이므로 법위반이 아니다.

④ 물품상품권·용역상품권·온누리상품권·지역사랑상품권·문화상품권 등 일정한 금액이 기재되어 소지자가 해당 금액에 상응하는 물품 또는 용역을 제공받을 수 있는 증표인 금액상품권은 가액에 상관 없이 선물할 수 없다.

11

「경찰청 공무원 행동강령」에 대한 설명으로 가장 적절한 것은?

① 공무원은 여비, 업무추진비 등 공무 활동을 위한 예산을 목적 외의 용도로 사용하여 소속 기관에 재산상 손해를 입혀서는 아니 된다.
② 공무원은 수사·단속의 대상이 되는 업소 중 행동강령책임관이 지정하는 유형의 업소 관계자와 부적절한 사적 접촉을 하여서는 아니 되며, 공적 또는 사적으로 접촉한 경우 행동강령책임관이 정하는 방법에 따라 신고하여야 한다.
③ 공무원은 직무수행 중 알게 된 정보를 이용하여 유가증권, 부동산 등과 관련된 재산상 거래 또는 투자를 하여서는 아니되지만, 타인에게 그러한 정보를 제공하여 재산상 거래 또는 투자를 돕는 행위는 그러하지 아니하다.
④ 공무원은 월 3회를 초과하여 대가를 받고 외부강의등을 하려는 경우에는 미리 소속 기관의 장에게 보고를 하여야 한다.

12

「공직자의 이해충돌 방지법」 제20조(신고자 등의 보호·보상)에 대한 설명으로 가장 적절한 것은?

① 누구든지 신고자등에게 신고등을 이유로 불이익조치(「공익신고자 보호법」 제2조 제6호에 따른 불이익조치를 말한다)를 하여서는 아니 된다. 다만, 신고내용이 사실이 아닌 경우에는 예외로 한다.
② 이 법의 위반행위를 한 자가 위반사실을 자진하여 신고하거나 신고자등이 신고등을 함으로 인하여 자신이 한 이 법의 위반행위가 발견된 경우에는 그 위반행위에 대한 형사처벌, 과태료 부과, 징계처분, 그 밖의 행정처분 등을 감경하거나 면제한다.
③ 국민권익위원회는 이 법의 위반행위에 대한 신고로 인하여 공공기관에 재산상 이익을 가져오거나 손실을 방지한 경우 또는 공익을 증진시킨 경우에는 그 신고자에게 포상금을 지급할 수 있다.
④ 국민권익위원회는 이 법의 위반행위에 대한 신고로 인하여 공공기관에 직접적인 수입의 회복·증대 또는 비용의 절감을 가져온 경우에는 그 신고자의 신청에 의하여 보상금을 지급할 수 있다.

13
'미군정시기'의 경찰에 대해 설명으로 가장 적절한 것은?

① 비경찰화 작용의 일환으로 위생사무를 위생국으로 이관하였고, 정보경찰과 고등경찰을 폐지하였다.
② 1945년에 정치범처벌법·보안법·예비검속법이 폐지되었고, 1948년에 마지막으로 치안유지법을 폐지하였다.
③ 1947년 7인으로 구성된 중앙경찰위원회가 법령 제157호로 설치되었으며, 중요한 경무정책의 수립·경찰관리의 소환·심문·임면·이동 등에 관한 사항을 심의하였다.
④ 광복 이후 미군정은 일제가 운용하던 비민주적 형사제도를 상당 부분 개선하고, 영미식 형사제도를 도입하기도 하였는데, 1945년 미군정 법무국 검사에 대한 훈령 제3호가 발령되어 수사는 경찰, 기소는 검사 체제가 도입되며 경찰의 독자적 수사권이 인정되었다.

14
각 나라의 경찰제도에 대한 설명으로 가장 적절한 것은?

① 일본은 경찰의 민주화의 요청으로 1954년 신경찰법 제정은 국가경찰인 경찰청과 관구경찰국, 도도부현경찰인 동경도 경시청과 도부현 경찰본부로 2원적 경찰체계가 확립되었다.
② 프랑스의 군인경찰(La Gendamerie Nationale)은 국립경찰이 배치되지 않는 소규모 인구의 소도시와 농촌지역에서 경찰업무를 수행하고, 소속은 국방부이다.
③ 독일 기본법상 경찰권은 원칙적으로 연방경찰에 속하며, 다만 전국적인 특수상황에 대비하기 위하여 연방경찰이 병존한다.
④ 미국의 군 보안관(County Sheriff)은 범죄수사 및 순찰 등 모든 경찰권을 행사하며, 대부분의 주(State)에서 군 보안관 선출은 지역주민의 선거로 이루어진다.

15
엽관주의와 직업공무원제도에 대한 설명으로 옳지 않은 것은?

① 엽관주의의 확립은 행정의 전문화에 도움이 된다.
② 엽관주의는 집권정치인들이 공무원을 통솔하는 데 도움이 된다.
③ 엽관주의의 발전은 정당정치의 발달과 관련이 깊다.
④ 직업공무원제의 신분보장은 젊은 사람이 공직을 본업으로 삼아 일생동안 열심히 일하게 하려는 적극적 의미를 지닌다.

16
예산제도에 대한 설명으로 가장 옳지 않은 것은?

① 품목별 예산제도(Line Item Budgeting)는 우리나라 경찰의 예산제도에 해당되며, 행정의 재량범위가 확대되어 예산유용 및 부정을 방지할 수 있다.
② 성과주의 예산제도(Performance Budgeting)는 '단위원가×업무량 = 예산액'으로 표시하여 편성하는 예산제도로서 사업의 성과보다는 산출물에 초점을 두며, 예산을 들여 사업과 활동별로 무엇을 하는지에 대한 정보를 알기 쉽다.
③ 계획예산제도(Planning Programming Budgeting)는 의사결정이 지나치게 집권화되고 전문화되어 외부통제가 어렵다.
④ 영기준 예산제도(Zero Based Budgeting)는 모든 사업에 대한 근본적인 재평가를 실시하며 매년사업의 우선순위를 새로이 결정하고 그에 따라 예산 책정하므로 단기적인 계획에 중점을 둔다.

17

「보안업무규정」에 따른 보호지역 중 보안상 매우 중요한 구역으로서 비인가자의 출입이 금지되는 구역에 해당하는 장소는?

① 경찰청 과학수사분석과 과학수사자료관리계·법과학분석계
② 정보통신실
③ 정보통신관제센터
④ 통합증거물 보관실

18

「언론중재 및 피해구제 등에 관한 법률」에 대한 설명으로 적절하지 않은 것은 모두 몇 개인가?

> ㉠ 정정보도 청구는 언론사등의 대표자에게 서면으로 하여야 하며, 청구서에는 피해자의 성명·주소·전화번호 등의 연락처를 적고, 정정의 대상인 언론보도등의 내용 및 정정을 청구하는 이유와 청구하는 정정보도문을 명시하여야 한다. 다만, 인터넷신문 및 인터넷뉴스서비스의 언론보도등의 내용이 해당 인터넷 홈페이지를 통하여 계속 보도 중이거나 매개 중인 경우에는 그 내용의 정정을 함께 청구할 수 있다.
> ㉡ ㉠의 청구를 받은 언론사등의 대표자는 7일 이내에 그 수용 여부에 대한 통지를 청구인에게 발송하여야 한다.
> ㉢ 언론사등은 청구된 정정보도의 내용이 국가·지방자치단체 또는 공공단체의 비공개회의와 법원의 비공개재판절차의 사실보도에 관한 것인 경우 정정보도 청구를 거부할 수 있다.
> ㉣ 언론사등이 하는 정정보도에는 원래의 보도 내용을 정정하는 사실적 진술, 그 진술의 내용을 대표할 수 있는 제목과 이를 충분히 전달하는 데에 필요한 설명 또는 해명, 위법한 내용을 포함한다.
> ㉤ 언론등에 의하여 범죄혐의가 있거나 형사상의 조치를 받았다고 보도 또는 공표된 자는 그에 대한 형사절차가 무죄판결 또는 이와 동등한 형태로 종결되었을 때에는 그 사실을 안 날부터 3개월 이내에 언론사등에 이 사실에 관한 추후보도의 게재를 청구할 수 있다.

① 1개 ② 2개
③ 3개 ④ 4개

19

「경찰 감찰 규칙」에 대한 설명으로 적절하지 않은 것은?

① "감찰"이란 복무기강 확립과 경찰행정의 적정성을 확보하기 위해 경찰기관 또는 소속공무원의 제반업무와 활동 등을 조사·점검·확인하고 그 결과를 처리하는 감찰관의 직무활동을 말한다.
② 감찰관은 조사대상자가 영상녹화를 요청하는 경우에는 그 조사과정을 영상녹화하여야 한다.
③ 감찰부서장은 성폭력·성희롱 피해 여성에 대하여는 피해자의 의사에 반하지 않는 한 여성 경찰공무원이 조사하도록 하여야 하고, 조사 과정에서 피해자의 인격이나 명예가 손상되거나 사적인 비밀이 침해되지 않도록 하여야 한다.
④ 유사한 비위의 재발을 방지하기 위하여 감찰결과는 원칙적으로 공개한다.

20

「경찰 인권보호 규칙」에 대한 설명으로 가장 적절한 것은?

① "경찰관등"이란 경찰청과 그 소속기관의 경찰공무원, 일반직공무원을 의미하고, 무기계약근로자 및 기간제근로자는 포함되지 않는다.
② 경찰 활동 전반에 걸친 민주적 통제를 구현하여 경찰력 오·남용을 예방하고, 경찰 행정의 인권지향성을 높여 인권을 존중하는 경찰 활동을 정립하기 위해 경찰청장 및 시·도경찰청장의 심의기구로서 각각 경찰청 인권위원회, 시·도경찰청 인권위원회를 설치하여 운영한다.
③ 경찰청장은 위원회의 위원이 특별한 사유 없이 연속적으로 임시회의에 2회 불참 등 직무를 태만히 한 경우 직권으로 위원을 해촉할 수 있다.
④ 위촉위원 중 「공직선거법」에 따라 실시하는 선거에 의하여 취임한 공무원이거나 그 직에서 퇴직한 날부터 3년이 지나지 아니한 사람은 결격사유에 해당한다.

21

「헌법」과 「법령 등 공포에 관한 법률」에 대한 설명으로 가장 적절하지 않은 것은?

① 「헌법」상 법률은 특별한 규정이 없는 한 공포한 날로부터 20일을 경과함으로써 효력을 발생한다.
② 「국회법」 제98조 제3항 전단에 따라 하는 국회의장의 법률 공포는 서울특별시에서 발행되는 둘 이상의 관보에 게재함으로써 한다.
③ 국민의 권리 제한 또는 의무 부과와 직접 관련되는 법률, 대통령령, 총리령 및 부령은 긴급히 시행하여야 할 특별한 사유가 있는 경우를 제외하고는 공포일부터 적어도 30일이 경과한 날부터 시행되도록 하여야 한다.
④ 관보의 내용 해석 및 적용 시기 등에 대하여 종이관보와 전자관보는 동일한 효력을 가진다.

22

「국가경찰과 자치경찰의 조직 및 운영에 관한 법률」상 국가경찰위원회와 시·도자치경찰위원회에 공통적으로 적용되는 규정 중 가장 적절한 것은?

① 위원 중 2명은 법관의 자격이 있는 사람이어야 한다.
② 위원은 중대한 신체상 또는 정신상의 장애로 직무를 수행할 수 없게 된 경우를 제외하고는 그 의사에 반하여 면직되지 아니한다.
③ 위원 2명이 회의를 요구하는 경우 임시회의를 개최할 수 있다.
④ 전임자의 남은 임기가 1년 미만인 경우 그 보궐위원은 한 차례만 연임할 수 있다.

23

시보임용에 관한 설명으로 옳은 것은?

① 「경찰공무원법」상 자치경찰공무원을 그 계급에 상응하는 경찰공무원으로 임용하는 경우에는 시보임용을 거쳐야 한다.
② 「경찰공무원 임용령」상 임용권자 또는 임용제청권자는 시보임용경찰공무원이 「경찰공무원 승진임용 규정」 제7조 제2항에 따른 제2평정 요소의 평정점이 만점의 60퍼센트 미만인 경우에 해당하여 정규경찰공무원으로 임용함이 부적당하다고 인정되는 경우에는 임용심사위원회의 의결을 거쳐 해당 시보임용경찰공무원을 면직시키거나 면직을 제청할 수 있다.
③ 「경찰공무원임용령 시행규칙」상 임용심사위원회는 위원장 1명을 포함한 위원 5명 이상 7명 이하로 구성하며, 위원장은 위원 중 가장 계급이 높은 경찰공무원이 된다.
④ 「경찰공무원법」상 경감 이하의 경찰공무원을 신규채용할 때에는 1년간 시보로 임용하고, 그 기간이 만료되는 다음 날에 정규 경찰공무원으로 임용한다.

24

동작경찰서 승진대상자에 대한 설명으로 적절하지 않은 것은?

① 甲 경위는 국가안전을 해치는 중한 범죄의 주모자의 첩보 제공 등 공조수사를 하여 사건 해결에 결정적인 기여를 하여 1계급 특별승진되었다.
② 乙 경위는 음주운전으로 정직처분(3개월)을 받고, 징계집행일로부터 27개월 동안 승진제한을 받는다.
③ 적극행정 수행 태도가 돋보인 丙 경사는 해당 계급에 4년만에 근속승진임용을 위한 심사 대상자가 되었다.
④ 丁 경장은 승진임용되기 전 정직의 징계처분을 받았기 때문에 심사승진후보자 명부에서 제외되었다.

25

「국가공무원법」상 소청심사위원회의 심사의 결정에 대한 설명으로 가장 적절한 것은?

① 소청심사위원회가 소청 사건을 심사할 때에는 대통령령으로 정하는 바에 따라 소청인 또는 소청인이 대리인으로 선임한 변호사에게 진술 기회를 주어야 한다. 진술 기회를 주지 아니한 결정은 취소할 수 있다.
② 소청 사건의 결정은 재적위원 3분의 2 이상의 출석과 출석위원 과반수의 합의에 따르되, 의견이 나뉠 경우에는 출석위원 과반수에 이를 때까지 소청인에게 가장 불리한 의견에 차례로 유리한 의견을 더하여 그 중 가장 유리한 의견을 합의된 의견으로 본다.
③ ②에도 불구하고 파면·해임·강등 또는 정직에 해당하는 징계처분을 취소 또는 변경하려는 경우와 효력 유무 또는 존재 여부에 대한 확인을 하려는 경우에는 재적위원 3분의 2 이상의 출석과 출석위원 과반수의 합의가 있어야 한다. 이 경우 구체적인 결정의 내용은 출석 위원 과반수의 합의에 따르되, 의견이 나뉘어 출석 위원 과반수의 합의에 이르지 못하였을 때에는 과반수에 이를 때까지 소청인에게 가장 불리한 의견에 차례로 유리한 의견을 더하여 그 중 가장 유리한 의견을 합의된 의견으로 본다.
④ 소청심사위원회가 징계처분 또는 징계부가금 부과처분(이하 "징계처분등"이라 한다)을 받은 자의 청구에 따라 소청을 심사할 경우에는 원징계처분보다 무거운 징계 또는 원징계부가금 부과처분보다 무거운 징계부가금을 부과하는 결정을 할 수 있다.

26

선행처분의 하자가 후행처분에 승계되지 않는 것으로만 묶인 것은? (다툼이 있는 경우 판례에 의함)

> 가. 대집행절차(계고·통지·실행·비용징수) 상호간
> 나. 대학원에서의 수강거부처분의 하자와 수료처분 간의 경우
> 다. 선행 표준지공시지가결정과 후행 인근 토지소유자에 대한 수용재결
> 라. 표준공시지가결정과 과세처분

① 가, 나
② 가, 다
③ 나, 다
④ 나, 라

27

「행정기본법」에 대한 설명으로 가장 적절한 것은?

① 행정에 관한 나이는 다른 법령등에 특별한 규정이 있는 경우에도 출생일을 산입하지 않고 만(滿) 나이로 계산하고, 연수(年數)로 표시하되, 1세에 이르지 아니한 경우에는 월수(月數)로 표시할 수 있다.
② 처분은 권한이 있는 기관이 취소 또는 철회하거나 기간의 경과 등으로 소멸되기 전까지는 유효한 것으로 통용된다. 다만, 무효인 처분은 처음부터 그 효력이 발생하지 아니한다.
③ 행정청은 법률로 정하는 바에 따라 완전히 자동화된 시스템(인공지능 기술을 적용한 시스템을 제외)으로 처분을 할 수 있으나, 처분에 재량이 있는 경우는 그러하지 아니하다.
④ 행정작용은 그 행정작용이 의도하는 공익이 행정작용으로 인한 국민의 이익 침해보다 크지 않아야 한다.

28

「행정절차법」상 행정지도에 관한 설명으로 옳지 않은 것은?

① 행정지도란 행정기관이 그 소관 사무의 범위에서 일정한 행정목적을 실현하기 위하여 특정인에게 일정한 행위를 하거나 하지 아니하도록 지도, 권고, 조언 등을 하는 행정작용을 말한다.
② 행정지도에 대해 비례원칙을 준수할 것을 규정하고 있다.
③ 행정기관은 행정지도의 상대방이 행정지도에 따르지 아니하였다는 것을 이유로 불이익한 조치를 하여서는 아니 된다.
④ 행정지도가 말로 이루어지는 경우에 상대방이 행정지도의 취지, 내용, 신분 사항을 적은 서면의 교부를 요구하면 그 행정지도를 하는 자는 직무 수행에 특별한 지장이 없으면 이를 교부할 수 있다.

29

「개인정보 보호법」상 정보주체가 자신의 개인정보 처리와 관련하여 가질 수 있는 권리로 가장 적절하지 않은 것은?

① 완전히 자동화된 개인정보 처리에 따른 결정을 거부하거나 그에 대한 설명 등을 요구할 권리
② 개인정보의 처리 여부를 확인하고 이를 저장한 시스템의 정보를 요구할 권리
③ 개인정보의 처리에 관한 동의 여부, 동의 범위 등을 선택하고 결정할 권리
④ 개인정보의 처리로 인하여 발생한 피해를 신속하고 공정한 절차에 따라 구제받을 권리

30

「국가배상법」상 경찰공무원의 배상책임에 대한 설명으로 가장 적절하지 않은 것은? (다툼이 있는 경우 판례에 의함)

① 경찰공무원이 공무를 수행하는 과정에서 위법행위로 타인에게 손해를 가한 경우에 국가 등이 손해배상책임을 지는 것 외에 그 개인은 고의 또는 중과실이 있는 경우에는 손해배상책임을 진다.
② 경찰공무원의 중과실이란 공무원에게 통상 요구되는 정도의 상당한 주의를 하지 않더라도 약간의 주의를 한다면 손쉽게 위법·위해한 결과를 예견할 수 있는 경우임에도 만연히 이를 간과한 경우와 같이, 거의 고의에 가까운 현저한 주의를 결여한 상태를 의미한다.
③ 경찰관의 부작위를 이유로 한 국가배상책임을 인정하기 위한 요건으로서의 '법령 위반'이란 형식적 의미의 법령에 명시적으로 공무원의 작위의무가 규정되어 있는데도 이를 위반하는 경우를 의미하며, 인권존중·권력남용금지·신의성실과 같이 공무원으로서 마땅히 지켜야 할 준칙이나 규범을 지키지 않고 위반한 경우는 포함하지 않는다.
④ 국민의 생명·신체·재산 등에 관하여 절박하고 중대한 위험상태가 발생하였거나 발생할 우려가 있어서 국민의 생명·신체·재산 등을 보호하는 것을 본래적 사명으로 하는 국가가 초법규적, 일차적으로 그 위험 배제에 나서지 않으면 국민의 생명·신체·재산 등을 보호할 수 없는 경우에는 형식적 의미의 법령에 근거가 없더라도 국가나 관련 공무원에 대하여 그러한 위험을 배제할 작위의무를 인정할 수 있다.

31

「행정심판법」에 대한 설명으로 가장 적절하지 않은 것은?

① "처분"이란 행정청이 행하는 구체적 사실에 관한 법집행으로서의 공권력의 행사 또는 그 거부, 그 밖에 이에 준하는 행정작용을 말한다.
② 행정심판은 처분이 있음을 알게 된 날부터 90일 이내에 청구하여야 한다.
③ 피청구인의 경정결정이 있으면 심판청구는 피청구인이 경정된 때 제기된 것으로 본다.
④ 행정심판을 청구하려는 자는 심판청구서를 작성하여 피청구인이나 위원회에 제출하여야 한다. 이 경우 피청구인의 수만큼 심판청구서 부본을 함께 제출하여야 한다.

32

「경찰관 직무집행법」상 불심검문에 대한 설명으로 가장 적절한 것은? (다툼이 있는 경우 판례에 따름)

① 경찰관은 동행한 사람의 가족이나 친지 등에게 동행한 경찰관의 신분, 동행 장소, 동행 목적과 이유를 알리거나 본인으로 하여금 즉시 연락할 수 있는 기회를 주어야 하며, 변호인의 도움을 받을 권리가 있음을 알릴 필요는 없다.
② 이미 행하여진 범죄나 행하여지려고 하는 범죄행위에 관한 사실을 안다고 인정되는 사람은 불심검문의 대상자가 아니다.
③ 경찰관은 질문을 하거나 임의동행을 요구할 경우 자신의 신분을 표시하는 증표를 제시하면서 소속과 성명을 밝혀야 한다. 이때 증표는 경찰공무원의 공무증뿐만 아니라 흉장도 포함된다.
④ 「경찰관 직무집행법」상 노량진 지구대 경찰관은 근무 중 낯선 사람이 집 앞에 서있다는 신고를 받고 출동하여 주민등록증을 제시해 줄 것을 요청했으나, 이를 거부하여 신원을 확인하지 못했다.

33

집회나 시위 해산을 위한 살수차의 사용에 관한 설명으로 가장 적절하지 않은 것은? (다툼이 있는 경우 판례에 의함)

① 위해성 경찰장비인 살수차와 물포는 필요한 최소한의 범위에서만 사용되어야 하고, 특히 인명 또는 신체에 위해를 가할 가능성이 더욱 커지는 직사살수는 타인의 법익이나 공공의 안녕질서에 단순히 위험이 존재하는 경우에도 사용이 가능하다고 보아야 한다.
② 집회나 시위 해산을 위한 살수차 사용요건이나 기준은 법률에 근거를 두어야 한다.
③ 살수차를 사용하는 경우 그 책임자가 기록하여 보관하여야 하는 사항에는 사용 일시·장소·대상, 현장책임자, 종류, 수량 등이 포함된다.
④ 살수거리가 20미터 초과 25미터 이하인 경우 수압기준은 7바(bar) 이하라야 한다. 이 경우 사람의 생명 또는 신체에 치명적인 위해를 가하지 않도록 필요한 최소한의 범위에서 살수해야 한다.

34
「경찰관 직무집행법」에 관련된 판례이다. 옳은 것은?(다툼이 있으면 판례에 의함)

① 불법행위에 따른 형사책임은 사회의 법질서를 위반한 행위에 대한 책임을 묻는 것으로서 행위자에 대한 공적인 제재(형벌)를 그 내용으로 함에 비하여, 민사책임은 타인의 법익을 침해한 데 대하여 행위자의 개인적 책임을 묻는 것으로서 피해자에게 발생한 손해의 전보를 그 내용으로 하는 것이고, 손해배상제도는 손해의 공평·타당한 부담을 그 지도원리로 하는 것이므로, 형사상 범죄를 구성하지 아니하는 침해행위라면 민사상 불법행위도 구성하지 아니한다.

② 장차 특정 지역에서 구 집회 및 시위에 관한 법률에 의하여 금지되어 그 주최 또는 참가행위가 형사처벌의 대상이 되는 위법한 집회·시위가 개최될 것이 예상된다고 하더라도, 이와 시간적·장소적으로 근접하지 않은 다른 지역에서 그 집회·시위에 참가하기 위하여 출발 또는 이동하는 행위를 함부로 제지하는 것은 경찰관 직무집행법 제6조 제1항에 의한 행정상 즉시강제인 경찰관의 제지의 범위를 명백히 넘어서는 것이어서 허용될 수 없으므로, 이러한 제지 행위는 공무집행방해죄의 보호대상이 되는 공무원의 적법한 직무집행에 포함될 수 없다.

③ 경찰관 직무집행법 제5조는 경찰관은 인명 또는 신체에 위해를 미치거나 재산에 중대한 손해를 끼칠 우려가 있는 위험한 사태가 있을 때에는 그 각 호의 조치를 취할 수 있다고 규정하여 형식상 경찰관에게 재량에 의한 직무수행권한을 부여한 것으로, 경찰관에게 그러한 권한을 부여한 취지와 목적에 비추어 볼 때 구체적인 사정에 따라 경찰관이 그 권한을 행사하여 필요한 조치를 취하지 아니하는 것은 재량에 불과하여 현저하게 불합리하다고 인정되는 경우라도 그러한 권한의 불행사는 직무상의 의무를 위반한 것으로 보기 어렵다.

④ 불심검문을 하게 된 경위, 불심검문 당시의 현장 상황과 검문을 하는 경찰관들의 복장, 불심검문 대상자가 공무원증 제시나 신분 확인을 요구하였는지 여부 등을 종합적으로 고려하여, 검문하는 사람이 경찰관이고 검문하는 이유가 범죄행위에 관한 것임을 불심검문 대상자가 충분히 알고 있었다고 보이는 경우라고 하더라도 신분증을 제시하지 않고서 한 불심검문은 위법한 공무집행에 해당한다.

35
「경범죄 처벌법」에 의한 통고처분을 받은 경우 범칙금 납부기한에 대한 내용으로 옳지 않은 것은?

① 통고처분서를 받은 사람은 통고처분서를 받은 날부터 10일 이내에 경찰청장·해양경찰청장 또는 철도특별사법경찰대장이 지정한 은행, 그 지점이나 대리점, 우체국 또는 제주특별자치도지사가 지정하는 금융기관이나 그 지점에 범칙금을 납부하여야 한다. 다만, 천재지변이나 그 밖의 부득이한 사유로 말미암아 그 기간 내에 범칙금을 납부할 수 없을 때에는 그 부득이한 사유가 없어지게 된 날부터 5일 이내에 납부하여야 한다.

② ①에 따른 납부기간에 범칙금을 납부하지 아니한 사람은 납부기간의 마지막 날의 다음 날부터 20일 이내에 통고받은 범칙금에 그 금액의 100분의 20을 더한 금액을 납부하여야 한다.

③ ① 또는 ②에 따라 범칙금을 납부한 사람은 그 범칙행위에 대하여 다시 처벌받지 아니한다.

④ 즉결심판이 청구된 피고인이 통고받은 범칙금에 그 금액의 100분의 50을 더한 금액을 납부하고 그 증명서류를 즉결심판 선고 전까지 제출하였을 때에는 경찰청장, 해양경찰청장 및 제주특별자치도지사는 그 피고인에 대한 즉결심판 청구를 취소할 수 있다.

36

「성매매알선 등 행위의 처벌에 관한 법률」에 대한 설명으로 가장 적절한 것은? (다툼이 있으면 판례에 의함)

① "성매매"란 특정인을 상대로 금품이나 그 밖의 재산상의 이익을 수수(收受)하거나 수수하기로 약속하고 성교행위, 구강, 항문 등 신체의 일부 또는 도구를 이용한 유사 성교행위를 하거나 그 상대방이 되는 것을 말한다.
② 성매매피해자의 성매매는 형을 감경하거나 면제할 수 있다.
③ 법원은 신고자등의 사생활이나 신변을 보호하기 위하여 심리를 비공개하여야 한다.
④ 성매매의 상대방에 대해 '불특정인을 상대로'라는 것은 행위 당시에 상대방이 특정되지 않았다는 의미가 아니라, 그 행위의 대가인 금품 기타 재산상의 이익에 주목적을 두고 상대방의 특정성을 중시하지 않는다는 의미라고 보아야 한다.

37

「스토킹범죄의 처벌 등에 관한 법률」상 응급조치로 적절한 것은 모두 몇 개인가?

가. 피해자에 대한 스토킹범죄 중단에 관한 서면경고
나. 스토킹 피해 관련 상담소 또는 보호시설로의 피해자 등 인도(피해자 등이 동의한 경우만 해당한다)
다. 피해자 또는 그의 동거인, 가족이나 그 주거등으로부터 100미터 이내의 접근 금지
라. 「전자장치 부착 등에 관한 법률」 제2조제4호의 위치추적 전자장치(이하 "전자장치"라 한다)의 부착
마. 스토킹행위의 제지, 향후 스토킹행위의 중단 통보 및 스토킹행위를 지속적 또는 반복적으로 할 경우 처벌 서면경고

① 1개 ② 2개
③ 3개 ④ 4개

38

「교통사고처리 특례법」 제3조(처벌의 특례)에 규정된 12개 항목으로 가장 적절하지 않은 것은?

① 안전거리를 확보하지 아니하고 운전한 경우
② 앞지르기의 방법·금지시기·금지장소 또는 끼어들기의 금지를 위반하고 운전한 경우
③ 승객의 추락 방지의무를 위반하여 운전한 경우
④ 자동차의 화물이 떨어지지 아니하도록 필요한 조치를 하지 아니하고 운전한 경우

39

「국가보안법」에 대한 설명으로 가장 적절한 것은?

① 「국가보안법」 제3조(반국가단체의 구성등)는 반국가단체의 구성·가입죄 및 가입권유죄는 미수뿐만 아니라 예비·음모도 처벌한다.
② 「국가보안법」 제5조 제1항의 자진지원죄는 반국가단체 구성원이나 그 지령을 받은 자도 주체가 될 수 있지만, 국가보안법 제6조 제2항의 특수잠입탈출죄는 반국가단체 구성원만 주체가 될 수 있다.
③ 「국가보안법」 제9조(편의제공죄)는 종범의 성격이므로 정범이 실행에 착수하여 범행이 종료될 때까지만 성립한다.
④ 「국가보안법」 제10조(불고지죄)는 반국가단체구성죄, 목적수행죄, 자진지원죄 등의 죄를 범한 자라는 정을 알면서 수사기관 또는 정보기관에 고지하지 아니하는 경우에 성립하는 것으로, 5년 이하의 징역 또는 200만원 이하의 벌금에 처한다. 다만, 본범과 친족관계가 있는 때에는 그 형을 감경 또는 면제한다.

40

인터폴에서 발행하는 국제수배서에 대한 설명 중 가장 적절하지 않은 것은?

① 적색수배서(Red Notice) - 국제체포수배서로서 범죄인 인도를 목적으로 발행
② 오렌지색 수배서(Orange Notice) - 폭발물, 테러범, 위험인물 등에 대한 보안을 경보하기 위하여 발행
③ 황색수배서(Yellow Notice) - 가출인의 소재확인 및 심신상실자의 신원확인
④ 청색수배서(Blue Notice) - 상습국제범죄자의 동향 파악 및 범죄예방을 위해 발행

01
실질적 의미의 경찰개념의 역사적 발전과정에 관한 설명 중 가장 적절한 것은?

① 프랑스의 죄와형벌법전 제16조의 규정이 일본의 행정경찰규칙의 모범이 되었고 이것이 1894년 우리나라에 행정경찰장정을 통하여 그대로 이식되었다.
② 요한 쉬테판 퓌터(Johann Stephan Pütter)가 자신의 저서인 『독일공법제도』에서 주장한 "경찰의 직무는 임박한 위험을 방지하는 것이다. 복리증진은 경찰의 본래 직무이다."라는 내용은 경찰국가시대를 거치면서 확장된 경찰의 개념을 제한하기 위한 노력의 일환으로 볼 수 있다.
③ 크로이츠베르크 판결(1882)은 승전기념비의 전망을 확보할 목적으로 주변 건축물의 고도를 제한하기 위해 베를린 경찰청장이 제정한 법규명령은 독일의 「제국경찰법」상 개별적 수권조항에 위반되어 무효라고 하였다.
④ 1931년 제정된 「프로이센 경찰행정법」 제14조 제1항은 "경찰 행정청은 현행법의 범위 내에서 공공의 안녕 또는 공공의 질서를 위협하는 위험으로부터 공중이나 개인을 보호하기 위하여 필요한 조치를 의무에 적합한 재량에 따라 취하여야 한다."라고 규정하여 크로이츠베르크 판결(1882)에 의해 발전된 형식적 의미의 경찰 개념을 성문화시켰다.

02
다음 중 경찰의 분류에 대한 설명으로 가장 적절하지 않은 것은?

① 행정경찰은 실질적 의미의 경찰에 해당하고, 사법경찰은 형식적 의미의 경찰에 해당한다고 할 수 있다. 따라서 행정경찰은 주로 과거의 상황에 대하여 발동되는 반면, 사법경찰은 주로 현재 또는 장래의 상황에 대하여 발동하게 된다.
② 예방경찰과 진압경찰은 경찰권 발동시점에 따라 구분한 것으로, '위해를 주는 정신착란자 보호'와 '사람을 공격하는 동물 사살'은 진압경찰에 해당한다.
③ 보안경찰과 협의의 행정경찰은 업무의 독자성에 따라 구분한 것으로, 교통경찰, 경비경찰, 해양경찰, 풍속경찰, 생활안전경찰 등은 보안경찰에 해당한다.
④ 평시경찰과 비상경찰은 위해의 정도와 담당기관에 따라 구분하며, 평시경찰은 평온한 상태하에서 일반경찰법규에 의하여 보통 경찰기관이 행하는 경찰작용이고 비상경찰은 비상사태발생이나 계엄선포시 군대가 일반치안을 담당하는 경우이다.

03
경찰의 관할에 대한 설명으로 가장 옳은 것은?

① 우리나라는 대륙법계의 영향을 받아 범죄수사에 관한 임무가 경찰의 사물관할로 인정되고 있다.
② 인간의 존엄·자유·명예·생명 등과 같은 개인적 법익뿐만 아니라 사유재산적 가치와 무형의 권리에 대한 위험방지도 경찰의 임무에 해당한다.
③ 국회의장은 국회의 경호를 위하여 필요한 때에는 국가경찰위원회의 동의를 얻어 일정한 기간을 정하여 정부에 대하여 필요한 경찰공무원의 파견을 요구할 수 있다.
④ 법원의 재판장은 법정의 질서유지를 위해 경찰관의 파견을 요구할 수 있으나, 파견된 경찰관은 법정내외의 질서유지에 관하여 관할 시·도경찰청장의 지휘를 받는다.

04
사회적수준의 범죄원인론 중 '사회과정원인'에 해당하지 않는 것은?

① Sutherland의 차별적 접촉이론에 따르면, 범죄는 범죄적 전통을 가진 사회에서 많이 발생하며, 이러한 사회에서 개인은 범죄에 접촉·동조하면서 학습한다.
② Cohen은 하류계층의 청소년들이 목표달성의 어려움을 극복하기 위해 자신들만의 하위문화를 만들고, 범죄는 이러한 하위문화에 의해 저질러진다고 주장하였다.
③ Matza & Sykes에 따르면, 청소년은 비행 과정에서 '책임의 회피', '피해자의 부정', '피해 발생의 부인', '비난자에 대한 비난', '충성심에의 호소' 등 5가지 중화기술을 통해 규범, 가치관 등을 중화시킨다.
④ Hirschi에 따르면, 범죄는 사회적인 유대가 약화되어 통제되지 않기 때문에 발생하고, 사회적 결속은 애착, 참여, 전념, 신념의 4가지 요소에 영향을 받는다.

05
'범죄통제이론'에 대한 설명으로 가장 적절한 것은?

① 억제이론의 기본 전제는 인간이 자유의지를 가지고 합리적인 판단에 따라 행동한다는 것으로, 범죄를 억제하기 위해 강력하고 확실한 처벌이 필요하다고 주장하였다. 이 이론에서 처벌의 핵심 요소는 처벌의 확실성, 엄격성, 신중성이다.
② 방어공간이론은 주거에 대한 영역성 약화를 통해 주민들이 살고있는 지역이나 장소를 자신들의 영역이라 생각하고 감시를 게을리 하지 않으면 어떤 지역이든 범죄로부터 안전할 수 있다고 주장한다.
③ 일상활동이론은 지역사회 구성원들이 범죄문제를 해결하기 위해 적극적으로 참여하는 것이 중요한 범죄예방의 열쇠라고 한다.
④ 범죄패턴이론은 범죄에는 여가활동장소, 이동경로, 이동수단 등 일정한 장소적 패턴이 있다고 주장하며 지리적 프로파일링을 통한 범행지역의 예측활성화에 기여해야 한다는 입장이다.

06
경찰활동 전략별 주요 내용에 대한 설명으로 가장 적절하지 않은 것은?

① 지역사회 경찰활동 내용으로 지역중심 경찰활동, 이웃지향적 경찰활동, 문제지향적 경찰활동, 정보기반 경찰활동 등이 있다.
② 지역중심 경찰활동과 문제지향적 경찰활동(problem-oriented policing)은 병행되어 실시될 때 효과성이 제고된다.
③ 무관용 경찰활동(zero tolerance policing)은 지역사회 문제해결을 위해 SARA모형이 강조되는데, 이 모형은 조사(Scanning)-분석(Analysis)-대응(Response)-평가(Assessment)로 진행된다.
④ 문제지향적 경찰활동은(problem-oriented policing)의 목표는 특정한 문제들을 해결하기 위해서 경찰과 지역사회가 함께 노력하고 적절한 대응방안을 개발함으로써, 문제해결에 대한 특별한 관심을 이끌어 내는 것이다.

07

다음 순찰에 대한 설명 중 옳지 않은 것은?

① 순찰은 노선에 따라 정선순찰, 난선순찰, 요점순찰, 구역순찰 등으로 구분할 수 있다.
② 순찰구역 내의 중요지점을 지정하여 순찰자는 반드시 그 곳을 통과하며, 지정된 요점과 요점 사이에서는 난선순찰 방식에 따르는 순찰하는 방법은 요점순찰이다
③ 기동력 사용여부에 따른 순찰의 분류 중 가시 생활안전의 효과가 가장 큰 순찰방법은 자동차순찰이다.
④ 자동차순찰은 정황관찰과 시민과의 접촉이 비교적 용이하고, 오토바이순찰은 기동성이 양호하여 시가지나 고속도로상에서 추적시 효과적이다.

08

다음 사례에서 나타나는 전문직업인으로서 경찰의 윤리적 문제점으로 ㉠, ㉡, ㉢을 가장 적절하게 표현한 것은?

> ㉠ 심장전문의 甲은 환자의 치료법에 대하여 환자의 입장을 고려하지 않고 자신의 우월적 의학적 지식만 고려하여 일방적으로 치료방법을 결정하였다.
> ㉡ 노원경찰서 형사과 소속 경찰관 乙은 범죄 현장에서 피해자가 다수 발생하자 범죄 수사, 현장 보호, 피해자 지원 등 다른 전체적인 분야에 대한 고려 없이 오로지 범인 검거에만 집중하여 검거 결정을 하였다.
> ㉢ 동작경찰서 수사과 소속 경찰관 丙은 자신의 지인 A가 운영하는 가게가 경쟁업체 B의 허위 신고로 피해를 입었다는 제보를 받고 수사를 진행하였다. 그러나 丙은 공정성을 유지하지 않고 지인 A의 요청에 따라 경쟁업체 B에게 불리한 방향으로 수사를 진행하고, 이를 통해 지인 A의 가게를 돕는 데 집중하였다.

① ㉠ 부권주의, ㉡ 소외, ㉢ 사적 이익을 위한 이용
② ㉠ 부권주의, ㉡ 차별, ㉢ 소외
③ ㉠ 사적 이익을 위한 이용, ㉡ 소외, ㉢ 차별
④ ㉠ 부권주의, ㉡ 사적 이익을 위한 이용, ㉢ 소외

09

「부정청탁 및 금품등 수수의 금지에 관한 법률」상 제2조(정의)에 대한 설명으로 적절하지 않은 것은?

① "공공기관"이란 국회, 법원, 헌법재판소, 선거관리위원회, 감사원, 국가인권위원회, 고위공직자범죄수사처, 중앙행정기관(대통령 소속 기관과 국무총리 소속 기관을 포함한다)과 그 소속 기관 및 지방자치단체에 해당하는 기관·단체를 말한다.
② "공직자등"이란 「국가공무원법」 또는 「지방공무원법」에 따른 공무원과 그 밖에 다른 법률에 따라 그 자격·임용·교육훈련·복무·보수·신분보장 등에 있어서 공무원으로 인정된 사람에 해당하는 공직자 또는 공적 업무 종사자를 말한다. 단, 변호사법 제4조에 따른 변호사 자격이 있는 자는 공직자등에 해당하지 않는다.
③ "금품등"이란 금전, 유가증권, 부동산, 물품, 숙박권, 회원권, 입장권, 할인권, 초대권, 관람권, 부동산 등의 사용권 등 일체의 재산적 이익에 해당하는 것을 말한다. 단, 채무 면제, 취업 제공, 이권 부여 등 그 밖의 유형·무형의 경제적 이익은 해당하지 않는다.
④ "소속기관장"이란 공직자등이 소속된 공공기관의 장을 말한다.

10

「경찰청 공무원 행동강령」에 대한 설명으로 가장 적절한 것은?

① 공무원은 어떠한 경우에도 자신의 직무권한을 행사하여 직무관련자로부터 사적 노무를 제공받거나 요구해서는 안된다.
② 인가·허가 등을 담당하는 공무원이 그 신청인에게 이익 또는 불이익을 주거나 제3자에게 이익 또는 불이익을 주기 위하여 부당하게 그 신청의 접수를 지연하거나 거부하는 행위를 해서는 안 된다.
③ 경찰유관단체원이 경찰 업무와 관련하여 경찰관에게 금품을 제공한 경우 행동강령책임관은 해당 경찰유관단체 운영 부서장과 협의하여 소속기관장에게 경찰유관단체원의 해촉 등 필요한 조치를 건의하여야 하며, 보고를 받은 소속기관장은 적절한 조치를 취하여야 한다.
④ 경찰청장(소속기관장, 시·도경찰청장, 경찰서장 등을 포함한다)은 소속 공무원에 대하여 이 규칙의 준수를 위한 교육계획을 수립·시행하여야 하며, 분기별 1회 이상 교육을 하여야 한다.

11

「공직자의 이해충돌 방지법」상 '사적이해관계자'로 규정하고 있는 대상이 아닌 것은?

① 공직자 자신 또는 그 가족(「민법」 제779조에 따른 가족을 말한다)
② 공직자로 채용·임용되기 전 2년 이내에 공직자 자신이 재직하였던 법인 또는 단체
③ 공직자의 직무수행과 관련하여 일정한 행위나 조치를 요구하는 개인이나 법인 또는 단체
④ 공직자 자신이나 그 가족이 대리하거나 고문·자문 등을 제공하는 개인이나 법인 또는 단체

12

다음은 「경찰청 적극행정 면책제도 운영규정」상 "면책"에 관한 정의이다. 밑줄 친 '다음 각 목의 어느 하나'에 관한 설명으로 가장 적절하지 않은 것은?

> 「경찰청 적극행정 면책제도 운영규정」 제2조(정의)
> 2. "면책"이란, 적극행정 과정에서 발생한 부분적인 절차상 하자 또는 비효율, 손실 등과 관련하여 그 업무를 처리한 경찰청 소속 공무원 등에 대하여 <u>다음 각 목의 어느 하나</u>에 해당하는 책임을 묻지 않거나 감면하는 것을 말한다.

① '징계 또는 문책 요구'가 포함된다.
② '통보'가 포함된다.
③ '권고'가 포함된다.
④ '경고·주의 요구'가 포함된다.

13

다음 자랑스러운 경찰의 표상에 대한 서술에서 그 연결이 바르게 된 것은?

> ㉠ 1998년 5월 강도강간 신고출동 현장에서 피의자로부터 좌측 흉부를 칼로 피습당한 가운데에서도 끝까지 격투를 벌여 범인 검거 후 순직하였다.
> ㉡ 1968년 무장공비 침투사건(1·21사태) 당시 종로경찰서 자하문검문소에서 무장공비를 온몸으로 막아내고 순국함으로써 청와대를 사수하고 대한민국을 위기에서 건져 올린 호국경찰의 표상
> ㉢ 남부군 사령관 이현상을 사살하는 등 빨치산 토벌의 주역이며, 구례 화엄사 등 문화재를 수호한 인물로 '보관문화훈장'을 수여받은 호국경찰 영웅이자 인본경찰의 표상
> ㉣ 5·18 광주 민주화운동 당시 전남도경국장으로서 비례의 원칙에 입각한 경찰권 행사 및 시위대 인권보호를 강조

① ㉠ 이준규 ㉡ 최규식 ㉢ 안병하 ㉣ 차일혁
② ㉠ 김학재 ㉡ 최규식 ㉢ 차일혁 ㉣ 안병하
③ ㉠ 이준규 ㉡ 차일혁 ㉢ 최규식 ㉣ 안병하
④ ㉠ 김학재 ㉡ 차일혁 ㉢ 안병하 ㉣ 최규식

14

영국의 4원체제에 대한 설명으로 옳지 않은 것은?

① 내무부장관은 국가적인 조직범죄를 담당하고, 지방경찰 예산의 50%이하를 지원하고 그 사용에 대해 합법성 및 합목적성을 감사한다.
② 지역치안위원장은 국립범죄청장이 임명하며, 임기는 4년으로 한 번만 연임가능하다.
③ 지역치안평의회는 지역치안위원장을 견제하고, 지역치안위원장에 대한 정보 및 출석요구권을 갖는다.
④ 지방경찰청장은 지역경찰의 실질적이고 독립적인 운용을 하며, 지역경찰에 대한 독립적인 지휘 및 통제권이 있다.

15

다음 중 조직편성의 원리 중 통솔범위의 원리에 관한 설명으로 옳은 것은?

① 조직의 경직화를 가져와 환경변화에 대한 조직의 신축적 대응이 어렵다.
② 통솔범위는 신설부서보다는 오래된 부서, 지리적으로 근접한 부서보다는 분산된 부서, 복잡한 업무보다는 단순한 업무의 경우에 넓어진다.
③ 부하직원의 능력, 경험 등이 높아질수록 관리자의 통솔범위는 좁아진다.
④ 일반적으로 조직의 규모가 클수록 통솔의 범위는 좁아지는데 반하여 조직의 규모가 작을수록 통솔의 범위는 넓어진다.

16
직업공무원제도에 관한 설명으로 가장 적절하지 않은 것은?

① 행정의 안정성과 독립성 확보에 용이하며 외부 환경 변화에 신속하게 대응한다는 장점이 있다.
② 공무원들의 성실한 직무수행과 장기근속을 유도하기 위한 제도와 원칙들을 토대로 한다.
③ 연령제한이 필수적이나 계급제를 원칙으로 한다는 점에서 실적주의와 공통점이 있다.
④ 공무원의 일체감과 단결심 및 공직에 헌신하려는 정신을 강화하는 데 유리한 제도이다.

17
「국가재정법」상 예산 편성 및 집행에 관한 설명 중 가장 적절한 것은?

① 각 중앙관서의 장은 제29조의 규정에 따른 예산안편성지침에 따라 그 소관에 속하는 다음 연도의 세입세출예산·계속비·명시이월비 및 국고채무부담행위 요구서를 작성하여 매년 3월 31일까지 기획재정부장관에게 제출하여야 한다.
② 기획재정부장관은 국회의 심의를 거쳐 대통령의 승인을 얻은 다음 연도의 예산안편성지침을 매년 3월 31일까지 각 중앙관서의 장에게 통보하여야 한다.
③ 감사원은 제출된 국가결산보고서를 검사하고 그 보고서를 다음 연도 5월 20일까지 기획재정부장관에게 송부하여야 한다.
④ 경찰청장은 예산이 정한 각 기관 간 또는 각 장·관·항 간에 상호 이용(移用)할 수 있는 것이 원칙이다.

18
경찰통제의 유형 중 가장 적절하게 연결된 것은?

① 민주적 통제 - 국가경찰위원회, 국민감사청구, 국가배상제도
② 외부통제 - 소청심사위원회, 행정소송, 청문감사인권관제도
③ 사전통제 - 입법예고제, 국회의 예산심의권, 사법부의 사법심사
④ 사후통제 - 사법심사에 의한 통제, 국정 감사·조사권, 국회의 예산결산권

19
「경찰 감찰 규칙」에 대한 설명으로 가장 적절한 것은?

① 이 규칙은 경찰청 및 그 소속기관(이하 "경찰기관"이라 한다)에 소속하는 경찰공무원, 별정·일반직 공무원(무기계약 및 기간제 근로자를 포함한다), 의무경찰 등(이하 "소속공무원"이라 한다)의 공직기강 확립과 경찰 행정의 효율성 확보를 위한 감찰에 필요한 사항을 규정함을 목적으로 한다.
② 경찰기관의 장은 의무위반행위가 자주 발생하거나 그 발생 가능성이 높다고 인정되는 시기, 업무분야 및 경찰관서 등에 대하여는 사전에 감찰부서의 승인을 받아야 집중 점검을 실시할 수 있다.
③ 감찰관은 검찰·경찰, 그 밖의 수사기관으로부터 수사개시 통보를 받은 경우에는 해당 기관으로부터 수사결과의 통보를 받을 때까지 감찰조사, 징계의결요구 등의 절차를 진행하지 아니한다.
④ 감찰관은 소속공무원의 의무위반행위에 관한 단서(현장인지, 진정·탄원 등을 포함한다)를 수집·접수한 경우 소속 경찰기관의 감찰부서장에게 보고하여야 한다

20
「경찰 인권보호 규칙」에 대한 설명으로 가장 적절한 것은?

① 경찰청장은 인권침해를 예방하고, 인권친화적인 치안 행정이 구현되도록 국민의 인권에 영향을 미치는 정책 및 계획에 대하여 인권영향평가를 실시해야 한다.
② 시·도경찰청장은 ①의 사안이 확정되기 이전에 인권영향평가를 실시해야 한다.
③ 경찰 인권교육협의회장은 경찰청 인권보호담당관으로 하고, 위원은 경찰청 각 국·관 서무업무 담당 계장, 각 시·도경찰청 인권업무 담당 계장 및 국가인권위원회 교육 관련 부서 과장과 민간 전문가에 해당하는 사람이 반드시 1명 이상 포함되어야 한다. 이 경우 시·도경찰청 인권업무 담당 계장은 특정 성별이 10분의 6을 초과하지 않아야 한다.
④ 경찰 인권교육협의회 회의는 정기회의와 임시회의로 구분하며, 정기회의는 연 3회 개최하고, 임시회의는 협의회장이 필요하다고 인정하는 경우 개최할 수 있다.

21
경찰법의 법원(法源)에 관한 설명으로 가장 적절한 것은?

① 경찰법의 법원은 일반적으로 성문법원과 불문법원으로 나눌 수 있으며 헌법, 법률 조약과 국제법규, 조리와 규칙은 성문법원이다.
② 헌법재판소의 위헌결정은 법원이나 기타 국가기관 및 지방자치단체를 기속(羈束)하지만 법원성은 부인된다.
③ 지방자치단체는 법령의 범위에서 그 사무에 관하여 조례를 제정할 수 있다. 다만, 주민의 권리 제한 또는 의무 부과에 관한 사항이나 벌칙을 정할 때에는 법률의 위임이 있어야 한다.
④ 지방자치단체의 장은 법령 또는 조례가 위임한 범위 내에서 그 권한에 속하는 사무에 관하여 규칙을 제정할 수 있다.

22
「국가경찰과 자치경찰의 조직 및 운영에 관한 법률」상 국가수사본부장에 관한 내용으로 옳은 것은?

① 경찰청에 국가수사본부를 두며, 국가수사본부장은 치안총감으로 보한다.
② 국가수사본부장은 「경찰관 직무집행법」에 따른 경찰의 수사에 관하여 각 시·도경찰청장과 경찰서장 및 수사부서 소속 공무원을 지휘·감독한다.
③ 국가수사본부장의 임기는 2년으로 하며, 중임할 수 없으며, 임기가 끝나면 당연히 퇴직한다.
④ 경찰청장 또는 국가수사본부장이 직무를 집행하면서 헌법이나 법률을 위배하였을 때에도 국회는 탄핵 소추를 의결할 수 없다.

23
「경찰공무원법」 제7조에 따른 임용권자에 관한 설명으로 가장 적절한 것은?

① 총경 이상 경찰공무원은 경찰청장 또는 해양경찰청장의 추천을 받아 행정안전부장관 또는 해양수산부장관의 제청으로 국무총리를 거쳐 대통령이 임용한다.
② 총경의 전보, 휴직, 직위해제, 강등, 정직 및 복직은 행정안전부장관 또는 해양수산부장관이 임용한다.
③ 경정 이하의 경찰공무원은 경찰청장 또는 해양경찰청장이 임용한다. 다만, 경정으로의 신규채용, 승진임용 및 면직은 경찰청장 또는 해양경찰청장의 추천으로 국무총리를 거쳐 대통령이 한다.
④ 경찰청장은 대통령령으로 정하는 바에 따라 경찰공무원의 임용에 관한 권한의 일부를 특별시장·광역시장·도지사·특별자치시장 또는 특별자치도지사, 국가수사본부장, 소속 기관의 장, 시·도경찰청장에게 위임한다.

24

「국가공무원법」과 「경찰공무원법」상 경찰공무원의 의무에 대한 설명 중 가장 적절한 것은?

① '성실 의무'는 공무원의 기본적 의무로서 모든 의무의 원천이 되므로 법률에 명시적 규정이 없다.
② '비밀엄수의 의무', '청렴의 의무', '친절·공정의 의무'는 신분상의 의무에 해당한다.
③ '거짓 보고 등의 금지', '지휘권 남용 등의 금지', '제복 착용'은 국가공무원법에 규정되어 있다.
④ 「경찰공무원법」상 경찰공무원으로서 전투나 그 밖의 직무 수행 또는 교육훈련 중 사망한 사람(공무상 질병으로 사망한 사람을 포함한다) 및 부상(공무상의 질병을 포함한다)을 입고 퇴직한 사람과 그 유족 또는 가족은 「국가유공자 등 예우 및 지원에 관한 법률」 또는 「보훈보상대상자 지원에 관한 법률」에 따라 예우 또는 지원을 받는다.

25

법치행정의 원칙에 대한 설명 중 옳고 그름의 표시(O, X)가 바르게 된 것은?

> ㉠ 경찰관의 학교 앞 등교지도와 주민을 상대로 한 교통정책홍보의 경우는 개인의 자유를 침해하거나 의무를 부과하는 행정은 반드시 법률의 근거가 있어야 한다는 원칙을 전제할 때, 법률의 근거 없이도 가능하다.
> ㉡ 법률유보원칙에 있어서 법률은 형식적 의미의 법률을 의미하므로 관습법은 포함되지 않는다.
> ㉢ 법률유보의 원칙은 소극적으로 기존법률의 침해를 금지하는 것이지만, 법률우위의 원칙은 적극적으로 행정기관이 일정한 행위를 할 수 있도록 하게 하는 법적 근거의 문제이기 때문에 적극적 의미의 법률적합성 원칙이라고 한다.
> ㉣ 「행정기본법」은 법률우위의 원칙을 명문화하였다.
> ㉤ 법률유보원칙에서 요구되는 법적 근거는 작용법적 근거를 의미하며, 조직법적 근거는 모든 행정권 행사에 있어서 당연히 요구된다.
> ㉥ 토지 등 소유자가 도시환경정비사업을 시행하는 경우 사업시행인가 신청에 필요한 토지 등 소유자의 동의정족수를 토지 등 소유자가 자치적으로 정하여 운영하는 규약에 정하도록 한 것은 법률유보원칙에 위반된다.
> ㉦ 법령의 규정보다 더 침익적인 조례는 법률유보원칙에 위반되어 위법하며 무효이다.

① ㉠ (O) ㉡ (O) ㉢ (X) ㉣ (O) ㉤ (O) ㉥ (O) ㉦ (X)
② ㉠ (O) ㉡ (X) ㉢ (X) ㉣ (X) ㉤ (O) ㉥ (O) ㉦ (O)
③ ㉠ (O) ㉡ (O) ㉢ (O) ㉣ (O) ㉤ (X) ㉥ (X) ㉦ (O)
④ ㉠ (X) ㉡ (O) ㉢ (X) ㉣ (O) ㉤ (O) ㉥ (X) ㉦ (X)

26

행정행위에 대한 설명으로 옳지 않은 것은? (다툼이 있으면 판례에 의함)

① 민법 제45조와 제46조에서 말하는 재단법인의 정관변경 "허가"는 법률상의 표현이 허가로 되어 있기는 하나, 그 성질에 있어 법률행위의 효력을 보충해 주는 것이지 일반적 금지를 해제하는 것이 아니므로, 그 법적 성격은 인가라고 보아야 한다.
② 하천법 제33조에 의한 하천의 점용허가에 따라 해당 하천을 점용할 수 있는 권리와 마찬가지로 특허에 의한 공물사용권의 일종으로서, 양도가 가능하고 이에 대한 민사집행법상의 집행 역시 가능한 독립된 재산적 가치가 있는 구체적인 권리라고 보아야 한다.
③ 위법한 행정대집행이 완료되면 그 처분의 무효확인 또는 취소를 구할 소의 이익은 없다 하더라도, 미리 그 행정처분의 취소판결이 있어야만, 그 행정처분의 위법임을 이유로 한 손해배상 청구를 할 수 있다.
④ 행정행위의 취소 사유는 행정행위의 성립 당시에 존재하였던 하자를 말하고, 철회 사유는 행정행위가 성립된 이후에 새로이 발생한 것으로서 행정행위의 효력을 존속시킬 수 없는 사유를 말한다.

27

「행정기본법」상 "처분"에 대한 설명으로 가장 적절하지 않은 것은? (다툼이 있는 경우 판례에 의함)

① "처분"이란 행정청이 구체적 사실에 관하여 행하는 법 집행으로서 공권력의 행사 또는 그 거부와 그 밖에 이에 준하는 행정작용을 말한다.
② 행정청은 위법 또는 부당한 처분의 전부나 일부를 소급하여 철회할 수 있다. 다만, 당사자의 신뢰를 보호할 가치가 있는 등 정당한 사유가 있는 경우에는 장래를 향하여 철회할 수 있다.
③ 행정청은 적법한 처분이라도 법률에서 정한 철회 사유에 해당하게 된 경우에는 그 처분의 전부 또는 일부를 장래를 향하여 철회할 수 있다.
④ 도로교통법 제10조 제1항, 제24조 제1항 규정 취지에 비추어 볼 때, 시·도경찰청장이 횡단보도를 설치하여 보행자의 통행방법 등을 규제하는 것은 행정청이 특정 사항에 대하여 의무의 부담을 명하는 행위이고, 이는 국민의 권리·의무에 직접 관계가 있는 행위로서 행정처분이라고 보아야 한다.

28

「행정조사기본법」에 대한 설명으로 옳지 않은 것은?

① 행정조사기본법은 조세·형사등 관련분야에 동법을 적용하지 아니하는 등 적용범위의 예외를 두고 있고, 구체적인 조사절차와 위반시 제재에 대해서는 개별법에서 별도로 규정하고 있는 경우가 많다.
② 행정기관은 행정조사를 통하여 알게 된 정보를 어떠한 경우에도 원래의 조사목적 이외의 용도로 이용하거나 타인에게 제공하여서는 아니 된다.
③ 행정기관의 장이 조사대상자의 자발적인 협조를 얻어 행정조사를 실시하고자 하는 경우 조사대상자는 문서·전화·구두 등의 방법으로 당해 행정조사를 거부할 수 있다.
④ 행정기관의 장은 법령등에 특별한 규정이 있는 경우를 제외하고는 행정조사의 결과를 확정한 날부터 7일 이내에 그 결과를 조사대상자에게 통지하여야 한다.

29
다음 중 경찰상 의무이행 확보수단에 대한 설명으로 옳지 않은 것은?

① 과징금·가산금 등은 전통적 의무이행 확보수단에 해당한다.
② 강제징수는 강제집행에 해당하는 것으로 직접적인 의무이행 확보수단이다.
③ 직접강제는 의무이행확보를 위한 최후의 수단이라 할 수 있다.
④ 경찰상 강제집행은 의무의 존재 및 그 불이행을 전제로 한다는 점에서 이를 전제로 하지 아니하고 급박한 경우에 행하여지는 경찰상 즉시강제와 구별된다.

30
「질서위반행위규제법」에 관한 내용으로 옳은 것은?

① 행정청의 과태료 부과에 불복하는 당사자는 과태료 부과 통지를 받은 날부터 60일 이내에 직근 상급 행정청에 서면으로 이의제기할 수 있다.
② 심신장애로 인하여 행위의 옳고 그름을 판단할 능력이 없거나 그 판단에 따른 행위를 할 능력이 없는 자의 질서위반행위는 과태료를 감경한다.
③ 2인 이상이 질서위반행위에 가담한 때에는 각자가 질서위반행위를 한 것으로 본다. 또한 신분에 의하여 성립하는 질서위반행위에 신분이 없는 자가 가담한 때에는 신분이 없는 자에 대하여도 질서위반행위가 성립한다.
④ 다른 법률에 특별한 규정이 없는 한 18세가 되지 아니한 자의 질서위반행위는 과태료를 부과하지 아니한다.

31
「행정소송법」에 대한 설명으로 옳지 않은 것은?

① '처분등'이라 함은 행정청이 행하는 구체적 사실에 관한 법집행으로서의 공권력의 행사 또는 그 거부와 그 밖에 이에 준하는 행정작용 및 행정심판에 대한 재결을 말한다.
② '당사자소송'이란 행정청의 처분등을 원인으로 하는 법률관계에 관한 소송 그 밖에 공법상의 법률 관계에 관한 소송으로서 그 법률관계의 한쪽 당사자를 피고로하는 소송을 말한다.
③ 취소소송은 처분등이 있음을 안 날부터 90일 이내에 제기하여야 하고, 처분등이 있은 날부터 1년을 경과하면 이를 제기하지 못한다.
④ 취소소송이 제기된 경우에 처분등이나 그 집행 또는 절차의 속행으로 인하여 생길 중대한 손해를 예방하기 위하여 긴급한 필요가 있다고 인정할 때에는 본안이 계속되고 있는 법원은 당사자의 신청 또는 직권에 의하여 처분등의 효력이나 그 집행 또는 절차의 속행의 전부 또는 일부의 정지를 결정할 수 있다.

32

「경찰관 직무집행법」 및 「경찰관의 정보수집 및 처리 등에 관한 규정」에 관한 내용으로 옳은 것은?

① 경찰관은 범죄·재난·공공갈등 등 공공안녕과 공공질서에 대한 위험의 예방과 대응을 위한 정보의 수집·작성·배포와 이에 수반되는 사실의 확인을 할 수 있다.
② ①에 따른 정보의 구체적인 범위와 처리 기준, 정보의 수집·작성·배포에 수반되는 사실의 확인 절차와 한계는 대통령령으로 정한다.
③ 경찰관은 정보를 수집하거나 정보의 수집·작성·배포에 수반되는 사실을 확인하려는 경우, 상대방에게 자신의 신분을 밝히고 정보 수집 또는 사실 확인의 목적을 설명한 후 필요한 경우 강제적인 방법을 사용할 수 있다.
④ 「경찰관의 정보수집 및 처리 등에 관한 규정」에 따라 수집·작성·배포할 수 있는 정보의 구체적인 범위는 범죄수사에 필요한 정보, 국가중요시설의 안전 및 주요 인사의 보호에 필요한 정보 등이 있다.

33

경찰관 무기사용에 대한 설명으로 적절한 것은 모두 몇 개인가? (다툼이 있는 경우 판례에 의함)

> 가. 경찰관이 신호위반을 이유로 정지명령에 불응하고 도주하던 차량에 탑승한 동승자를 추격하던 중 수차례에 걸쳐 경고하고 공포탄을 발사했음에도 불구하고 계속 도주하자 실탄을 발사하여 사망케 한 경우, 위 총기 사용 행위는 허용범위를 벗어난 위법행위이다.
> 나. 형법에 규정된 정당행위와 긴급피난에 해당하는 때 위해를 수반한 무기를 사용할 수 있다.
> 다. 「경찰관 직무집행법」상 무기란 사람의 생명이나 신체에 위해를 끼칠 수 있도록 제작된 권총·소총·도검 등을 말하며, 대간첩·대테러 작전 등 국가안전에 관련되는 작전을 수행할 때에는 개인화기 외에 공용화기를 사용할 수 있다.
> 라. 경찰관이 길이 40cm 가량의 칼로 반복적으로 위협하며 도주하는 차량 절도 혐의자를 추적하던 중, 도주하기 위하여 등을 돌린 혐의자의 몸 쪽을 향하여 약 2m 거리에서 실탄을 발사하여 혐의자를 복부관통상으로 사망케 한 경우, 경찰관의 총기사용은 사회통념상 허용범위를 벗어난 위법행위이다.

① 1개　　② 2개
③ 3개　　④ 4개

34
「경찰관 직무집행법」상 범인검거 등 공로자 보상에 대한 설명으로 가장 옳은 것은?

① 경찰청장, 해양경찰청장, 시·도경찰청장, 지방해양경찰청장, 경찰서장 또는 해양경찰서장(이하 이 조에서 "경찰청장등"이라 한다)은 범인 또는 범인의 소재를 신고하여 검거하게 한 사람에게 보상금을 지급하여야 한다.
② 경찰청장등은 ①에 따른 보상금 지급의 심사를 위하여 대통령령으로 정하는 바에 따라 각각 보상금심사위원회를 설치·운영하여야 한다.
③ 보상금심사위원회는 위원장 1명을 포함한 5명 이상 7명 이내의 위원으로 구성한다.
④ 경찰청장등은 보상금심사위원회의 심사·의결에 따라 보상금을 지급하고, 거짓 또는 부정한 방법으로 보상금을 받은 사람에 대하여는 해당 보상금을 환수할 수 있다.

35
아동·청소년 대상 디지털 성범죄의 수사특례에 관한 내용으로 옳지 않은 것은?

① 사법경찰관리가 신분비공개수사를 진행하고자 할 때에는 사전에 상급 경찰관서 수사부서의 장의 승인을 받아야 한다. 이 경우 그 수사기간은 3개월을 초과할 수 없다.
② 사법경찰관리는 디지털 성범죄에 대하여 긴급을 요하는 때에는 상급 경찰관서 수사부서의 장의 승인 없이 신분비공개수사를 할 수 있다.
③ 사법경찰관리는 ②에 따른 신분비공개수사 개시 후 지체 없이 상급 경찰관서 수사부서의 장에게 보고하여야 하고, 사법경찰관리는 48시간 이내에 상급 경찰관서 수사부서의 장의 승인을 받지 못한 때에는 즉시 신분비공개수사를 중지하여야 한다.
④ 사법경찰관리가 ①에 따라 수집한 증거 및 자료 등은 신분비공개수사 또는 신분위장수사의 목적이 된 디지털 성범죄나 이와 관련되는 범죄로 인한 징계절차에 사용하는 경우는 사용할 수 없다.

36
「가정폭력범죄의 처벌 등에 관한 특례법」에 대한 설명으로 옳은 것은?

① "가정폭력"이란 가정구성원 사이의 신체적, 정신적 피해를 수반하는 행위를 말하며, 재산상 피해는 이에 해당하지 않는다.
② 피해자에게 고소할 법정대리인이나 친족이 없는 경우에 이해관계인이 신청하면 검사는 10일 이내에 고소할 수 있는 사람을 지정할 수 있다.
③ 긴급임시조치는 피해자 또는 가정구성원의 주거 또는 점유하는 방실(房室)로부터의 퇴거 등 격리, 피해자 또는 가정구성원의 주거, 직장 등에서 100미터 이내의 접근 금지, 피해자 또는 가정구성원에 대한「전기통신기본법」제2조제1호의 전기통신을 이용한 접근 금지를 그 내용으로 한다.
④ 사법경찰관이 긴급임시조치를 한 때에는 지체 없이 검사에게 임시조치를 신청하고, 신청받은 검사는 법원에 임시조치를 청구하여야 한다. 이 경우 임시조치의 청구는 응급조치를 한 때부터 48시간 이내에 청구하여야 한다.

37

「성폭력범죄의 처벌 등에 관한 특례법」의 신상정보 등록과 「특정중대범죄 피의자 등 신상정보 공개에 관한 법률」상 피의자의 신상정보 공개 요건에 대한 설명으로 가장 옳지 않은 것은?

① 「성폭력범죄의 처벌 등에 관한 특례법」상 등록대상 성범죄로 유죄판결이나 약식명령이 확정된 자나 공개명령이 확정된 자를 등록대상자로 한다.
② 「성폭력범죄의 처벌 등에 관한 특례법」상 아동·청소년성착취물을 공연히 전시 또는 상영한 행위로 벌금형을 선고받은 자도 등록대상자의 범위에 포함된다.
③ 「특정중대범죄 피의자 등 신상정보 공개에 관한 법률」상 검사와 사법경찰관은 범행수단이 잔인하고 중대한 피해가 발생하였을 것, 피의자가 그 죄를 범하였다고 믿을 만한 충분한 증거가 있을 것, 국민의 알권리 보장, 피의자의 재범 방지 및 범죄예방 등 오로지 공공의 이익을 위하여 필요할 것의 요건을 모두 갖춘 특정중대범죄사건의 피의자의 얼굴, 성명 및 나이(이하 "신상정보"라 한다)를 공개할 수 있다. 다만, 피의자가 미성년자인 경우에는 공개하지 아니한다.
④ 「특정중대범죄 피의자 등 신상정보 공개에 관한 법률」상 신상정보를 공개하는 피의자의 얼굴은 특별한 사정이 없으면 공개 결정일 전후 30일 이내의 모습으로 한다. 이 경우 검사와 사법경찰관은 다른 법령에 따라 적법하게 수집·보관하고 있는 사진, 영상물 등이 있는 때에는 이를 활용하여 공개할 수 있다.

38

「도로교통법」에 대한 설명이다. 아래 가.부터 마.까지 설명 중 옳고 그름의 표시(O, X)가 바르게 된 것은?

> 가. "보도"란 연석선, 안전표지나 그와 비슷한 인공구조물로 경계를 표시하여 보행자(유모차, 보행보조용 의자차, 노약자용 보행기 등 행정안전부령으로 정하는 기구·장치를 이용하여 통행하는 사람 및 제21호의3에 따른 실외이동로봇을 제외)가 통행할 수 있도록 한 도로의 부분을 말한다.
> 나. "자전거등"이란 자전거와 개인형 이동장치를 말한다.
> 다. "중앙선"이란 차마의 통행 방향을 명확하게 구분하기 위하여 도로에 황색 실선(實線)이나 황색 점선 등의 안전표지로 표시한 선 또는 중앙분리대나 울타리 등으로 설치한 시설물을 말한다. 다만, 제14조제1항 후단에 따라 가변차로(可變車路)가 설치된 경우에는 신호기가 지시하는 진행방향의 가장 왼쪽에 있는 황색 실선을 말한다.
> 라. "음주운전 방지장치"란 술에 취한 상태에서 자동차등을 운전하려는 경우 시동이 걸리지 아니하도록 하는 것으로서 행정안전부령으로 정하는 것을 말한다.
> 마. "자율주행자동차"란 운전자 또는 승객의 조작 없이 주변상황과 도로 정보 등을 스스로 인지하고 판단하여 자동차를 운행할 수 있게 하는 자동화 장비, 소프트웨어 및 이와 관련한 모든 장치를 말한다.

① 가. (X) 나. (O) 다. (X) 라. (O) 마. (X)
② 가. (X) 나. (O) 다. (O) 라. (X) 마. (O)
③ 가. (O) 나. (X) 다. (X) 라. (O) 마. (X)
④ 가. (X) 나. (O) 다. (X) 라. (O) 마. (O)

39

「집회 및 시위에 관한 법률」과 같은 법 시행령에 규정된 확성기등의 소음기준 및 측정방법에 관한 설명으로 가장 적절하지 않은 것은?

① 소음 측정 장소는 피해자가 위치한 건물의 외벽에서 소음원 방향으로 1~3.5m 떨어진 지점으로 하되, 소음도가 높을 것으로 예상되는 지점의 지면 위 1.2~1.5m 높이에서 측정한다. 다만, 주된 건물의 경비 등을 위하여 사용되는 부속 건물, 광장·공원이나 도로상의 영업시설물, 공원의 관리사무소 등은 소음 측정 장소에서 제외한다
② 집회현장에서의 확성기 등의 등가소음기준은 주거지역, 학교, 종합병원의 경우 주간 60dB 이하, 야간 50dB 이하, 심야 45dB 이하, 공공도서관인 경우 주간 60dB 이하, 야간·심야 55dB 이하이다. 최고소음도를 측정하는 데 있어서 대상 지역을 주거지역·학교·종합병원은 주간·야간·심야로 구분하고, 공공도서관은 주간·야간으로 구분하고, 그 밖의 지역은 시간대를 구분하지 않는다.
③ 등가소음도는 10분간(소음 발생 시간이 10분 이내인 경우에는 그 발생 시간 동안을 말한다) 측정한다. 다만, 주거지역, 학교, 종합병원, 공공도서관의 경우에는 등가소음도를 5분간(소음 발생 시간이 5분 이내인 경우에는 그 발생 시간 동안을 말한다) 측정한다.
④ 중앙행정기관이 개최하는 국경일 행사의 경우 행사 개최시간에 한정하여 행사 진행에 영향을 미치는 소음에 대해서는, 「집회 및 시위에 관한 법률 시행령」 별표2에 따른 확성기등의 소음기준을 '그 밖의 지역'의 소음기준으로 적용한다.

40

선전에 관한 다음 설명 중 옳지 않은 것은?

① 선전이란 특정집단을 자극하여 감정이나 견해 등을 우리 측에 유리한 방향으로 유도하기 위한 심리전의 일종을 말한다.
② 백색선전은 출처를 공개하고 행하는 선전으로, 주제의 선정과 용어 사용에 제한을 받지만 신뢰도가 높다.
③ 회색선전은 출처를 밝히지 않고 행하는 선전으로, 선전이라는 선입관을 주지 않고 효과를 얻을 수 있지만 출처를 은폐하면서 선전의 효과를 거두기가 곤란하다는 단점이 있다.
④ 흑색선전은 출처를 위장하고 행하는 선전으로, 적국내에서도 행할 수 있고 특정한 목표에 대해 즉각적이고 집중적인 선전을 할 수 있지만 적이 역선전을 할 경우 대항이 어렵다.

PART 03 총알 총정리 모의고사 3회

킹재규 경찰학

01
경찰개념의 변천과정에 대한 설명으로 가장 적절한 것은?

① 15세기 말 독일의 경찰개념이 프랑스에 계수되어 양호한 질서를 포함한 국가행정 전반을 포괄하는 의미로 사용되었다.
② 16세기 독일의 제국경찰법(1530년)에서 교회행정을 포함한 모든 국가활동을 경찰이라 했다.
③ 17세기에 사회목적적 행정인 외교, 군사, 재정(재무)과 사법 등 국가의 특별작용으로 인식된 전문분야가 분리되어 경찰은 사회공공의 안녕과 복지를 직접 다루는 내무행정을 의미했다.
④ 18세기 계몽철학등의 영향으로 법치주의가 생성됨에 따라 경찰분야에서 적극적인 복지경찰분야가 제외되고 소극적인 위험방지(=소극적 질서유지)분야에 한정하였다.

02
위험의 분류와 위험에 대한 인식에 대한 설명으로 옳지 않은 것은?

① 구체적 위험이란 구체적 개개 사안에 있어 가까운 장래에 손해발생의 충분한 가능성이 존재하는 경우, 즉 개개의 경우에 실제로 존재하는 경우이다.
② 추상적 위험의 경우 단순히 안전하지 못하다라는 정도의 인식만으로는 충분하지 않고 사실적 관점에서 위험에 대한 예측이 필요하다.
③ 범죄의 예방분야나 장래의 위험방지를 위한 준비행위는 구체적 위험이나 추상적 위험의 구성요소에 의해서도 제한되지 않으므로 그런 목적으로 경찰이 활동하는 것은 가능하다.
④ 경찰개입의 대상이 되는 위험은 행위책임에 기인한 것일 때에는 가능하지만, 상태책임에 기인한 것일 때에는 불가능하다.

03
위험에 대한 설명으로 옳은 것은?

> 경찰관 A는 주택가 순찰 중 한 집에서 비명 소리가 나는 것을 듣고 가정폭력이 발생한 것으로 오인했다. 경찰관 A는 상황의 긴급성을 판단하여 창문을 깨고 들어갔으나, 안에서는 가족들이 공포 영화를 시청하며 장난치고 있었다.

① 의무에 합당한 사려 깊은 판단을 할 때 실제로 위험의 가능성은 예측되나 불확실한 경우에 해당한다.
② 경찰관 A가 문을 부수고 들어간 행위는 위법한 경찰개입이므로 경찰관 개인에게는 민·형사상 책임이 있다.
③ 경찰관 A가 문을 부수고 들어간 행위는 경찰상 위험에 해당하는 적법한 경찰개입이므로 경찰관 A에게 민·형사상 책임을 물을 수 없다.
④ 경찰관 A가 문을 부수고 들어간 행위로 인한 손해로 국가는 손해배상책임이 발생할 수 있다.

04
범죄원인에 대한 학설 중 사회적 수준의 사회과정 원인에 대한 학설은 모두 몇 개인가?

㉠ 하위문화이론	㉡ 차별적 접촉이론
㉢ 동조성전념이론	㉣ 긴장(아노미)이론
㉤ 사회해체론	㉥ 낙인이론

① 1개
② 2개
③ 3개
④ 4개

05
낙인이론에 대한 설명으로 가장 적절한 것은?

① 범죄학 전문가는 한 사건에 대해 사회적인 유대를 강화함으로써 범죄를 통제하는 것이 중요하다고 강조하였다.
② 레머트(Lemert)는 사회로부터 부정적인 반응을 받은 소년이 스스로 이를 동일시하고 부정적 역할을 수행하게 되는 악의 극화(Dramatization of Evil)에 빠지게 된다고 하였다.
③ 탄넨바움(Tannenbaum)은 일차적 일탈에 대한 부정적인 주변의 반응이 이차적 일탈을 유발한다고 하였다.
④ A경찰서는 관내에서 폭행으로 적발된 청소년을 형사입건하는 대신, 학교전담경찰관이 외부 전문가와 함께 3일 동안 다양한 활동으로 구성된 선도프로그램을 제공함으로써 해당 청소년에게 스스로 잘못을 뉘우치고 장차 지역사회로 다시 통합될 수 있는 기회를 제공하였다.

06
다음 보기의 내용은 아파트 내의 공유시설 등을 CPTED 개념과 전략을 적용한 사례이다. 다음 기본원리 중 가장 관련이 있는 것은?

> 건물 외벽을 설계할 때 범죄자가 기어오르거나 딛고 오를 수 있는 요소와 몸을 은폐할 수 있는 요소인 가스배관, 물받이, 테라스, 요철벽면 등은 제거하거나 개선해야 한다. 이를 위해 가스배관 등에 특수 설계된 덮개를 설치하거나 지상에서 일정 높이까지(2-3미터) 가스배관이 들어갈 수 있도록 배관 지름 깊이의 움푹 파인 홈(dent)을 만들어 사람이 매달리는 것이 불가능하거나 매우 곤란하게 설계해야 한다.

① 영역성의 강화
② 활동의 활성화
③ 자연적 접근통제
④ 자연적 감시

07
다음은 전통적 경찰활동과 지역사회 경찰활동에 관한 비교 설명으로 적절하지 않은 것은?

① 경찰의 역할 – 전통적 경찰활동의 관점에서는 범죄를 해결하는 것이며, 지역사회 경찰활동의 관점에서는 폭넓은 지역문제를 해결하는 것이다.
② 강조점 – 전통적 경찰활동의 관점에서는 집중화된 조직구조, 법과 규범에 의해 규제이고, 지역사회 경찰활동의 관점에서는 지역사회의 요구에 부응하는 분권화된 경찰관 개개인의 능력을 강조하는 것이다.
③ 경찰의 능률측정 – 전통적 경찰활동의 관점에서는 체포율(검거율)과 적발건수이며, 지역사회 경찰활동의 관점에서는 범죄와 무질서의 감소율이다.
④ 가장 중요한 정보 – 전통적 경찰활동의 관점에서는 범죄자 정보(개인 또는 집단의 활동사항 관련 정보)이고, 지역사회 경찰활동의 관점에서는 범죄사건 정보(특정 범죄사건 또는 일련의 범죄사건 관련 정보)이다.

08
경찰의 전문직업화에 대한 내용으로 가장 적절한 것은?

① 경찰의 전문직업화는 경찰이 시민의 입장을 고려하지 않고 전문지식을 바탕으로 일방적으로 의사결정을 하므로 치안서비스의 질이 향상된다.
② 미국의 서덜랜드(Edwin H. Sutherland)는 경찰의 높은 사회적 지위를 확보하기 위하여 전문직업화를 추진하였다.
③ 동작경찰서 경비과 소속 경찰관 甲은 집회 현장에서 시위대가 질서유지선을 침범해 경찰관을 폭행하자 교통, 정보, 생활안전 등 다른 전체적인 분야에 대한 고려 없이 경비분야만 생각하고 검거 결정을 하였다면 이는 소외와 관련된 내용이다.
④ 경찰이 전문직업화 되어 저학력자 등 경제적, 사회적 약자에게 경찰 직업에의 진입을 차단할 경우 발생할 수 있는 윤리적 문제점은 소외이다.

09

「경찰헌장」의 내용 중 괄호 안에 들어갈 가장 적절한 표현은?

우리는 조국 광복과 함께 태어나 나라와 겨레를 위하여 충성을 다하며 오늘의 자유민주사회를 지켜온 대한민국 경찰이다(중략)

1. 우리는 모든 사람의 인격을 존중하고 누구에게나 따뜻하게 봉사하는 (㉠) 경찰이다.
1. 우리는 정의의 이름으로 진실을 추구하며 어떠한 불의나 불법과 타협하지 않는 (㉡) 경찰이다.
1. 우리는 국민의 신뢰를 바탕으로 오직 양심에 따라 법을 집행하는 (㉢) 경찰이다.
1. 우리는 건전한 상식 위에 전문지식을 갈고 닦아 맡은 일을 성실하게 수행하는 (㉣) 경찰이다.
1. 우리는 화합과 단결 속에 항상 규율을 지키며 검소하게 생활하는 (㉤) 경찰이다.

	㉠	㉡	㉢	㉣	㉤
①	친절한	의로운	공정한	근면한	깨끗한
②	의로운	깨끗한	친절한	공정한	근면한
③	친절한	깨끗한	근면한	공정한	의로운
④	공정한	의로운	깨끗한	근면한	친절한

10

「부정청탁 및 금품등 수수의 금지에 관한 법률」에 대한 설명으로 가장 적절하지 않은 것은?

① 공직자등은 직무 관련 여부 및 기부·후원·증여 등 그 명목에 관계없이 동일인으로부터 1회에 100만원 또는 매 회계연도에 300만원을 초과하는 금품등을 받거나 요구 또는 약속해서는 아니된다.
② 공직자등이 자신의 배우자가 수수 금지 금품등을 받거나 그 제공의 약속 또는 의사표시를 받은 사실을 안 경우에는 소속기관장에게 지체 없이 서면으로 신고하여야 한다.
③ 공직자등이 부정청탁을 받았을 때에는 이를 거절하는 의사를 명확히 표시하지 않아도 된다. 하지만 이러한 조치를 하였음에도 불구하고 동일한 부정청탁을 다시 받은 경우에는 이를 소속기관장에게 서면(전자서면을 포함)으로 신고하여야 한다.
④ 공공기관의 장은 공직자등에게 부정청탁 금지 및 금품등의 수수 금지에 관한 내용을 정기적으로 교육하여야 하며, 이를 준수할 것을 약속하는 서약서를 받아야 한다.

11

「경찰청 공무원 행동강령」 제12조의2(가상자산 관련 정보를 이용한 거래 등의 제한)에 대한 설명으로 가장 적절하지 않은 것은?

① 공무원은 직무수행 중 알게 된 가상자산과 관련된 정보를 이용한 재산상 거래 또는 투자 행위를 해서는 아니된다.
② ①의 직무란 가상자산에 관한 정책 또는 법령의 입안·집행 등에 관련되는 직무에 해당하는 것을 말한다.
③ ②의 직무를 수행하는 부서와 직위는 시·도경찰청장이 정한다.
④ ③의 부서와 직위에서 직무를 수행하는 공무원은 가상자산을 신규 취득하여서는 아니되며, 보유한 경우에는 별지 제10호의2서식에 따라 소속 기관의 장에게 신고해야 한다.

12
「공직자의 이해충돌 방지법」 관한 설명 중 가장 적절하지 않은 것은?

① 이 법은 공직자의 직무수행과 관련한 사적 이익 추구를 금지함으로써 공직자의 직무수행 중 발생할 수 있는 이해충돌을 방지하여 공정한 직무수행을 보장하고 공공기관에 대한 국민의 신뢰를 확보하는 것을 목적으로 한다.
② 공직자는 배우자가 공직자 자신의 직무관련자(「민법」 제777조에 따른 친족 제외)와 토지 또는 건축물 등 부동산을 거래하는 행위(다만, 공개모집에 의하여 이루어지는 분양이나 공매·경매·입찰을 통한 재산상 거래 행위는 제외)를 한다는 것을 사전에 안 경우에는 안 날부터 14일 이내에 소속기관장에게 그 사실을 서면으로 신고하여야 한다.
③ 공직자는 ②따른 행위가 있었음을 사후에 알게 된 경우에도 안 날부터 14일 이내에 소속기관장에게 그 사실을 서면으로 신고하여야 한다.
④ 공직자는 사회상규에 따라 허용되는 경우라 할지라도 직무관련자인 소속 기관의 퇴직자(공직자가 아니게 된 날부터 2년이 지나지 아니한 사람만 해당)와 사적 접촉(골프, 여행, 사행성 오락을 같이 하는 행위)시 소속기관장에게 신고해야 한다.

13
다음 중 경찰제도에 대한 설명으로 옳지 않은 것은?

① 법률 제1호인 「정부조직법」에서 기존의 경무부를 내무부의 일국인 치안국에서 인수하도록 함으로써 경찰조직은 부에서 국으로 격하되었는데, 이는 법률을 제정한 구성원이 대부분 식민지시대의 관리로 구 총독부의 행정조직을 모방했기 때문이다.
② 광복 이후 미군정은 일제가 운용하던 비민주적 형사제도를 상당 부분 개선하고, 영미식 형사제도를 도입하기도 하였는데, 1945년 미군정 법무국 검사에 대한 훈령 제3호가 발령되어 수사는 경찰, 기소는 검사 체제가 도입되며 경찰의 독자적 수사권이 인정되었다.
③ 해양경찰업무(1953)와 전투경찰업무(1968)가 정식으로 경찰의 업무범위에 추가되었으나, 소방업무(1975)는 경찰의 업무에서 배제되었다.
④ 1969년 1월 7일 「경찰관 직무집행법」이 처음으로 제정되어 그동안 「국가공무원법」에서 의거하던 경찰공무원을 특별법으로 규율하게 되었다.

14
다음 중 독일의 연방경찰에 대한 설명으로 가장 적절한 것은?

① 연방헌법보호청은 1950년 독일기본법을 근거로 설치되었다.
② 연방헌법보호청(BfV)은 연방헌법기관 요인들에 대한 신변경호도 담당한다.
③ 연방범죄수사청은 극좌·극우의 합법·비합법단체, 스파이 등 기본법 위반의 혐의가 있는 모든 행위에 대한 감시업무와 정보수집·분석임무를 수행한다.
④ 독일의 연방경찰로 외국과의 수사협조업무를 수행하며 독일인터폴 총국이 설치되어 있는 기관은 연방경찰청(Bundespolizei)이다.

15

다음에 설명하는 내용을 볼 때, 경찰조직에 필요한 조직편성의 원리로 가장 적절한 것은?

> 세종북부경찰서 甲경사는 AI 기반 실종자 조기발견 업무를 맡고 있으나, 최근 범죄예방팀, 정보과 등 여러 부서에서 자료 제공 요청과 협조 요구가 잇따르면서 본래 담당 업무 외의 업무까지 떠맡게 되었다. 이로 인해 업무 효율이 크게 저하되고 있다.

① 경찰업무는 대부분 여러 명의 협동을 요구하는 경우가 많은데, 각자의 임무를 명확히 나누어 부과하고 협력하도록 하는 것은 인간능력의 한계를 극복함은 물론 전문화를 추구하여 업무의 효율성을 높이기 위한 원칙에 대한 설명이다.
② 조직의 구성원간에 지시나 보고를 주고받는 과정에서 지시는 한 사람만이 할 수 있고, 보고도 한 사람에게만 하여야 한다는 원칙에 대한 설명이다.
③ 조직편성의 각각의 원리는 장단점을 가지고 있는 바, 이러한 장단점을 조화롭게 승화시키는 원리에 대한 설명이다.
④ 조직목적 수행을 위한 구성원의 임무를 책임과 난이도에 따라 상위로 갈수록 권한과 책임이 무거운 임무를 수행하도록 편성하는 원리에 대한 설명이다.

16

직위분류제에 관한 설명으로 옳지 않은 것은?

① 조직에 있는 직위를 직무의 종류와 수준에 따라 분류해 관리하는 제도이다.
② 동일 직무에 대한 동일 보수를 지급하는 보수 체계의 형평성을 확보할 수 있다.
③ 직무의 특성에 중점을 두고 직무의 종류와 책임, 난이도를 기준으로 공직을 분류한다.
④ 직위분류제는 계급제에 비해 인사관리의 융통성과 신축성 확보가 유리하다.

17

「경찰장비관리규칙」에 대한 설명으로 가장 적절한 것은?

① 간이무기고는 근무자가 24시간 상주하는 지구대, 파출소, 상황실 및 112타격대(이하 "지구대 및 상황실 등"이라 한다) 등 경찰기관의 장이 필요하다고 인정하는 상당한 이유가 있는 장소에 설치하여야 한다.
② 집중무기·탄약고의 열쇠보관은 일과시간에는 당직 업무(청사방호) 책임자가 하고, 일과시간 후에는 무기 관리부서의 장이 한다.
③ 경찰기관의 장은 무기를 휴대한 자가 술자리 또는 연회장소에 출입할 경우 즉시 대여한 무기·탄약을 회수해야 한다.
④ 경찰관이 권총을 휴대·사용하는 경우 1탄은 공포탄, 2탄 이하는 실탄을 장전한다. 다만, 대간첩작전, 살인·강도 등 중요범인이나 무기·흉기 등을 사용하는 범인의 체포 및 위해의 방호를 위하여 불가피한 경우에 1탄부터 실탄을 장전할 수 있다.

18

「보안업무규정」에 관한 내용으로 가장 적절하지 않은 것은?

① 비밀을 휴대하고 출장 중인 사람은 비밀을 안전하게 보호하기 위하여 국내 경찰기관 또는 재외공관에 보관을 위탁할 수 있으며, 위탁받은 기관은 그 비밀을 보관하여야 한다.
② 각급기관의 장은 비밀의 작성·분류·접수·발송 및 취급 등에 필요한 모든 관리사항을 기록하기 위하여 비밀관리기록부를 작성하여 갖추어 두어야 한다. 다만, Ⅱ급 이상 비밀관리기록부는 따로 작성하여 갖추어 두어야 하며, 암호자재는 암호자재 관리기록부로 관리한다.
③ 각급기관의 장은 연 2회 비밀 소유 현황을 조사하여 국가정보원장에게 통보하여야 한다.
④ 중앙행정기관등의 장은 국가안전보장을 위하여 국민에게 긴급히 알려야 할 필요가 있다고 판단될 때에는 그가 생산한 비밀을 「보안업무규정」 제3조의3에 따른 보안심사위원회의 심의를 거쳐 공개할 수 있다. 다만, Ⅰ급비밀의 공개에 관하여는 국가정보원장과 미리 협의해야 한다.

19

「부패방지 및 국민권익위원회의 설치와 운영에 관한 법률」에 대한 설명으로 가장 적절한 것은?

① 누구든지 부패행위를 알게 된 때에는 이를 위원회에 신고할 수 있으며, 신고자가 신고의 내용이 허위라는 사실을 알았거나 알 수 있었음에도 불구하고 신고한 경우에도 이 법의 보호를 받을 수 있다.
② 공직자는 그 직무를 행함에 있어 다른 공직자가 부패행위를 한 사실을 알게 되었거나 부패행위를 강요 또는 제의받은 경우에는 지체 없이 이를 수사기관·감사원 또는 위원회에 신고할 수 있다.
③ 국민권익위원회에 신고가 접수된 당해 부패행위의 혐의대상자가 치안감급 이상의 경찰공무원으로서 부패혐의의 내용이 형사처벌을 위한 수사 및 공소제기의 필요성이 있는 경우에는 위원회의 명의로 검찰, 수사처, 경찰 등 관할 수사기관에 고발을 하여야 한다.
④ 국민권익위원회는 접수된 신고사항을 그 접수일부터 60일 이내에 처리하여야 한다. 이 경우 신고자의 인적사항, 신고의 경위 및 취지 등 신고내용의 특정에 필요한 사항을 확인하기 위한 보완 등이 필요하다고 인정되는 경우에는 그 기간을 30일 이내에서 연장할 수 있다.

20

「경찰 인권보호 규칙」에 대한 설명으로 가장 적절한 것은?

① 경찰청장은 국민의 인권보호와 증진을 위하여 경찰 인권정책 기본계획을 3년마다 수립해야 한다.
② 인권보호담당관은 인권침해를 예방하고 제도를 개선하기 위해 연 1회 이상 경찰청과 소속기관의 청사 및 부속 시설 전반의 인권침해적 요소의 존재 여부 등을 진단하여야 한다.
③ 경찰청장은 경찰관등이 근무하는 동안 지속적·체계적으로 교육을 받을 수 있도록 매년 단위로 인권교육종합계획을 수립하여 시행해야 한다.
④ 경찰청(인권보호담당관), 시·도경찰청(인권업무 담당 계장)의 간사는 반기 1회 이상 인권영향평가의 이행 여부를 점검하고, 이를 국가경찰위원회에 제출해야 한다.

21

「국가경찰과 자치경찰의 조직 및 운영에 관한 법률」상 경찰청장에 대한 설명으로 옳은 것은?

① 경찰청장은 국가경찰위원회의 동의를 받아 행정안전부장관의 추천으로 국무총리를 거쳐 대통령이 임명한다. 이 경우 국회의 인사청문을 거쳐야 한다.
② 경찰청장의 임기는 2년이 보장되나(중임할 수 없음), 직무 수행 중 헌법이나 법령을 위배하였을 때에는 국회는 탄핵 소추를 의결할 수 있다.
③ 소속 공무원뿐만 아니라 자치경찰사무를 담당하는 경찰공무원을 언제나 직접 지휘·명령할 수 있다.
④ 경찰청장은 비상사태 등 전국적 치안유지를 위한 지휘·명령이 필요한 경우에는 시·도자치경찰위원회에 자치경찰사무를 담당하는 경찰공무원을 직접 지휘·명령하려는 사유 및 내용 등을 구체적으로 제시하여 통보하여야 한다.

22

「국가경찰과 자치경찰의 조직 및 운영에 관한 법률」상 자치경찰사무에 대한 설명으로 가장 적절한 것은?

① 국가는 지방자치단체가 이관받은 사무를 원활히 수행할 수 있도록 인력, 장비 등에 소요되는 비용에 대하여 재정적 지원을 할 수 있다.
② 자치경찰사무의 수행에 필요한 예산은 관할 시·도경찰청장의 의견을 들어 시·도자치경찰위원회의 심의·의결을 거쳐 시·도지사가 수립한다.
③ 시·도지사는 자치경찰사무 담당 공무원에게 조례에서 정하는 예산의 범위에서 재정적 지원 등을 하여야 한다.
④ 시·도의회는 관련 예산의 효율적인 관리를 위하여 의결로써 자치경찰사무에 대해 시·도자치경찰위원장의 출석 및 자료 제출을 요구할 수 있다.

23

다음 중 대결(내부위임)과 위임전결에 대한 설명으로 옳은 것은? (다툼이 있는 경우 판례에 의함)

① 위임은 위임기관의 권한이 수임기관의 권한으로 이전되나, 내부위임은 권한의 이전이 없다.
② 대결은 법령상의 근거를 요하지 않으며, 외부에 대한 관계에서는 자기의 이름으로 표시하여 행한다.
③ 권한의 위임은 수임관청이 자기의 이름으로 그 권한행사를 할 수 있지만, 내부위임의 경우에는 수임관청은 위임관청의 이름으로 그 권한을 행사할 수 있을 뿐만 아니라 자기의 이름으로도 그 권한을 행사할 수 있다.
④ 위임전결은 행정관청이 그 보조기관에 사무처리에 관한 결정을 맡기고 외부에 대한 관계에서도 보조기관의 이름으로 표시하는 경우를 말한다.

24
다음 중 징계에 대한 설명으로 가장 적절한 것은 모두 몇 개인가? (다툼이 있는 경우 판례에 의함)

⊙ 징계등 의결 요구를 받은 징계위원회는 그 요구서를 받은 날부터 30일 이내에 징계등에 관한 의결을 하여야 한다. 다만, 부득이한 사유가 있을 때에는 해당 징계등 의결을 요구한 경찰기관의 장의 승인을 받아 30일 이내의 범위에서 그 기한을 연기할 수 있다.
ⓒ 징계위원회는 징계등 사건을 의결할 때에는 징계등 심의 대상자의 비위행위 당시 계급 및 직위, 비위행위가 공직 내외에 미치는 영향, 평소 행실, 공적(功績), 뉘우치는 정도나 그 밖의 정상과 징계등 의결을 요구한 자의 의견을 고려해야 한다.
ⓒ 금품 및 향응 수수로 징계 해임된 자의 경우 재직기간이 5년 이상인 사람의 퇴직급여는 4분의 3을 지급하고, 재직기간이 5년 미만인 사람의 퇴직급여는 8분의 7을 지급한다.
ⓔ 경찰공무원 보통징계위원회는 해당 징계위원회가 설치된 경찰기관 소속 경정 이하 경찰공무원에 대한 징계 등 사건을 심의·의결한다.
ⓜ 징계위원회의 위원장 또는 위원은 불공정한 의결을 할 우려가 있다고 의심할 만한 타당한 사유가 있는 경우 스스로 해당 징계등 사건의 심의·의결을 회피해야 한다.

① 1개
② 2개
③ 3개
④ 4개

25
경찰개입청구권에 대한 설명으로 옳지 않은 것은?

① 경찰개입청구권이란 경찰권의 부작위로 인하여 권익을 침해당한 자가 당해 경찰관청 등에 대하여 제3자에게 경찰권의 발동을 청구할 수 있는 권리로 사전예방적 성격을 지니고 있지만, 사후구제적 성격은 지니지 않는다.
② 띠톱판결은 경찰법상의 일반수권조항의 해석에 있어 무하자재량행사청구권을 인정하고 재량권영으로의 수축이론에 의거하여 원고의 청구를 인용한 판결로서 경찰개입청구권을 인정한 판결의 효시로 평가된다.
③ 경찰권 행사로 제3자가 받는 이익이 법률상 이익인 경우에는 경찰개입청구권이 인정되지만, 반사적 이익인 경우에는 인정되지 아니한다.
④ 김신조 무장공비사건 판결은 우리나라 최초의 경찰개입청구권을 인정한 판례로 무장공비색출체포를 위한 대간접작전을 수행하기 위하여 파출소 소장, 순경 및 육군 장교 수명 등이 파출소에서 합동대기 하고 있던 중 그로부터 불과 60~70미터 거리에서 약 15분간에 걸쳐 주민들이 무장간첩과 격투하던 주민 중 1인이 무장간첩의 발사 권총탄에 맞아 사망하였다면 위 군경공무원들의 직무유기행위와 위 사망인의 사망 사이에 인과관계가 있다고 봄이 상당하여 국가배상책임을 인정하였다.

26

행정행위의 효력에 대한 설명으로 가장 옳지 않은 것은? (다툼이 있는 경우 판례에 의함)

① 처분의 통지는 행정처분을 상대방에게 표시하는 것으로서 상대방이 인식할 수 있는 상태에 둠으로써 족하고, 객관적으로 보아서 행정처분을 인식할 수 있도록 고지하면 되는 것이다.
② 행정행위의 불가변력은 당해 행정행위에 대하여서만 인정되는 것이고, 동종의 행정행위라 하더라도 그 대상을 달리할 때에는 이를 인정할 수 없다.
③ 과세처분의 하자가 단지 취소할 수 있는 정도에 불과할 때에는 과세관청이 이를 스스로 취소하거나 항고소송절차에 의하여 취소되지 않는 한 그로 인한 조세의 납부가 부당이득이 된다고 할 수 없다.
④ 제소기간이 이미 도과하여 불가변력이 생긴 행정처분에 대해서는 특별한 사정이 없는 한 국민에게 그 행정처분의 변경을 구할 신청권이 있다고 할 수 없다.

27

「행정기본법」상 이의신청과 재심사에 관한 설명으로 가장 적절한 것은?

① 이의신청에 대한 결과를 통지받은 후 행정심판 또는 행정소송을 제기하려는 자는 그 결과를 통지받은 날부터 60일 이내에 이의신청 결과 처분이 변경된 경우에는 변경된 처분에 대하여 행정심판 또는 행정소송을 제기할 수 있다.
② 공무원 인사관계 법령에 의한 징계 등 처분에 관한 사항에 대하여도 「행정기본법」상의 이의신청 규정이 적용된다.
③ 당사자는 처분(제재처분 및 행정상 강제는 제외)이 행정심판, 행정소송 및 그 밖의 쟁송을 통하여 다툴 수 없게 된 경우(법원의 확정판결이 있는 경우는 제외)라도 처분의 근거가 된 사실관계 또는 법률관계가 추후에 당사자에게 유리하게 바뀐 경우에는 해당 처분을 한 행정청에 처분을 취소·철회하거나 변경하여 줄 것을 신청할 수 있다.
④ 처분의 재심사 결과 중 처분을 유지하는 결과에 대해서는 행정심판, 행정소송 및 그 밖의 쟁송수단을 통하여 불복할 수 있다.

28
다음 중 경찰허가와 부관에 대한 설명으로 옳은 것은?

① 조건은 행정행위의 효력 발생 또는 소멸을 장래의 불확실한 사실의 성부에 의존시키는 부관을 말하는데, 정지조건은 경찰허가의 효력이 발생하지 않고 있다가 조건이 성취되면 발생하는 경우를 말한다.
② 경찰허가는 특정행위를 사실상 적법하게 할 수 있도록 하는 적법요건이자 유효요건이다.
③ 판례에 의하면 허가여부의 결정기준은 특별한 사정이 없는 한 원칙적으로 신청 당시의 법령에 의한다.
④ 특별한 규정이 없는 한, 허가는 법령이 부과한 작위의무, 부작위의무 및 급부의무를 모두 해제하는 것이다.

29
「개인정보 보호법」상 정의 및 개념에 관한 설명 중 가장 적절한 것은?

① 살아 있는 개인에 관한 정보로서 해당 정보만으로는 특정 개인을 알아볼 수 없더라도 다른 정보와 쉽게 결합하여 알아볼 수 있는 정보를 "개인정보"라 한다.
② 개인정보의 일부를 삭제하거나 일부 또는 전부를 대체하는 등의 방법으로 추가 정보가 없이는 특정 개인을 알아볼 수 없도록 처리하는 것을 "익명처리"라 한다.
③ 정보처리 기술을 활용하여 기존의 다양한 정보를 가공해서 만들어 낸 새로운 정보에 관한 독점적 권리를 가지는 사람을 "정보주체"라 한다.
④ 일정한 공간에 설치되어 지속적 또는 주기적으로 사람 또는 사물의 영상 등을 촬영하거나 이를 유·무선망을 통하여 전송하는 장치로서 대통령령으로 정하는 장치를 "이동형 영상정보처리기기"라 한다.

30
「행정절차법」상 송달 및 기간·기한에 관한 설명으로 옳은 것은?

① 정보통신망을 이용한 송달은 송달받을 자가 동의하는 경우에만 한다. 이 경우 행정청이 송달받을 주소 등을 지정하여야 한다.
② 송달은 우편 또는 정보통신망을 이용한 방법으로만 하되, 송달받을 자의 주소·거소·영업소·사무소 또는 전자우편주소로 한다.
③ 송달받을 자의 주소등을 통상적인 방법으로 확인할 수 없는 경우에 송달받을 자가 알기 쉽도록 관보, 공보, 게시판, 일간신문 중 하나 이상에 공고하고 인터넷에도 공고하여야 한다.
④ ③의 경우에는 다른 법령등에 특별한 규정이 있는 경우를 제외하고는 공고일부터 7일이 지난 때에 그 효력이 발생한다.

31
「행정심판법」상 재결에 관한 설명으로 가장 적절한 것은? (다툼이 있는 경우 판례에 의함)

① 행정심판위원회는 무효확인심판의 청구가 이유가 있더라도 이를 인용하는 것이 공공복리에 크게 위배된다고 인정하면 그 청구를 기각하는 재결을 할 수 있다.
② 위원회는 심판청구가 이유가 없다고 인정하면 그 심판청구를 각하한다.
③ 위원회는 지체 없이 당사자에게 재결서의 등본을 송달하여야 하며, 재결서가 청구인에게 발송되었을 때에 그 효력이 생긴다.
④ 재결의 기속력은 재결의 주문 및 그 전제가 된 요건사실의 인정과 판단, 즉 처분 등의 구체적 위법사유에 관한 판단에만 미친다고 할 것이고, 종전 처분이 재결에 의하여 취소되었다 하더라도 종전 처분시와는 다른 사유를 들어서 처분을 하는 것은 기속력에 저촉되지 않는다.

32

경찰장비에 대한 설명으로 가장 적절한 것은?

① 「경찰관 직무집행법」상 경찰관은 범인의 체포, 범인의 도주 방지, 자신이나 다른 사람의 생명·신체의 방어 및 보호, 공무집행에 대한 항거의 제지를 위하여 필요하다고 인정되는 상당한 이유가 있을 때에는 그 사태를 합리적으로 판단하여 필요한 한도에서 무기를 사용할 수 있다.

② 「경찰관 직무집행법」상 경찰관은 경찰장비를 함부로 개조하거나 경찰장비에 임의의 장비를 부착하여 일반적인 사용법과 달리 사용함으로써 다른 사람의 생명·신체에 위해를 끼쳐서는 아니 되며, 모든 경찰장비는 필요한 최소한도에서 사용하여야 한다.

③ 「경찰관 직무집행법」상 경찰청장은 위해성 경찰장비를 새로 도입하려는 경우에는 대통령령으로 정하는 바에 따라 안전교육을 실시하여 그 안전교육의 결과보고서를 국회 소관 상임위원회에 제출하여야 한다. 이 경우 안전교육에는 외부 전문가를 참여시킬 수 있다.

④ 「위해성 경찰장비의 사용기준 등에 관한 규정」상 경찰관은 14세 미만의 자 또는 65세 이상의 고령자에 대하여 전자충격기를 사용하여서는 아니 된다.

33

경찰착용기록장치의 사용 고지 등에 관한 설명으로 가장 적절하지 않은 것은?

① 「경찰착용기록장치 운영 등에 관한 규정」상 경찰청장 또는 해양경찰청장은 경찰착용기록장치를 사용하는 경찰관을 대상으로 경찰착용기록장치 조작 방법, 사용 지침, 개인정보 보호 등에 관한 내용이 포함된 교육을 실시해야 한다.

② 「경찰착용기록장치 운영 등에 관한 규정」상 경찰청장, 시·도경찰청장 및 경찰서장은 법 제10조의7에 따라 영상음성기록정보 관리체계를 구축·운영하는 경우 영상음성기록이 분실·도난·유출·위조·변조 또는 훼손되지 않도록 기관별로 관리책임자를 지정하는 등 안전성 확보에 필요한 조치를 해야 한다.

③ 「경찰관 직무집행법」상 경찰착용기록장치로 기록을 마친 영상음성기록은 지체 없이 제10조의7에 따른 영상음성기록정보 관리체계를 이용하여 영상음성기록정보 데이터베이스에 전송·저장하도록 하여야 하며, 영상음성기록을 임의로 편집·복사하거나 삭제하여서는 아니 된다.

④ 「경찰장비관리규칙」상 경찰착용기록장치는 집중관리함을 원칙으로 하나, 운용부서에서 부서장의 책임하에 관리·운용하게 할 수 있다.

34
다음 중 「경찰관 직무집행법」에 관련된 판례이다. 옳지 않은 것은?(다툼이 있으면 판례에 의함)

① 경찰관이 응급의 구호를 요하는 자를 보건의료기관에게 긴급구호요청을 하고, 보건의료기관이 이에 따라 치료행위를 하였다고 하더라도 국가와 보건의료기관 사이에 국가가 그 치료행위를 보건의료기관에 위탁하고 보건의료기관이 이를 승낙하는 내용의 치료위임계약이 체결된 것으로는 볼 수 없다.
② 경찰관이 농민들의 시위를 진압하고 시위과정에 도로 상에 방치된 트랙터 1대에 대하여 이를 도로 밖으로 옮기거나 후방에 안전표지판을 설치하는 것과 같은 위험발생방지조치를 취하지 아니한 채 그대로 방치하고 철수하여 버린 결과, 야간에 그 도로를 진행하던 운전자가 위 방치된 트랙터를 피하려다가 다른 트랙터에 부딪혀 상해를 입은 사안에서 국가배상책임을 인정하였다.
③ 경찰관이 범인을 제압하는 과정에서 총기를 사용하여 범인을 사망에 이르게 한 사안에서, 경찰관이 총기사용에 이르게 된 동기나 목적, 경위 등을 고려하여 형사사건에서 무죄판결이 확정되었더라면 당해 경찰관의 민사상 불법행위책임을 인정하지 아니한다.
④ 50cc 소형 오토바이 1대를 절취하여 운전중인 15~16세의 절도 혐의자 3인이 경찰관의 검문에 불응하며 도주하자, 경찰관이 체포 목적으로 오토바이의 바퀴를 조준하여 실탄을 발사하였으나 오토바이에 타고 있던 1인이 총상을 입게 된 경우, 제반 사정에 비추어 경찰관의 총기 사용이 사회통념상 허용범위를 벗어나 위법하다.

35
「지역경찰의 조직 및 운영에 관한 규칙」에 따른 순찰팀장의 업무 내용을 바르게 고른 것은?

> ㉠ 관내 치안상황의 분석 및 대책 수립
> ㉡ 지역경찰관서의 시설·예산·장비의 관리
> ㉢ 근무교대 시 주요 취급사항 및 장비 등의 인수인계 확인
> ㉣ 관리팀원 및 순찰팀원에 대한 일일근무 지정 및 지휘·감독
> ㉤ 소속 지역경찰의 근무와 관련된 제반사항에 대한 지휘 및 감독

① 1개 ② 2개
③ 3개 ④ 4개

36
「경찰청과 그 소속기관 직제」에 의할 때 경찰청 안보수사국장의 분장사항으로 옳은 것은 모두 몇 개인가?

> ㉠ 공항 및 항만의 안보활동에 관한 계획 및 지도
> ㉡ 경비에 관한 계획의 수립 및 지도
> ㉢ 보안관찰 및 경호안전대책 업무에 관한 사항
> ㉣ 외사정보의 수집·분석 및 관리 등 외사정보활동
> ㉤ 북한이탈주민 신변보호
> ㉥ 국가안보와 국익에 반하는 중요 범죄에 대한 수사

① 3개 ② 4개
③ 5개 ④ 6개

37

경비경찰의 특징에 대한 설명으로 가장 적절하지 않은 것은?

① 복합기능적 활동 – 경비사태가 발생한 후의 진압뿐만 아니라 특정한 사태가 발생하기 전의 경계·예방의 역할을 수행한다.
② 현상유지적 활동 – 경비활동은 기본적으로 현재의 질서상태를 보존하는 것에 가치를 둔다고 할 수 있다. 따라서 동태적·적극적 질서유지가 아닌 새로운 변화와 발전을 보장하기 위한 정태적·소극적 의미의 유지작용이다.
③ 사회전반적 안녕목적의 활동 – 경비경찰의 활동대상은 공공의 안녕과 질서를 유지하는 것을 목적으로 하므로 결과적으로 사회전체의 질서를 파괴하는 범죄를 대상으로 작용한다는 점에서 경비경찰의 임무는 국가목적적 치안의 수행이라고 한다.
④ 하향적 명령에 의한 활동 – 경비활동은 주로 계선조직의 지휘관이 내리는 지시나 명령에 의하여 움직이므로 활동의 결과에 대해서도 지휘관이 지휘책임을 지는 것이 일반적이다.

38

다음 빈 칸에 들어갈 알맞은 내용으로 짝지은 것은?

제1종 보통면허	• 승용자동차 • 승차정원 (가.)명 이하의 승합자동차 • 적재중량 (나.)톤 미만의 화물자동차 • 건설기계(도로를 운행하는 3톤 미만의 지게차에 한함) • 총중량 10톤 미만의 특수자동차(구난차등은 제외한다) • 원동기장치자전거
제2종 보통면허	• 승용자동차 • 승차정원 10명 (다.)의 승합자동차 • 적재중량 4톤 이하의 화물자동차 • 총중량 (라.)톤 이하의 특수자동차(구난차등은 제외한다) • 원동기장치자전거

	가.	나.	다.	라.
①	15	12	이하	3.5
②	10	4	이하	3
③	15	12	이하	3
④	10	12	미만	3.5

39

「집회 및 시위에 관한 법률」 및 「집회 및 시위에 관한 법률 시행령」에 대한 설명이다. 아래 가.부터 바.까지 설명 중 옳고 그름의 표시(O, X)가 바르게 된 것은?

> 가. 주최자는 질서유지인을 따로 두어 집회 또는 시위의 실행을 맡아 관리하도록 위임할 수 있고, 질서유지인은 그 위임의 범위 안에서 주최자로 간주되므로 「집회 및 시위에 관한 법률」상 주최자에 관한 조항을 적용받게 된다.
> 나. 관할 경찰관서장은 집회 및 시위의 보호와 공공의 질서유지를 위하여 집회·시위의 행진로를 확보하거나 이를 위한 임시횡단보도를 설치할 필요가 있을 경우에는 「집회 및 시위에 관한 법률」 제13조 제1항에 따라 질서유지선을 설정할 수 있다.
> 다. 「집회 및 시위에 관한 법률」 제13조에 따라 설정한 질서유지선을 경찰관의 경고에도 불구하고 정당한 사유 없이 상당 시간 침범하거나 손괴·은닉·이동 또는 제거하거나 그 밖의 방법으로 그 효용을 해친 자는 100만원 이하의 과태료에 처한다.
> 라. 「집회 및 시위에 관한 법률 시행령」상 집회시위의 해산절차는 종결선언의 요청 → 해산명령(3회 이상) → 자진 해산의 요청 → 직접해산 순이다.
> 마. 옥외집회나 시위를 주최하려는 자는 그에 관한 신고서를 옥외집회나 시위를 시작하기 720시간 전부터 48시간 전에 관할 경찰서장에게 제출하여야 한다. 다만, 옥외집회 또는 시위 장소가 두 곳 이상의 경찰서의 관할에 속하는 경우에는 관할 시·도경찰청장에게 제출하여야 하고, 두 곳 이상의 시·도경찰청 관할에 속하는 경우에는 경찰청장에게 제출하여야 한다.
> 바. 대통령 관저, 국회의장 공관, 대법원장 공관, 헌법재판소장 공관에 해당하는 청사 또는 저택의 경계 지점으로부터 100 미터 이내의 장소에서는 옥외집회 또는 시위를 하여서는 아니 된다.

① 가. (X) 나. (O) 다. (X) 라. (O) 마. (X) 바. (O)
② 가. (X) 나. (O) 다. (O) 라. (X) 마. (O) 바. (X)
③ 가. (O) 나. (X) 다. (X) 라. (O) 마. (X) 바. (X)
④ 가. (X) 나. (O) 다. (X) 라. (X) 마. (X) 바. (X)

40

「국제형사사법 공조법」과 「범죄인 인도법」에 대한 내용으로 옳은 것은 모두 몇 개인가?

> 가. 국제형사사법공조와 범죄인 인도는 동일한 법률에 근거하고 있다.
> 나. 국제형사사법 공조와 범죄인 인도 과정 모두에서 상호주의 원칙과 조약우선주의를 천명하고 있다.
> 다. 외국의 요청에 따른 수사의 공조절차에서 공조요청 접수 및 요청국에 대한 공조 자료의 송부는 법무부장관이 한다. 다만, 긴급한 조치가 필요한 경우나 특별한 사정이 있는 경우에는 외교부장관이 법무부장관의 동의를 받아 이를 할 수 있다.
> 라. 대한민국과 청구국의 법률에 따라 인도범죄가 사형, 무기징역, 무기금고, 장기 3년 이상의 징역 또는 금고에 해당하는 경우에만 범죄인을 인도할 수 있다.
> 마. 국제형사경찰기구(인터폴)의 회원국은 자국 내 설치된 국가중앙사무국을 통해 다른 나라의 국가중앙사무국과 국제범죄정보 및 자료를 교환하며, 임의적 협조라기보다는 강제적 협조의 성격을 가진다.

① 1개 ② 2개
③ 3개 ④ 4개

총알 총정리 모의고사 4회

01
다음 중 경찰개념에 대한 설명으로 옳은 것은?

① 형식적 의미의 경찰은 사회목적적 작용을 의미하며 작용을 중심으로 파악된 개념이고, 실질적 의미의 경찰은 조직을 기준으로 파악된 개념이다.
② 보통경찰기관의 범죄 예방, 정보 수집·작성·배포 활동은 실질적 의미의 경찰뿐만 아니라 형식적 의미의 경찰에도 해당하지 않는다.
③ 실질적 의미의 경찰에는 위생경찰, 건축경찰, 공물경찰이 있다.
④ 실질적 의미의 경찰 개념은 이론상·학문상 정립된 개념이 아닌 실무상으로 정립된 개념이며, 독일 행정법학에서 유래하였다.

02
국가경찰과 자치경찰제도에 대한 설명이다. 올바르게 묶인 것은?

> ㉠ 조직이 비대화되고 관료화 될 우려가 있다.
> ㉡ 타 경찰기관과의 협조·응원체제가 곤란하다.
> ㉢ 정부의 특정정책의 수행에 이용되어 본연의 임무를 벗어날 우려가 있다.
> ㉣ 지방세력과 연결되면 경찰부패가 초래할 수 있고, 정실주의에 대한 우려가 있다.
> ㉤ 조직의 통일적 운영과 경찰활동의 능률성·기동성을 발휘할 수 있다.
> ㉥ 전국적·광역적 활동에 부적합하다.

① 국가경찰제도 - ㉠㉣㉥ / 자치경찰제도 - ㉡㉢㉤
② 국가경찰제도 - ㉡㉢㉥ / 자치경찰제도 - ㉠㉣㉤
③ 국가경찰제도 - ㉠㉢㉤ / 자치경찰제도 - ㉡㉣㉥
④ 국가경찰제도 - ㉠㉡㉤ / 자치경찰제도 - ㉢㉣㉥

03
경찰의 기본이념에 대한 설명으로 옳은 것은?

① 경찰의 중앙과 지방간의 권한 분배, 경찰행정정보의 공개, 국민의 참여기회 제공은 경찰의 민주성 확보방안이다.
② 인권존중주의는 비록 「국가경찰과 자치경찰의 조직 및 운영에 관한 법률」에서는 언급이 없으나, 「헌법」상 기본권 조항 등을 통하여 당연히 유추된다.
③ 국가경찰위원회제도, 「부패방지 및 국민권익위원회의 설치와 운영에 관한 법률」상 국민감사청구제도, 경찰책임의 확보 등은 경찰의 민주성을 확보하기 위한 대내적 민주화 방안이다.
④ 법치행정의 원칙은 「행정기본법」에는 규정이 없으나 헌법 제37조 제2항 등을 통하여 당연히 유추된다.

04
Matza & Sykes가 제시한 중화기술의 유형에 관한 설명으로 옳지 않은 것은?

① 책임의 부인 - A는 자신의 비행에 대해 "내 잘못이 아니라 친구가 하자고 해서 어쩔 수 없이 했다"고 말하며 자신이 아닌 다른 것에 책임을 전가하였다.
② 피해발생의 부인 - B는 상점 주인에게 발각되자 "자전거를 잠시 빌려 타고 다시 돌려주면 되지 않느냐"고 말하며 자신의 행위를 정당화하였다.
③ 비난자에 대한 비난 - C는 "나를 비난하는 사람들은 자신들이 완벽하지도 않은데 나한테 뭐라고 할 자격이 없다"고 말하며 자신을 비난하는 사람들에게 책임을 돌렸다.
④ 보다 높은 충성심에의 호소 - D는 남의 물건을 손괴해 놓고 "국가에서 다 보상해줄 텐데 손해 본 게 무엇이 있냐"며 자신의 행위를 정당화하고 사회적 규범을 위반한 점에 대해 합리화하였다.

05

범죄통제이론에 대한 설명으로 적절하지 않은 것은?

① 억제이론(deterrence theory)은 비결정론적 인간관에 입각한 특별예방효과에 중점을 두고 범죄자의 처벌을 통해 대중의 범죄를 예방하고자 하는 것은 일반억제(general deterrence)이다.

② 치료·갱생이론은 범죄자의 치료·갱생을 통해 범죄를 예방해야 한다고 주장하여 특별예방효과에 중점을 두지만, 특정 범죄자만 대상으로 하므로 일반예방효과에 한계가 있다.

③ 사회발전이론은 사회발전 및 환경 개선을 통해 범죄의 근본적인 원인을 제거해야 범죄예방이 가능하다는 이론으로 치료 및 갱생프로그램은 대부분 범죄행위에 대한 간접적 통제 활동이기 때문에 적극적인 범죄예방에는 한계가 있다.

④ 일상활동이론에서 주장하는 범죄의 3요소는 동기가 부여된 잠재적 범죄자(motivated offender), 적절한 대상(suitable target), 보호자(감시자)의 부재(absence of capable guardianship)이다.

06

다음 중 상황적 범죄예방이론에 대한 설명으로 옳지 않은 것은 모두 몇 개인가?

> ㉠ 뉴먼의 방어공간과 제퍼리의 CPTED에 영향을 받아 Clark이 주장한 상황적 범죄예방이론은 합리적 선택이론, 일상활동이론, 범죄패턴 이론에 근거하여 범죄행위에 대한 위험과 어려움을 높여 범죄기회를 줄이고 범죄행위의 이익을 감소시켜 범죄를 예방하려는 이론이다.
>
> ㉡ 합리적 선택이론은 코헨과 펠슨이 주장한 이론으로 인간이 자유의지를 가지고 있다고 가정하고 합리적인 인간관을 전제로 하므로 비결정론적 인간관이라 할 수 있다.
>
> ㉢ 일상활동이론에서 범죄자 입장에서 범행을 결정하는데 고려되는 요소인 VIVA 모델은 Value, Inertia, Visibility, Access를 말하는데, Inertia는 이동의 용이성, Access는 접근성을 의미한다.
>
> ㉣ 일상활동이론은 범죄현상에 대한 추상적·거시적인 분석보다는 구체적·미시적인 범죄발생양상을 분석하는 것이 실제적인 범죄예방에 기여한다고 하였다.
>
> ㉤ 한 지역에서 방범용 CCTV를 설치했을 때 그 지역은 범죄율이 감소하지만 인근지역의 범죄율이 증가하는 것을 풍선효과라 한다.

① 1개 ② 2개
③ 3개 ④ 4개

07

지역사회 경찰활동(Community Policing)에 대한 설명으로 가장 적절한 것은?

① 지역중심적 경찰활동(윌리엄스가 주장) – 경찰이 지역사회 구성원과 함께 마약·범죄와 범죄에 대한 두려움, 사회적·물리적 무질서 그리고 전반적인 지역의 타락과 같은 당면의 문제들을 확인하고 우선순위를 정하여 해결하고자 함께 노력한다.
② 지역사회 경찰활동의 4가지 기본요소(J. Skolnick)는 지역사회 범죄예방활동, 주민에 대한 일반서비스 제공을 위한 도보순찰 위주로 전환으로의 방향전환, 주민에 대한 책임성 중시, 정책결정 과정에서의 주민참여를 포함한 권한의 집중화이다.
③ 전략지향적 경찰활동 – 경찰자원들을 재분배하고 전통적인 경찰활동 및 절차들을 전략적으로 이용하는데, 특히 지역사회 참여가 경찰임무의 중요한 측면이라 인식한다.
④ 증거기반 경찰활동 경찰활동(골드슈타인이 주장) – 단순한 통계적 분석이나 경험적 분석을 넘어 임상 실험에서 얻어진 결과를 더 중시하며, 경찰의 정책결정에 있어서 각종 과학적 증거 또는 의학적 증거에 기반한 경찰활동이다.

08

코헨(Cohen)과 필드버그(Feldberg)가 제시한 사회계약설로부터 도출되는 경찰활동의 기준을 제시하였다. 다음 각 사례와 가장 관련 깊은 경찰활동의 기준을 연결한 것 중 옳지 않은 것은 모두 몇 개인가?

> 가. A는 노트북 컴퓨터를 도둑맞고 옆집에 사는 B가 의심스러웠으나 직접 물건을 찾지 않고 경찰에 신고하여 범인을 체포하였다. – [공공의 신뢰확보]
> 나. B는 컴퓨터를 잃어버렸고 옆집에 사는 사람이 의심스럽다고 생각하였으나, B자신이 직접 물건을 찾지 않고 경찰서에 신고하여 범인을 체포하였다. –[공공의 신뢰]
> 다. 김순경은 강도범을 추격하다가 골목길에서 칼을 든 강도와 조우하였다. 김순경은 계속 추격하는 척하다가 강도가 도망가도록 내버려 두었다. – 〔공정한 접근〕
> 라. 탈주범이 자기 관내에 있다는 첩보를 입수한 한순경이 상부에 보고하지 않고 공명심에 단독으로 검거하려다 탈주범 검거에 실패하였다. – 〔협동〕
> 마. 은행강도가 어린이를 인질로 잡고 차량도주를 하고 있다면 경찰은 주위 시민들의 안전에 대한 위험에도 불구하고 추격(법집행)을 하여야 한다. – 〔냉정하고 객관적인 자세〕

① 0개 ② 1개
③ 2개 ④ 3개

09

「부정청탁 및 금품등 수수의 금지에 관한 법률」 제8조에서는 '금품 등의 수수 금지'를 규정하고 있다. 다음 중 '금품 등의 수수 금지'에 해당하지 않는 것에 대한 설명으로 가장 적절하지 않은 것은?

① 원활한 직무수행 또는 사교·의례 또는 부조의 목적으로 제공되는 음식물·경조사비·선물 등으로서 대통령령으로 정하는 가액 범위 안의 금품 등. 다만, 선물 중 농수산물 및 농수산가공품(농수산물을 원료 또는 재료의 50퍼센트를 넘게 사용하여 가공한 제품만 해당한다)은 대통령령으로 정하는 설날·추석을 포함한 기간에 한정하여 그 가액 범위를 두배로 한다.
② 불특정 다수인에게 배포하기 위한 기념품 또는 홍보용품 등이나 경연·추첨을 통하여 받는 보상 또는 상품 등
③ 사적 거래(증여 포함)로 인한 채무의 이행 등 정당한 권원(權原)에 의하여 제공되는 금품등
④ 공직자등의 직무와 관련된 공식적인 행사에서 주최자가 참석자에게 통상적인 범위에서 일률적으로 제공하는 교통, 숙박, 음식물 등의 금품등

10

「경찰청 공무원 행동강령」에 대한 설명으로 가장 적절한 것은?

① 공무원은 「범죄수사규칙」 제30조에 따른 경찰관서 내 수사 지휘에 대한 이의제기와 관련하여 행동강령책임관에게 상담을 요청하여야 한다.
② 공무원은 정치인이나 정당 등으로부터 부당한 직무수행을 강요받거나 청탁을 받은 경우에는 서면 또는 전자우편 등의 방법으로 소속 기관의 장에게 보고하거나 행동강령책임관과 상담할 수 있다.
③ 외부강의등의 신고를 할 때 신고사항 중 상세 명세 또는 사례금 총액 등을 신고기간 내에 알 수 없는 경우에는 해당 사항을 제외한 사항을 신고한 후 해당 사항을 안 날부터 5일 이내에 보완하여야 한다.
④ 공무원이 대가를 받고 수행하는 외부강의등은 월 3회를 초과할 수 없다. 국가나 지방자치단체에서 요청하거나 겸직 허가를 받고 수행하는 외부강의등도 그 횟수에 포함된다.

11

「공직자의 이해충돌 방지법」 제2조에 관한 설명 중 가장 적절한 것은?

① "공공기관"이란 국회, 법원, 헌법재판소, 선거관리위원회, 감사원, 고위공직자범죄수사처, 국가인권위원회, 중앙행정기관(대통령 소속 기관과 국무총리 소속 기관을 제외)과 그 소속 기관을 말한다.
② "공직자"란 「초·중등교육법」, 「고등교육법」 또는 그 밖의 다른 법령에 따라 설치된 각급 국립·공립 학교의 장과 교직원 및 「사립학교법」에 따른 학교법인 학교의 장과 교직원을 말한다.
③ "고위공직자"란 경무관 이상의 경찰공무원 및 특별시·광역시·특별자치시·도·특별자치도의 시·도경찰청장을 말한다.
④ "사적이해관계자"란 공직자로 채용·임용되기 전 2년 이내에 공직자 자신이 대리하거나 고문·자문 등을 제공하였던 개인이나 법인 또는 단체에 해당하는 자를 말한다

12

「적극행정 운영규정」과 「경찰청 적극행정 면책제도 운영규정」에 대한 설명으로 가장 적절한 것은?

① 감사원이나 감사기구의 장이 사전컨설팅을 하는데 필요한 정보를 충분히 제공하지 않더라도 공무원이 사전컨설팅 의견대로 업무를 처리한 경우에는 징계 관계 법령에 따라 징계의결등을 하지 않는다.
② 누구든지 공무원의 소극행정을 소속 중앙행정기관의 장이나 국가인권위원회가 운영하는 소극행정 신고센터에 신고할 수 있다.
③ 이 규정에 의한 면책은 경찰청 및 그 소속기관의 공무원 또는 산하단체의 임·직원 등에게 적용된다.
④ 면책요건에는 업무처리과정에서 기본적으로 지켜야 할 의무를 다하지 않았더라도 면책대상에서 제외되지 않는다.

13

갑오개혁 당시 한국경찰이 창설되는 과정에 대한 설명으로 가장 적절하지 않은 것은?

① 한국에서 근대경찰이 창설된 것은 1894년 일본의 각의에서 조선에 대한 내정개혁 요구의 하나로 이루어졌다.
② 일본각의의 결정에 따라, 조선의 김홍집 내각은 '각아문관제'에서 처음으로 경찰이라는 용어를 사용하고, 경찰을 내무아문 아래에 창설하였으나, 곧 법무아문으로 소속을 변경하였다.
③ 1894년 7월 14일(음력)에는 최초의 경찰조직법인 경무청관제직장과 최초의 작용법인 행정경찰장정이 제정되었다.
④ 갑오개혁 당시 경찰조직법·경찰작용법적 근거가 마련됨으로써 외형상 근대국가적 경찰체제가 갖추어졌다고 볼 수 있다.

14

다음 중 프랑스의 경찰조직과 범죄수사구조에 대한 설명으로 옳지 않은 것은?

① 대부분의 국가에서는 경찰관의 노동조합결성권을 인정하지 않으나, 프랑스에서는 명문으로 노동조합 결성권을 인정하고 있다.
② 군인경찰은 국립경찰(경찰서)이 없는 인구 2만명 미만의 소도시(Commune)와 농촌지역에서 지방경찰의 인원부족을 보충하여 치안을 담당하는데, 전 국토의 95%에 해당하는 지역의 경찰업무를 담당한다.
③ 수사(예심)판사는 수사의 주재자로서 수사권을 가지고 동시에 판사로서의 결정권을 가진다.
④ 예심판사는 현행범인의 범죄현장에 출동할 수 있으나 사법경찰관과 검사에게 수사상 필요한 명령을 내릴 수 없다.

15

관료제 비판 중 다음 설명에 해당하는 것은?

> 각 계층에서 유능한 자가 승진하고 나면 결국 무능한 자만 남게 되어 관료제의 대다수 계층이 무능력자로 채워진다.

① 번문욕례
② 파킨슨 법칙
③ 피터의 원리
④ 무사안일주의

16

동기부여이론에 관한 설명 중 가장 적절하지 않은 것은?

① 매슬로우(A.H. Maslow)의 욕구단계이론은 인간의 욕구를 다섯 가지로 구분하고 하위 욕구를 어느정도 충족해야 상위욕구를 추구하게 된다고 주장한다.
② 맥그리거(D. McGregor)의 Y이론은 근로자들의 자율행동과 자기규제를 중시한다.
③ 아담스(J.S. Adams)의 형평성(공정성)이론은 개인이 지각하는 산출-투입비율이 타인의 산출-투입비율과 대등하면 동기가 유발되지 않는다고 주장한다.
④ 브룸(V.H. Vroom)의 V.I.E. 기대이론은 기대감, 수단성, 유의성과 함께 만족감을 동기부여의 주요요인으로 본다.

17

「국가재정법」상 예산과정에 대한 설명으로 옳은 것은?

① 각 중앙관서의 장은 매년 1월 31일까지 다음 회계연도부터 5회계연도 이상의 기간 동안의 신규사업 및 기획재정부장관이 정하는 주요 계속사업에 대한 중기사업계획서를 기획재정부장관에게 제출하여야 한다.
② 기획재정부장관은 예산요구서에 따라 예산안을 편성하여 국회의 심의를 거친 후 대통령의 승인을 얻어야 한다.
③ 정부는 ②의 규정에 따라 대통령의 승인을 얻은 예산안을 회계연도 개시 90일 전까지 국회에 제출하여야 한다.
④ 각 중앙관서의 장은 예산이 확정된 후 사업운영계획 및 이에 따른 세입세출예산·계속비와 국고채무부담행위를 포함한 예산배정요구서를 기획재정부장관에게 제출하여야 한다.

18

「보안업무규정」에 대한 설명으로 가장 적절한 것은?

① 대통령, 국무총리, 검찰총장, 국가인권위원회 위원장, 감사원장, 경찰청장 등은 I급 비밀취급 인가권자이다.
② I급 비밀이라도 그 생산자의 허가를 받은 경우에는 모사·타자·인쇄·조각·녹음·촬영·인화·확대 등 그 원형을 재현하는 행위를 할 수 있다.
③ 각급기관의 장은 보안 업무의 효율적인 수행을 위하여 필요하다고 인정되는 경우에는 국가정보원장의 승인하에 해당 비밀의 보존기간 내에서 그 사본을 제작하여 보관할 수 있다.
④ 공무원 또는 공무원이었던 사람은 어떠한 경우에도 소속 기관의 장이나 소속되었던 기관의 장의 승인 없이 비밀을 공개해서는 아니 된다.

19
경찰홍보와 관련된 내용으로 그 연결이 옳은 것은?

> ㉮ 지역사회 내의 각종 기관, 단체 및 주민들과 유기적인 연락 및 협조체제를 구축·유지하여 경찰활동의 긍정적인 측면을 지역사회에 널리 알리는 종합적인 지역사회 홍보체계
> ㉯ 유인물, 팸플릿 등 각종 매체를 통해 개인이나 단체의 좋은 점을 일방적으로 알리는 활동
> ㉰ 신문, TV 등 뉴스 프로그램의 보도기능에 대응하는 활동으로 대개 사건·사고에 대한 기자들의 질의에 답하는 대응적이고 소극적인 홍보활동
> ㉱ 각종 대중매체 제작자와 긴밀한 협조관계를 구축·유지하여 대중매체의 필요를 충족시키는 한편, 경찰의 긍정적인 측면을 널리 알리는 홍보 활동

> ㉠ Public Relations(PR: 협의의 홍보)
> ㉡ Press Relations(PR: 언론관계)
> ㉢ Media Relations(MR: 대중매체관계)
> ㉣ Community Relations(CR: 지역사회관계)

① ㉮-㉢
② ㉯-㉠
③ ㉰-㉣
④ ㉱-㉡

20
「경찰 감찰 규칙」상 내용으로 옳지 않은 것은?

① 경찰기관의 장은 소속 감찰관에 대하여 감찰관 보직 후 2년마다 적격심사를 실시하여 인사에 반영하여야 한다.
② 감찰관은 소속 경찰기관의 관할 구역 안에서 활동하여야 하나, 소속 경찰기관의 장의 지시가 있는 경우에는 관할구역 밖에서도 활동할 수 있다.
③ 감찰정보심의회는 위원장을 포함한 3명 이상 5명 이하의 위원으로 구성하며, 위원장은 감찰부서장이 되고 위원은 감찰부서장이 소속 공무원 중에서 지명한다.
④ 감찰관은 다른 경찰기관 또는 검찰, 감사원 등 다른 행정기관으로부터 통보받은 소속공무원의 의무위반행위에 대해서는 통보받은 날로부터 1개월 이내에 신속히 처리하여야 한다.

21
「국가경찰과 자치경찰의 조직과 운영에 관한 법률」상 국가경찰위원회에 대한 설명으로 적절한 것은 모두 몇 개인가?

> 가. 국가경찰위원회는 경찰의 민주주의와 정치적 중립성을 보장하기 위하여 경찰청에 설치한 독립적 심의·의결 기구이다.
> 나. 국가경찰위원회는 위원장 1명을 포함한 7명의 위원으로 구성하되, 위원장은 당연직 상임이며, 5명의 위원은 비상임으로 하고, 1명의 위원은 상임으로 한다.
> 다. 위원의 임기는 3년으로 하며, 연임할 수 있다. 이 경우 보궐위원의 임기는 전임자 임기의 남은 기간으로 한다.
> 라. 국가경찰위원회의 사무는 자체에서 수행한다.
> 마. 국가경찰위원회의 회의는 재적위원 과반수의 출석과 재적위원 과반수의 찬성으로 의결한다.

① 0개
② 1개
③ 2개
④ 3개

22

「경찰청과 그 소속기관 직제(대통령령)」 및 「경찰청과 그 소속기관 조직 및 정원관리 규칙(경찰청 훈령)」의 내용으로 옳은 것은?

① 경찰청과 그 소속기관 조직 및 정원관리 규칙상 지구대장은 경정 또는 경감, 파출소장은 경정·경감 또는 경위로 하고, 출장소장은 경위 또는 경사로 한다.
② 시·도경찰청장이 지구대 또는 파출소를 설치하고자 할 때에는 별표1 제4호에 준한 서류를 첨부하여 경찰청장에게 보고를 요청하여야 하며, 시·도경찰청장이 지구대 또는 파출소를 폐지하거나 명칭·위치 및 관할구역을 변경하였을 때에는 경찰청장에게 승인하여야 한다.
③ 경찰서장은 자신의 소관사무를 분장하기 위하여 행정안전부령이 정하는 바에 따라 시·도경찰청장의 승인을 얻어 지구대 또는 파출소를 둘 수 있다.
④ 경찰청장의 관장사무를 지원하기 위하여 경찰청장 소속으로 경찰대학·경찰인재개발원·중앙경찰학교 및 국립과학수사연구원을 두며, 「책임운영기관의 설치·운영에 관한 법률」에 따라 경찰청장 소속의 책임운영기관으로 경찰병원을 둔다.

23

「경찰공무원법」상 경찰공무원의 임용결격사유 내용으로 옳은 것을 모두 고르시오

> ㉠ 공무원으로 재직기간 중 직무와 관련하여 「형법」 제355조 및 제356조(횡령과 배임)에 규정된 죄를 범한 자로서 300만원 이상의 벌금형을 선고받고 그 형이 확정된 후 2년이 지나지 아니한 사람은 경찰공무원으로 임용될 수 없다.
> ㉡ 자격정지 이상의 형의 선고유예를 선고받고 그 유예기간이 지난 사람은 경찰공무원으로 임용될 수 없다.
> ㉢ 「스토킹범죄의 처벌 등에 관한 법률」 제2조 제2호에 따른 스토킹범죄를 범한 사람으로서 100만원 이상의 벌금형을 선고받고 그 형이 확정된 후 3년이 지나지 아니한 사람은 경찰공무원으로 임용될 수 없다.
> ㉣ 징계로 파면처분을 받은 사람은 경찰공무원으로는 임용될 수 없으나, 징계로 파면처분을 받은 때부터 5년이 지난 자는 일반공무원에 임용될 수 있다.
> ㉤ 피성년후견인 또는 피한정후견인은 경찰공무원으로 임용될 수 있다.

① 1개 ② 2개
③ 3개 ④ 4개

24

「공직자윤리법」상 규정된 내용에 관한 설명으로 가장 옳은 것은?

① 등록의무자는 본인의 직계존속·직계비속·혼인한 직계비속인 여성과 외증조부모, 외조부모, 외손자녀 및 외증손자녀를 포함한다.
② 「가상자산 이용자 보호 등에 관한 법률」 제2조 제1호에 따를 가상자산은 등록대상재산에 해당하지 않는다.
③ 공직자윤리위원회는 관할 등록의무자 중 치안감 이상의 경찰공무원 및 특별시·광역시·특별자치시·도·특별자치도의 시·도경찰청장에 해당하는 공직자 본인과 배우자 및 본인의 직계존속·직계비속의 재산에 관한 등록사항과 변동사항 신고내용을 등록기간 또는 신고기간 만료 후 1개월 이내에 관보(공보를 포함한다) 및 인사혁신처장이 지정하는 정보통신망을 통하여 공개하여야 한다.
④ 취업심사대상자는 퇴직일부터 5년간 취업심사대상기관에 취업할 수 없다. 다만, 관할 공직자윤리위원회로부터 취업심사대상자가 퇴직 전 3년 동안 소속하였던 부서 또는 기관의 업무와 취업심사대상기관 간에 밀접한 관련성이 없다는 확인을 받으면 취업할 수 있다.

25

경찰권발동의 조리상 한계에 대한 설명으로 가장 적절하지 않은 것은?

① 경찰공공의 원칙이란 경찰권은 공공의 안녕·질서유지에 관계없는 사적관계에 대해서 발동되어서는 안된다는 원칙을 의미한다.
② 경찰비례의 원칙 중 필요성의 원칙은 협의의 비례원칙이라고도 불리며 경찰기관의 조치는 그 목적을 달성하는데 적합하여야 한다는 원칙이다.
③ 경찰권발동의 대상에 관한 원칙이란 경찰권은 원칙적으로 경찰위반상태를 야기한 자, 즉 공공의 안녕·질서의 위험에 대하여 행위책임 또는 상태책임을 질 자에게만 발동될 수 있다는 원칙이다.
④ 경찰권 발동의 한계를 위반한 권한행사는 위법이 되고, 권한을 이탈한 행위는 무효·취소 등의 원인이 된다.

26

행정행위의 무효와 취소에 관한 다음 설명 중 가장 적절한 것은? (다툼이 있으면 판례에 의함)

① 음주운전을 단속한 경찰관 명의로 행한 운전면허정지처분은 취소사유에 해당한다.
② 무효인 행정행위도 상당한 시간이 경과하게 되는 경우 불가쟁력이 인정된다.
③ 행정행위의 일부가 무효이면 나머지 부분은 유효한 행위이다.
④ 무효인 행정행위는 취소소송의 제소요건을 갖추는 경우에도 취소소송의 형식으로 소제기가 불가능하다.

27
「행정기본법」상 부관에 대한 설명으로 옳지 않은 것은?

① 행정청은 처분에 재량이 있는 경우에는 부관을 붙일 수 있다.
② 행정청은 처분에 재량이 없는 경우에는 법률에 근거가 있는 경우에 부관을 붙일 수 있다.
③ 부관은 해당 처분의 목적에 위배되지 아니하고, 실질적 관련이 없을 것을 요건으로 한다.
④ 행정청은 사정이 변경되어 종전의 부관을 변경하지 아니하면 해당 처분의 목적을 달성할 수 없다고 인정되는 경우에는 그 처분을 한 후에도 부관을 새로 붙이거나 종전의 부관을 변경할 수 있다.

28
「공공기관의 정보공개에 관한 법률」에 관한 설명으로 가장 적절한 것은?

① 공공기관은 「공공기관의 정보공개에 관한 법률」 제11조에 따라 정보의 공개 결정을 한 경우에는, 청구인이 사본 또는 복제물의 교부를 원하는 경우에는 이를 교부하여야 한다.
② 모든 국민은 정보의 공개를 청구할 권리를 가지며, 공공기관이 보유·관리하는 정보는 국민의 알권리 보장 등을 위하여 이 법에서 정하는 바에 따라 적극적으로 공개할 수 있다.
③ 공공기관은 정보공개 청구를 받으면 그 청구를 받은 날부터 7일 이내에 공개 여부를 결정하여야 한다.
④ 경찰기관이 보유·관리하는 경찰의 보안관찰 관련 통계자료는 정보공개청구대상이 되며, 비공개 정보대상인 폭력단체 현황자료 정보는 공개하지 아니할 수 있다.

29
행정상 의무이행확보수단에 관한 설명으로 가장 적절하지 않은 것은? (다툼이 있는 경우 판례에 의함)

① 과징금과 가산세는 행정상 강제에 포함되지 아니하는 독립적인 행정상 금전적 제제처분으로서, 과징금은 개별 세법이 과세의 적정을 기하기 위하여 정한 의무의 이행을 확보할 목적으로 그 의무 위반에 대하여 세금의 형태로 가하는 행정상 제재이고, 가산세는 원칙적으로 행정법상의 의무를 위반한 자에 대하여 당해 위반행위로 얻게 된 경제적 이익을 박탈하기 위한 목적으로 부과하는 금전적인 제재이다.
② 「경찰관 직무집행법」 제6조 "경찰관은 범죄행위가 목전에 행하여지려고 하고 있다고 인정될 때에는 이를 예방하기 위하여 관계인에게 필요한 경고를 하고, 그 행위로 인하여 사람의 생명·신체에 위해를 끼치거나 재산에 중대한 손해를 끼칠 우려가 있는 긴급한 경우에는 그 행위를 제지할 수 있다" 규정은 행정상 즉시강제에 해당한다.
③ 「경찰관 직무집행법」 제4조 제1항 제1호에서 규정하는 술에 취한 상태로 인하여 자기 또는 타인의 생명·신체와 재산에 위해를 미칠 우려가 있는 피구호자에 대한 보호조치는 행정상 즉시강제에 해당한다.
④ 과징금은 원칙적으로 행정법상의 의무를 위반한 자에 대하여 당해 위반행위로 얻게 된 경제적 이익을 박탈하기 위한 목적으로 부과하는 금전적인 제재이고, 가산세는 개별 세법이 과세의 적정을 기하기 위하여 정한 의무의 이행을 확보할 목적으로 그 의무 위반에 대하여 세금의 형태로 가하는 행정상 제재이다.

30

「행정절차법」상 '의견청취절차'에 대한 설명으로 옳은 것은?

① 행정청은 청문을 하려면 청문이 시작되는 날부터 14일 전까지 처분의 제목 등 일정한 사항을 당사자등에게 통지하여야 한다.
② 행정청이 당사자에게 의무를 과하거나 권익을 제한하는 처분을 할 경우 다른 법률에 특별한 규정이 없으면 청문을 거쳐야 한다.
③ 행정청은 공청회를 개최하려는 경우에는 공청회 개최 14일 전까지 다음 각 호의 사항을 당사자등에게 통지하고 관보, 공보, 인터넷 홈페이지 또는 일간신문 등에 공고하는 등의 방법으로 널리 알려야 한다. 다만, 공청회 개최를 알린 후 예정대로 개최하지 못하여 새로 일시 및 장소 등을 정한 경우에는 공청회 개최 7일 전까지 알려야 한다.
④ 행정청이 당사자에게 의무를 부과하거나 권익을 제한하는 처분을 할 때 청문을 실시하거나 공청회를 개최하는 경우 외에는 당사자등에게 의견제출의 기회를 줄 수 있다.

31

「행정심판법」상 행정심판위원회가 취소심판의 청구가 이유가 있다고 인정하는 경우에 행할 수 있는 재결에 해당하지 않는 것은?

① 처분을 취소하는 재결
② 처분을 할 것을 명하는 재결
③ 처분을 다른 처분으로 변경하는 재결
④ 처분을 다른 처분으로 변경할 것을 명하는 재결

32

「경찰관 직무집행법」에 대한 내용으로 옳은 것은?

① 경찰관은 구호대상자를 공공보건의료기관이나 공공구호기관에 인계하였을 때에는 즉시 그 사실을 공중보건의료기관·공공구호기관의 장 및 그 감독행정청에 통보하여야 한다.
② 경찰관은 대간첩 작전의 수행이나 소요 사태의 진압을 위하여 필요하다고 인정되는 상당한 이유가 있을 때에는 대간첩 작전지역이나 경찰관서·무기고 등 국가중요시설에 대한 접근 또는 통행을 제한하거나 금지할 수 있다.
③ 경찰관은 사람의 생명 또는 신체에 위해를 끼치거나 재산에 중대한 손해를 끼칠 우려가 있는 천재(天災), 사변(事變), 인공구조물의 파손이나 붕괴, 교통사고, 위험물의 폭발, 위험한 동물 등의 출현, 극도의 혼잡, 그 밖의 위험한 사태가 있을 때에는 경고나 억류, 피난 등의 조치를 할 수 있다.
④ 어떠한 범죄행위를 목전에서 저지르려고 하거나 이들의 행위로 인하여 인명·신체에 위해를 미치거나 재산에 중대한 손해를 끼칠 우려 등 긴급한 사정이 있는 경우에 방패를 든 전투경찰대원들이 조합원들을 둘러싸고 이동하지 못하게 가둔 행위(고착관리)는 제지 조치라고 볼 수 없고, 이는 형사소송법상 체포에 해당한다.

33

「위해성 경찰장비의 사용기준 등에 관한 규정」에 대한 설명으로 가장 적절하지 않은 것은?

① 경찰관은 불법집회·시위로 인하여 발생할 수 있는 경찰관의 생명·신체의 위해와 재산·공공시설의 위험을 방지하기 위해서는 경찰봉 또는 호신용경봉을 사용할 수 있고, 범인·술에 취한 사람 또는 정신착란자의 자살 또는 자해기도를 방지하기 위하여 필요한 때에는 수갑·포승 또는 호송용포승을 사용할 수 있다.

② 수사기관에서 구속된 피의자의 도주, 항거 등을 억제하는데 필요하다고 인정할 상당한 이유가 있는 경우에는 필요한 한도 내에서 포승이나 수갑을 사용할 수 있는 것이며, 이러한 조치가 무죄추정의 원칙에 위배되는 것이라고 할 수는 없다.

③ 경찰청장은 위해성 경찰장비를 새로 도입하려는 경우에는 신규 도입 장비에 대한 안전성 검사를 실시한 후 3개월 이내에 안전성 검사 결과보고서를 국회 소관 상임위원회에 제출하여야 한다.

④ 경찰관은 가스차·살수차 또는 특수진압차의 최루탄발사대로 최루탄을 발사하는 경우에는 30도 이상의 발사각을 유지하여야 하고, 최루탄발사기로 최루탄을 발사하는 경우 15도 이상의 발사각을 유지하여야 한다.

34

「경찰관 직무집행법 및 동시행령」 및 「범인검거 등 공로자 보상에 관한 규정」상 범인검거 등 공로자 보상에 관한 설명이다. ( ) 안에 들어갈 숫자의 합은?

> 가. 보상금의 최고액은 ( )억원으로 하며, 구체적인 보상금 지급 기준은 경찰청장이 정하여 고시한다.
> 나. 보상금심사위원회는 위원장 1명을 포함한 ( )명 이내의 위원으로 구성한다.
> 다. 부정한 방법으로 보상금을 지급받은 사람이 보상금 환수 통지를 받은 경우, 보상금 환수통지일부터 ( )일 이내의 범위에서 경찰청장등이 정하는 기한까지 환수금액을 납부하지 아니한 때에는 국세강제징수의 예에 따라 징수할 수 있다.
> 라. 동일한 사람에게 지급결정일을 기준으로 연간 (1월 1일부터 12월 31일까지를 말한다) ( )회를 초과하여 보상금을 지급할 수 없다.

① 45
② 50
③ 55
④ 60

35

「실종아동등 및 가출인 업무처리 규칙」상 용어의 정의에 관한 설명 중 가장 적절한 것은?

① "장기실종아동등"이란 보호자로부터 신고를 접수한 지 48시간이 경과한 후에도 발견되지 않은 찾는실종아동등을 말한다.

② "국가경찰 수사 범죄"란 「자치경찰사무와 시·도자치경찰위원회의 조직 및 운영 등에 관한 규정」 제3조 제1호부터 제5호까지 또는 제6호 나목의 범죄를 말한다.

③ "보호실종아동등"이란 보호자가 확인되어 경찰관이 보호하고 있는 실종아동등을 말한다.

④ "발생지"란 실종아동등 또는 가출인을 발견하여 보호 중인 장소를 말하며, 발견한 장소와 보호 중인 장소가 서로 다른 경우에는 보호 중인 장소를 말한다.

36

「아동학대범죄의 처벌 등에 관한 특례법」에 대한 설명으로 가장 적절하지 않은 것은?

① 아동이란 18세 미만의 사람을 말한다.
② 아동학대범죄 현장을 발견한 경우 또는 학대현장 이외의 장소에서 학대피해가 확인되고 재학대의 위험이 급박한 경우, 사법경찰관리 또는 아동학대전담공무원은 피해아동등의 보호를 위하여 즉시 응급 조치를 하여야 한다. 응급조치에는 아동학대범죄 행위의 제지, 아동학대행위자를 피해아동등으로부터 격리, 피해아동등을 아동학대 관련 보호시설로 인도, 피해아동등을 연고자 등에게 인도, 피해아동등 또는 가정구성원의 주거로부터 퇴거 등 격리 등의 조치가 있다.
③ 사법경찰관은 피해아동 등에 대한 응급조치에도 불구하고 아동학대범죄가 재발될 우려가 있고, 긴급을 요하여 법원의 임시조치 결정을 받을 수 없을 때에는 직권으로 아동학대행위자에 대한 긴급임시조치를 할 수 있다.
④ 판사가 아동학대범죄의 원활한 조사·심리 또는 피해아동등의 보호를 위하여 필요하다고 인정하는 경우에는 결정으로 아동학대행위자에게 경찰관서의 유치장 또는 구치소에 유치하는 조치를 할 수 있다.

37

행사안전경비(혼잡경비)에 대한 설명으로 가장 적절한 것은?

① 군중정리의 원칙은 중 '이동의 일정화'는 군중들을 일정 방향으로 이동시켜 주위의 상황을 파악할 수 있는 여건을 조성하고, 차분한 목소리로 안내방송을 진행함으로써 사전에 혼잡상황을 대비하여 사고를 방지할 수 있다.
② 「공연법」상 공연장운영자는 재해대처계획을 정하여 관할 시·도경찰청장에게 신고하여야 하며, 이 경우 관할 시·도경찰청장은 신고 받은 재해대처계획을 관할 소방서장과 관할 경찰서장에게 통보하여야 한다.
③ 시·도경찰청장 또는 경찰서장은 행사장, 그 밖에 많은 사람이 모이는 시설 또는 장소(이하 "행사장등"이라 한다)에서 혼잡 등으로 인한 위험의 발생을 방지하기 위하여 경비가 필요하다고 인정하는 경우에는 행사의 주최자나 시설 또는 장소의 관리자에게 행사장등에 경비원을 배치하도록 요청할 수 있다.
④ 시·도경찰청장 또는 경찰서장은 ③에 따른 요청을 할 때 행사의 주최자나 시설 또는 장소의 관리자에게 행사장등에 경비원을 배치할 수 없다고 판단되는 경우에는 행사개최일 또는 많은 사람이 모이는 날 3일 전까지 그 사실을 통지해 줄 것을 함께 요청할 수 있다.

38
다음 중 주차만 금지되는 구역에 해당하지 않은 것은?

① 「다중이용업소의 안전관리에 관한 특별법」에 따른 다중이용업소의 영업장이 속한 건축물로 소방본부장의 요청에 의하여 시·도경찰청장이 지정한 곳으로부터 5m 이내인 곳
② 도로공사를 하고 있는 경우에는 그 공사 구역의 양쪽 가장자리로부터 5m 이내인 곳
③ 터널 안 및 다리 위
④ 시장 등이 지정한 어린이 보호구역

39
「보안업무규정」상 신원조사에 대한 설명으로 적절한 것은?

① 국가정보원장은 국가안전보장에 한정된 국가 기밀을 취급하는 인원에 해당하는 사람의 충성심·객관성을 조사하기 위하여 신원조사를 한다.
② 국가보안시설·보호장비를 관리하는 기관 등의 장(해당 국가보안시설 등의 관리 업무를 수행하는 소속 직원을 포함)과 공무원 임용 예정자(국가안전보장에 한정된 국가 기밀을 취급하는 직위에 임용될 예정인 사람으로 한정), 비밀취급 인가 예정자는 신원조사의 대상이 되는 사람이다.
③ 임명할 때 정부의 승인이나 동의가 필요한 공공기관의 임원은 신원조사의 대상이 된다.
④ 국가정보원장은 신원조사 결과 국가안전보장에 해를 끼칠 정보가 있음이 확인된 사람에 대해서는 관계 기관의 장에게 그 사실을 통보할 수 있으며, 통보를 받은 관계 기관의 장은 신원조사 결과에 따라 필요한 보안대책을 마련하여야 한다.

40
다문화 사회의 접근유형에 대한 설명으로 가장 적절하지 않은 것은?

① 급진적 다문화주의 - 다민족 다문화 사회에서 주류 사회의 문화, 언어, 규범, 가치, 생활양식을 부정하고 독자적인 생활방식을 추구하는 것이 그들의 입장으로, 미국에서의 흑인과 원주민에 의한 격리주의 운동이 대표적인 사례이다.
② 자유주의 다문화주의 - 다문화주의를 결과에 있어서의 평등보장이라는 측면에서 접근하는 것으로, 문화적 소수자가 현실적으로 문화적 다수자와의 경쟁에서 불리한 위치에 있다는 것을 전제로 소수집단의 사회참가를 촉진하기 위해 적극적인 법적·재정적 원조를 한다.
③ 조합주의적 다문화주의 - 다언어방송, 다언어의 사소통, 다언어문서, 다언어 및 다문화 교육 등을 추진하고, 사적 영역에서 소수민족 학교나 공공단체에 대해 지원하기도 한다.
④ 동화주의 - 차별을 금지하고 사회참여를 위해 기회평등을 보장하며 다수민족과 소수민족간의 차별구조와 불평등 구조를 적극적으로 해체하나, 다문화주의를 정치적 자결권부여로 해석하지 않는다. 이러한 입장은 다문화주의를 소수인종과 문화적 소수자에 대한 기회평등이라는 측면에서 다문화정책을 접근한다.

01

경찰개념에 대한 설명으로 가장 적절한 것은?

① 대륙법계 국가에서는 경찰행정에 대한 사법심사 시스템을 구축하여 사후적 통제가 발달되어 있고, 영미법계 국가는 사전적 통제가 발달되어 있다.
② 대륙법계의 경찰개념은 경찰권 발동범위 확대의 역사로서 경찰권이라는 통치권적 개념을 전제로 그 발동범위와 성질을 기준으로 형성되었으며, 영미의 경찰개념은 주권자인 시민으로부터 자치권한을 위임받은 조직체로서의 경찰이 시민을 위해서 수행하는 기능을 중심으로 형성된 것이다.
③ "경찰은 무엇을 하는가?"라는 문제로 경찰개념이 논의된 것은 대륙법계 국가이고, 영미법계 국가는 "경찰이란 무엇인가?"라는 문제로 경찰개념이 논의되었다.
④ 경찰국가 시대에 사회목적적 행정인 외교, 군사, 재정(재무)과 사법 등 국가의 특별작용으로 인식된 전문분야가 분리되어 경찰은 사회공공의 안녕과 복지를 직접 다루는 내무행정을 의미했다.

02

경찰의 임무를 공공의 안녕과 질서에 대한 위험의 방지라고 정의할 때, 위험에 대한 설명 중 가장 옳은 것은?

① '위험'이란 가까운 장래에 공공의 안녕에 손해가 나타날 가능성이 개개의 경우 충분히 존재하는 상태를 의미한다. 위험은 구체적 위험과 추상적 위험으로 구분할 수 있으며 경찰개입은 구체적 위험이 있을 때에만 가능하다.
② '외관적 위험'은 경찰이 의무에 합당한 사려 깊은 상황판단을 했음에도 불구하고 위험을 잘못 인정한 경우로 적법한 경찰개입이므로 경찰관에게 민·형사상 책임을 물을 수 없지만, 국가의 손해배상책임이 발생할 수 있다.
③ '추정적 위험'은 객관적으로 판단할 때 위험의 외관 또는 혐의가 정당화되지 않음에도 경찰이 위험의 존재를 잘못 추정한 경우를 말하며, 위법한 경찰개입이므로 경찰관 개개인에게는 민·형사상 책임이, 국가에게는 손해배상 책임이 발생할 수 있다.
④ '위험혐의'의 경우 위험의 존재여부가 명백해질 때까지 예비적인 위험조사 차원의 경찰개입은 정당화될 수 없다.

03
경찰행정의 특수성에 관한 설명으로 가장 적절하지 않은 것은?

① 경찰조직은 예측하기 어려운 다양한 사안에 대해 고도의 민첩성을 갖추고 타 부서 혹은 직원들과의 유기적인 공조체제를 갖추어 돌발적으로 발생하는 범죄사건과 사고에 즉시 대응하여 합리적인 방법으로 해결할 수 있도록 해야 하는데 이러한 특성을 돌발성이라 한다.
② 경찰은 각종 위험의 제거를 그 주요 기능으로 하고 있고, 그 수단으로서 명령·강제 등 경찰권을 발동할 수 있으며 필요한 경우 실력행사를 위하여 무기와 장구를 휴대하는데 이러한 특성을 위험성이라 한다.
③ 경찰 업무는 대부분 즉시 해결하지 못하면 그 피해의 회복이 영원히 불가능하거나 현저하게 어려운 경우가 많은 바, 돌발적으로 발생하는 경찰행정 수요에 즉시 대응하기 위해 기동장비 확보, 초동대처시간 단축을 위해 훈련을 해야 하는데 이러한 특성을 기동성이라 한다.
④ 경찰은 본질적으로 사회공공의 안녕과 질서를 유지하기 위하여 국민에게 명령·강제하는 권력작용의 특성을 보이는데 이러한 특성을 보수성이라 한다.

04
고전주의 학파의 내용만으로 바르게 짝지어진 것은?

> ㉠ 인간을 자유로운 의사에 따라 합리적으로 결정하여 행동할 수 있는 이성적 존재로 인식한다.
> ㉡ 합의의 결과물인 실정법에 반하는 행위를 범죄로 규정하고, 범죄에 상응하는 제재(처벌)를 부과하여야 한다고 본다.
> ㉢ 일반시민에 대한 형벌의 위하효과를 통해 범죄예방을 추구한다.
> ㉣ 인간의 행동은 개인적 기질과 다양한 환경요인에 의하여 통제되고 결정된다고 본다.

① ㉠㉡㉢　　② ㉠㉣
③ ㉡㉢㉣　　④ ㉠㉡㉢㉣

05
범죄원인론에 대한 설명으로 가장 적절하게 연결되지 않은 것은?

① 쇼와 맥케이(Shaw & Mckay)의 사회해체이론 – 특정 지역에서의 범죄가 다른 지역에 비해서 많이 발생하는 이유를 규명하고자 하였으며, 연구결과 전이지역(transitional zone)은 타 지역에 비해 범죄율이 상대적으로 높게 나타났다. 또한 '낮은 경제적 지위', '민족적 이질성', '거주 불안정성'을 중요한 3요소로 제시하였으며, 이로 인해 지역 주민은 서로를 모르기 때문에 공동체 의식이 발달하지 못하고 사회적 통제가 약화된다고 보았다.
② 마차(Matza)와 사이크스(Sykes)의 중화기술이론 – 중화기술에는 책임의 부인, 피해자의 부정, 피해발생 부인, 비난자에 대한 비난, 보다 높은 충성심에의 호소로 분류하는데, "이 사회를 운영하는 지도층도 다들 부패했고 도둑놈들이기 때문에 법을 어기는 것은 괜찮아. 그들은 내가 하는 것에 대해서 비판하는 위선자들일 뿐이야. 그렇게 존경받는 사람들이 저지르는 화이트칼라 범죄를 봐!"의 사례와 관련되는 유형은 비난자에 대한 비난(Condemnation of Condemners)이다.
③ 버제스와 에이커스(Burgess & Akers)의 차별적 강화이론 – 청소년들이 영화의 주인공을 모방하고 자신과 동일시하면서 범죄를 학습한다고 한다.
④ 고전주의 범죄학의 억제이론(Deterrence Theory)은 베카리아(Beccaria)와 벤담(Bentham)의 주장에 근거한다. 이를 기반으로 한 처벌은 계량된 처벌의 고통과 범죄로 인한 이익 사이의 함수관계로 설명되는데 이 이론의 핵심적인 내용은 처벌의 확실성, 처벌의 엄격성(엄중성), 처벌의 신속성이다.

06
환경설계를 통한 범죄예방(CPTED)의 기본원리에 대한 설명으로 적절하지 않은 것은?

① 환경설계를 통한 범죄예방(CPTED)은 뉴먼(O. Newman)이 제창한 방어공간이라는 이론을 제퍼리(C. R. Jeffery)가 확장시켜 체계적으로 정립하였기 때문에 CPTED라는 용어를 처음으로 사용한 사람은 뉴먼(O. Newman)이다.
② 환경설계를 통한 범죄예방(CPTED: Crime Prevention Through Environmental Design)은 물리적 환경설계 또는 재설계를 통해 범죄기회를 차단하고 시민의 범죄에 대한 불안을 감소시키는 전략이다.
③ 오스카 뉴먼(Oscar Newman)의 저서 "방어공간"에서 공동주택의 설계와 범죄와의 상관성을 증명하면서 환경설계를 통한 범죄예방(CPTED)의 중요성이 증대되었다.
④ 방범용 CCTV는 상황적 범죄예방이론 및 CPTED 이론 등을 근거로 하고 있다.

07
무관용 경찰활동(Zero Tolerance Policing)에 관한 설명으로 옳지 않은 것은 모두 몇 개인가?

> ㉠ 사소한 무질서에 관대하게 대응했던 전통적 경찰활동의 전략을 계승하였다.
> ㉡ 무관용 경찰활동은 1990년대 뉴욕에서 본격적으로 시행되었다.
> ㉢ 윌슨(Wilson)과 켈링(Kelling)의 '깨어진 창 이론'에 기초하였다.
> ㉣ 경미한 비행자에 대한 무관용 개입은 낙인효과를 유발할 수 있다는 비판이 있다.
> ㉤ 일선 경찰관들의 재량권 수준이 높다.

① 1개 ② 2개
③ 3개 ④ 4개

08
바람직한 경찰의 역할모델 중 '범죄와 싸우는 경찰 모델'에 관한 설명으로 가장 적절하지 않은 것은?

① 범죄와 싸우는 경찰모델은 경찰활동의 전 부분을 포괄하는 것이 불가능하다.
② 경찰임무를 뚜렷이 인식시켜 경찰의 전문직화에 기여하는 측면이 있다.
③ 법 집행에 있어 범법자는 적이고, 경찰은 정의의 사자로 대립시키는 이분법적 오류에 빠질 우려가 있다.
④ 범죄진압 이외의 업무에 종사하는 경찰인들도 긍정적인 영향을 받아 사기가 향상될 것이다.

09
경찰의 부정부패 사례와 그에 대한 원인분석을 설명하는 이론 중 가장 옳지 않은 것은?

① A지역은 과거부터 지역 주민들이 관내 경찰관들과 어울려 도박을 일삼고, 부적절한 사건청탁을 하는 경우가 종종 있었으나 아무도 이를 문제화하지 않던 곳인데, 동 지역에 새로 발령받은 신임경찰관 B에게도 지역 주민들이 접근하여 도박을 함께 하게 되는 경우는 '전체사회 가설'로 설명할 수 있다.
② 경제팀 수사관 C가 기소중지자의 신병인수차 출장을 가면서 사실은 1명이 갔으면서도 2명분의 출장비를 수령하였다면, 그 원인은 행정내부의 '법규 및 예산과 현실의 괴리' 때문이라고도 볼 수 있다.
③ 정직하고 청렴하였던 신임형사 D가 자신의 조장인 E로부터 관내 유흥업소 업자들을 소개받고, 이후 D와 함께 활동을 해가면서 D가 유흥업소 업자들로부터 월정금을 받는 것을 보고 점점 그 방식 등을 답습하였다면 '구조원인 가설'로 설명할 수 있다.
④ 지방 정치인들의 반복적인 불법 단속 무마 청탁과 지역 언론의 왜곡 보도를 접한 경찰관 F가 '법을 지켜도 소용없다'는 냉소적 태도를 가지게 되어 점차 규정 위반을 묵인하게 된 경우는 '미끄러지기 쉬운 경사로 이론'의 한 예로 볼 수 있다.

10
「부정청탁 및 금품등 수수의 금지에 관한 법률」에 위반되는 사례로 가장 적절한 것은?

① 경찰관이 친구乙에게 설날에 15만원 상당의 농업활동으로 생산된 농수산가공품(농수산물 재료의 50퍼센트를 넘게 사용하여 가공한 제품)을 선물로 받은 경우
② 예술의전당 소속 공연 관련 업무 담당공무원이 예술의전당 초청 공연작으로 결정된 뮤직드라마의 공연제작사 대표이사 甲 등과 저녁식사를 하고 24만원 상당(1인당 6만원)의 음식 값을 甲이 지불한 경우
③ 결혼식을 앞두고 있는 경찰관이 4촌 형으로부터 500만원 상당의 냉장고를 선물 받은 경우
④ 경찰관이 홈쇼핑에서 물품을 구매한 후 구매자를 대상으로 경품을 추첨하는 행사에서 당첨되어 300만원 상당의 안마의자를 받은 경우

11
「경찰청 공무원 행동강령」에 대한 설명으로 가장 적절하지 않은 것은?

① 공무원은 자신의 직무와 관련되거나 그 지위·직책 등에서 유래되는 사실상의 영향력을 통하여 요청받은 교육·홍보·토론회·세미나·공청회 또는 그 밖의 회의 등에서 한 강의·강연·기고 등(이하 "외부강의등"이라 한다)의 대가로서 직급 구분 없이 40만원을 초과하는 사례금을 받아서는 아니 된다.
② 공무원은 사례금을 받는 외부강의등을 할 때에는 외부강의등의 요청 명세 등을 소속 기관의 장에게 그 외부강의등을 마친 날부터 10일 이내에 신고하여야 한다. 다만, 외부강의등을 요청한 자가 국가나 지방자치단체인 경우에는 그러하지 아니하다.
③ 공무원은 금액을 초과하는 사례금을 받은 경우에는 그 사실을 안 날로부터 2일 이내에 소속기관의 장에게 신고하여야 하며, 소속기관의 장에게 그 초과금액을 지체 없이 반환하여야 한다.
④ 공무원은 초과 사례금을 반환한 경우에는 증명자료를 첨부하여 그 반환 비용을 소속 기관의 장에게 청구할 수 있다.

12

다음 중 「공직자의 이해충돌 방지법」상 위반행위와 벌칙 규정 내용이다. 옳지 않은 것은 모두 몇 개인가?

> ⊙ 직무상 비밀·소속기관의 미공개 정보를 이용, 재물 또는 재산상 이득을 취한 공직자 - 7년 이하 징역 또는 7천만원 이하 벌금(병과 가능)
> ⊙ 사적 이익을 위해 직무상 비밀 또는 미공개 정보를 이용하거나 제3자가 이용하도록 한 공직자 - 5년 이하 징역 또는 5천만원 이하 벌금(병과 가능)
> ⊙ 공공기관(산하기관, 자회사)에 가족이 채용되도록 지시·유도 또는 묵인을 한 공직자 - 2년 이하 징역 또는 2천만원 이하 벌금
> ⊙ 직무관련자와의 거래를 신고하지 않은 공직자 - 2천만원 이하의 과태료
> ⊙ 업무활동 내역을 제출하지 아니한 고위공직자 - 1천만원 이하의 과태료

① 0개
② 1개
③ 2개
④ 3개

13

정부수립 이후 1991년 이전의 경찰의 특징이 아닌 것은?

① 「국가공무원법」의 특별법인 「경찰공무원법」이 제정되었다.
② 해양경찰업무, 전투경찰업무, 소방업무가 정식으로 경찰의 업무 범위에 추가되었다.
③ 경찰이 비로소 주권국가 대한민국의 존립과 안녕, 대한민국 국민의 생명과 신체 및 재산의 보호라는 경찰 본연의 임무를 수행하였다.
④ 1991년 「경찰법」 제정 이전에는 중앙 및 지방경찰은 내무부 및 시·도지사의 보조기관으로 관청으로서의 지위를 갖지 못하였고, 경찰서장만 관청으로서의 지위를 가졌다.

14

각 국의 경찰에 대한 설명으로 옳은 것은?

① 영국경찰은 법관에 대한 영장청구권, 불기소처분에 대한 독자적 수사종결권을 가지고 있으며, 기소업무도 담당한다.
② 미국의 검찰(연방경찰, 지방검찰)과 경찰은 상호협력관계를 유지한다.
③ 독일경찰의 각 주는 주범죄수사국을 설치하여 주의 범죄사건을 수사하며, 연방범죄수사청(BKA)과 업무협조를 하지 않는다.
④ 프랑스는 국립경찰과 자치체경찰의 업무가 명확히 구분되어 있지 않다.

15

경찰조직 편성원리에 관한 설명 중 적절하지 않은 것은?

① 조직의 집단적 노력을 질서있게 배열하는 과정으로 개별적인 활동을 전체적인 관점에서 통일하여 조직의 목표달성도를 높이려는 조직편성의 원리를 계층제의 원리라고 한다.
② 명령통일의 원리는 관리자의 공백 등을 대비하여 대리, 위임, 유고관리자 사전지정 등이 필요하다.
③ 통솔범위의 원리는 관리자의 능률적인 감독을 위해서는 통솔하는 대상의 범위를 적정하게 제한하여야 한다는 것으로 관리의 효율성을 좌우하는 중요한 원리이다.
④ 조정과 통합의 원리는 조직편성 원리의 장단점을 조화롭게 승화시키는 원리이고, 무니(Mooney)는 조정의 원리를 가운데서 가장 주요한 원리라는 의미로 '제1의 원리'라고 하였다.

16
계급제와 직위분류제에 대한 설명으로 가장 적절한 것은?

① 계급제는 공직을 분류함에 있어서 행정기관을 구성하는 개개의 직위에 내포되어 있는 직무의 특성에 중점을 두고 직무의 종류와 책임도 및 곤란도에 따라 여러 직종과 등급 및 직급을 분류하는 제도이다.
② 계급제는 장기간에 걸쳐 능력을 키울 수 있어 공무원이 보다 종합적 능력을 가지게 되므로 기관 간의 종적 협조가 용이하다.
③ 직위분류제는 직무분석과 직무평가의 충실한 수행을 강조하는 제도이다.
④ 직위분류제는 전직이 제한되고 행정의 전문화에 기여하고, 권한과 책임의 한계가 불명확하고 신분보장이 미흡하다는 단점이 있다.

17
「국가재정법」상 예산의 편성 절차를 순서대로 나열한 것으로 가장 적절한 것은?

| 가. 예산안편성 지침 통보 |
| 나. 중기사업계획서 제출 |
| 다. 예산요구서 작성 및 제출 |
| 라. 예산안 편성(국무회의 심의 및 대통령 승인) |
| 마. 예산안 국회제출 |

① 가 → 나 → 다 → 라 → 마
② 나 → 가 → 라 → 다 → 마
③ 가 → 마 → 나 → 라 → 다
④ 나 → 가 → 다 → 라 → 마

18
다음 ( ) 안에 들어갈 인물을 바르게 나열한 것은?

- (㉠)은(는) 경찰과 대중매체는 서로 얽혀서 범죄와 정의, 사회질서의 현실을 해석하고 규정짓는 사회기구의 역할을 수행한다고 주장하였다.
- (㉡)은(는) 경찰과 대중매체의 관계를 "단란하고 행복스럽지는 않더라도, 오래 지속되는 결혼생활"에 비유하였다.
- (㉢)은(는) 경찰과 대중매체가 서로를 필요로 하기 때문에 둘 사이에는 공생관계가 발달한다고 주장하였다.

① ㉠ Sir Robert Mark ㉡ Ericson ㉢ Crandon
② ㉠ Ericson ㉡ Crandon ㉢ Sir Robert Mark
③ ㉠ Crandon ㉡ Sir Robert Mark ㉢ Ericson
④ ㉠ Ericson ㉡ Sir Robert Mark ㉢ Crandon

19

「언론중재 및 피해구제 등에 관한 법률」에 대한 설명으로 가장 적절한 것은? (다툼이 있으면 판례에 의함)

① 사실적 주장에 관한 언론보도등으로 인하여 피해를 입은 자는 그 보도 내용에 관한 반론보도를 언론사등에 청구할 수 있다. 반론보도청구는 언론사등의 고의·과실이나 위법성을 필요로 한다.
② 복잡한 사실관계를 알기 쉽게 단순하게 만드는 과정에서 일부 특정한 사실관계를 압축, 강조하거나 대중의 흥미를 끌기 위해 실제 사실관계에 장식을 가하는 과정에서 다소의 수사적 과장이 있더라도 전체적인 맥락에서 보아 보도내용의 중요 부분이 진실에 합치한다고 할지라도 그 보도의 진실성은 부정된다.
③ 조정기일에 중재위원은 조정 대상인 분쟁에 관한 사실관계와 법률관계를 당사자들에게 설명·조언하거나 절충안을 제시하는 등 합의를 권유할 수 있으며, 조정은 비공개를 원칙으로 한다.
④ 언론사등이 정정보도청구를 수용할 때에는 지체없이 피해자 또는 그 대리인과 정정보도의 내용·크기 등에 관하여 협의한 후, 그 협의가 있은 날부터 7일 내에 정정보도문을 방송하거나 게재하여야 한다. 다만, 신문 및 잡지 등 정기간행물의 경우 이미 편집 및 제작이 완료되어 부득이할 때에는 게재하지 않을 수 있다.

20

「경찰 인권보호 규칙」상 경찰청 및 시·도경찰청 인권위원회에 관한 설명으로 가장 적절한 것은?

① 당연직 위원은 경찰청은 청문감사인권담당관, 시·도경찰청은 감사관으로 한다.
② 경찰청 인권위원회는 위원장 1명을 포함하여 7명 이상 15명 이하의 위원으로 구성한다. 이때, 특정 성별이 전체위원 수의 10분의 6을 초과하지 아니해야 한다. 위원장은 위원회에서 호선(互選)하며, 위원은 당연직 위원과 위촉 위원으로 구분한다.
③ 정기회의는 경찰청은 월 1회, 시·도경찰청은 분기 1회 개최한다.
④ 경찰청 인권위원회의 회의는 정기회의와 임시회의로 구분하며, 출석위원 과반수의 출석으로 개의(開議)하고, 출석위원 과반수의 찬성으로 의결한다.

21

다음은 법률과 법규명령의 효력발생시기에 대한 설명이다. ( )안에 들어갈 숫자의 연결이 바르지 않은 것은?

> ⓐ 「헌법」상 국회에서 의결된 법률안은 정부에 이송되어 (㉠)일 이내에 대통령이 공포한다.
> ⓑ 「헌법」상 법률은 특별한 규정이 없는 한 공포한 날로부터 (㉡)일을 경과함으로써 효력을 발생한다.
> ⓒ 「법령 등 공포에 관한 법률」상 대통령령은 특별한 규정이 없는 한 공포일로부터 (㉢)일이 경과해야 효력이 발생한다.
> ⓓ 「법령 등 공포에 관한 법률」상 국민의 권리 제한 또는 의무 부과와 직접 관련되는 법률, 대통령령, 총리령 및 부령은 긴급히 시행하여야 할 특별한 사유가 있는 경우를 제외하고는 공포일로부터 적어도 (㉣)일이 경과한 날부터 시행되도록 하여야 한다.

① ㉠ - 15
② ㉡ - 20
③ ㉢ - 20
④ ㉣ - 20

22

「국가경찰과 자치경찰의 조직 및 운영에 관한 법률」상 경찰기관에 대한 설명으로 가장 적절한 것은?

① 국회의 탄핵 소추 의결의 대상자로는 경찰청장과 국가수사본부장이 규정되어 있다.
② 시·도지사가 시·도자치경찰위원회의 의결에 대해 재의를 요구하려면 해당 의결이 법령에 위반되거나 공익을 현저히 해친다고 판단되어야 한다.
③ 시·도경찰청장은 시·도지사가 시·도자치경찰위원회와 협의하여 추천한 사람 중에서 행정안전부장관의 제청으로 국무총리를 거쳐 대통령이 임용한다.
④ 시·도경찰청장은 수사에 관한 사무에 대해서는 경찰청장의 지휘·감독을 받아 관할구역의 소관 사무를 관장하고 소속 공무원 및 소속 경찰기관의 장을 지휘·감독한다.

23

경과에 대한 설명으로 옳은 것은?

① 「경찰공무원 임용령」상 경정 이하 경찰공무원에게만 부여하는 경과는 항공경과, 정보통신경과, 수사경과, 안보수사경과이다.
② 「경찰공무원 임용령」상 임용권자(위임을 받은 자 포함) 또는 임용제청권자는 경찰공무원을 신규채용할 때 경과를 부여할 수 있다.
③ 「경찰공무원 임용령 시행규칙」상 전과는 일반경과에서 수사경과·안보수사경과 또는 특수경과로의 전과만 인정한다. 다만, 정원감축 등 경찰청장이 정하는 사유가 있는 경우 수사경과·안보수사경과 또는 특수경과에서 일반경과로의 전과를 인정할 수 있다.
④ 「경찰공무원 임용령 시행규칙」상 전과의 대상자에 해당하는 경우에도 현재 경과를 부여받고 1년이 지나지 아니한 사람, 특정한 직무분야에 근무할 것을 조건으로 채용된 경찰공무원으로서 채용 후 5년이 지나지 아니한 사람은 전과를 할 수 없다.

24

다음 중 경찰공무원의 징계에 대한 설명으로 가장 옳은 것은?

① 경찰기관의 장은 그 소속이 아닌 경찰공무원에게 징계사유가 있다고 인정될 때에는 해당 경찰기관의 장에게 그 사실을 증명할 만한 충분한 사유를 명확히 밝혀 통지하여야 하고, 징계사유를 통보받은 경찰기관의 장은 타당한 이유가 없으면 통지를 받은 날부터 30일 이내에 관할 징계위원회에 징계의결을 요구하거나 신청하여야 한다.
② 징계 사유가 금전, 물품, 부동산, 향응을 취득하거나 제공한 경우에는 해당 징계 외에 취득하거나 제공한 금전 또는 재산상 이득의 3배 내의 징계부가금 부과 의결을 징계 위원회에 요구하여야 한다.
③ 금품 및 향응수수, 공금의 횡령·유용 등의 경우에는 10년, 「성폭력범죄의 처벌 등에 관한 특례법」 제2조에 따른 성폭력범죄등의 경우에는 5년, 그 밖의 징계 등 사유에 해당하는 경우에는 3년이 지나면 하지 못한다.
④ 정직은 1개월 이상 3개월 이하의 기간으로 하고, 정직 처분을 받은 자는 그 기간 중 공무원의 신분은 보유하나 직무에 종사하지 못하며 보수의 전액을 감한다.

25
경찰책임의 원칙에 대한 설명 중 옳지 않은 것은?

① 경찰책임의 주체는 모든 자연인이 될 수 있다. 또한 권리능력 유무에 관계없이 모든 사법인(私法人)도 경찰책임자가 될 수 있다.
② 경찰이 경찰긴급권에 의하여 원칙적으로 경찰책임이 없는 자에게 경찰권을 발동함으로써 제3자에게 손실을 입히는 경우에는 그 손실을 보상하여야 한다.
③ 경찰책임은 사회 공공의 안녕과 질서에 대한 객관적 위험상황이 존재하면 인정되며, 자연인·법인, 고의·과실, 위법성 유무, 의사·행위·책임능력의 유무 등을 불문한다.
④ 타인을 보호 감독할 지위에 있는 자가 피지배자의 행위로 발생한 경찰위반에 대하여 경찰책임을 지는 경우, 그 책임은 자기책임의 성질을 갖는다는 것이 통설이다.

26
다음 중 행정행위의 하자가 승계에 대한 설명으로 옳지 않은 것은?

① 하자의 승계는 둘 이상의 행정행위가 연속적으로 이루어지는 경우에, 선행행위의 하자를 후행행위의 위법사유로서 주장할 수 있는가의 문제이다.
② 하자의 승계 요건으로 선행행위와 후행행위가 모두 항고소송의 대상인 행정처분일 것, 선행행위에 취소사유인 하자가 존재할 것, 후행행위에 고유한 하자가 없을 것, 선행행위에 불가쟁력이 발생하지 아니하였을 것이다.
③ 선행행위와 후행행위가 결합하여 하나의 법률효과를 목적으로 하는 경우 하자의 승계 인정되는 것이 일반적이다.
④ 개별공시지가결정과 과세처분은 하자의 승계를 인정한 사례이다.

27
행정행위에 대한 설명으로 옳지 않은 것은?

① 경찰하명이란 일반통치권에 기인하여 경찰목적을 달성하기 위해 국민에 대하여 작위·부작위·급부·수인 등 의무의 일체를 명하는 법률행위적 행정행위를 말하며 경찰관의 수신호나 교통신호 등의 신호도 의무를 부과하는 행위로서 경찰하명에 해당한다.
② 하명을 준수하는 것은 적법 요건일 뿐 유효요건이 아니므로 하명을 위반한 행위 자체는 원칙적으로 그 법적 효력에 아무런 영향을 미치지 않는다.
③ 경찰금지는 특정한 경우 해제할 수 있는지의 여부에 따라 절대적 금지와 상대적 금지로 구분되며 경찰금지는 대부분 절대적 금지이다.
④ 적법한 하명은 수명자는 수인의무를 지므로 손실보상을 청구할 수 없지만, 수명자 또는 책임 없는 제3자에게 특별한 희생을 가한 경우에 경찰상 손실보상청구가 가능하다.

28

「행정절차법」 제8조에 따른 행정응원에 관한 설명으로 가장 적절하지 않은 것은?

① 공청회는 다른 법령 등에서 공청회를 개최하도록 규정하고 있는 경우 또는 해당 처분의 영향이 광범위하여 널리 의견을 수렴할 필요가 있다고 행정청이 인정하는 경우에 개최된다.
② 행정응원을 위하여 파견된 직원은 당해 직원의 복무에 관하여 다른 법령 등에 특별한 규정이 없는 한, 응원을 요청한 행정청의 지휘감독을 받는다.
③ 행정응원에 소요되는 비용은 응원을 요청한 행정청이 부담하며, 그 부담금액 및 부담방법은 응원을 행하는 행정청의 결정에 의한다.
④ 송달이 불가능하여 관보, 공보 등에 공고한 경우에는 다른 법령등에 특별한 규정이 있는 경우를 제외하고 공고일부터 14일이 경과한 때에 그 효력이 발생한다. 다만, 긴급히 시행하여야 할 특별한 사유가 있어 효력 발생 시기를 달리 정해 공고한 경우에는 그에 따른다.

29

「행정기본법」상 행정상 강제에 대한 설명으로 가장 적절한 것은?

① 행정대집행은 의무자가 행정상 의무로서 타인이 대신하여 행할 수 있는 의무를 이행하지 아니하는 경우 법률로 정하는 다른 수단으로는 그 이행을 확보하기 곤란하고 그 불이행을 방치하면 공익을 크게 해칠 것으로 인정될 때에 행정청이 의무자가 하여야 할 행위를 스스로 하거나 제3자에게 하게 하고 그 비용을 의무자로부터 징수하는 것을 말한다.
② 이행강제금의 부과는 의무자가 행정상 의무 중 금전급부의무를 이행하지 아니하는 경우 행정청이 의무자의 재산에 실력을 행사하여 그 행정상 의무가 실현된 것과 같은 상태를 실현하는 것을 말한다.
③ 직접강제는 현재의 급박한 행정상의 장해를 제거하기 위한 경우로서 행정청이 미리 행정상 의무 이행을 명할 시간적 여유가 없는 경우에 행정청이 곧바로 국민의 신체 또는 재산에 실력을 행사하여 행정목적을 달성하는 것을 말한다.
④ 강제징수는 의무자가 행정상 의무를 이행하지 아니하는 경우 행정청이 적절한 이행기간을 부여하고, 그 기한까지 행정상 의무를 이행하지 아니하면 금전급부의무를 부과하는 것을 말한다.

30

「국가배상법」에 대한 설명이다. 아래 ㉠부터 ㉤까지의 설명으로 옳고 그름의 표시(O, X)가 바르게 된 것은? (다툼이 있는 경우 판례에 따름)

㉠ 국가나 지방자치단체에 대한 배상신청사건을 심의하기 위하여 행정안전부에 본부심의회를 둔다. 다만, 군인이나 군무원이 타인에게 입힌 손해에 대한 배상신청사건을 심의하기 위하여 국방부에 특별심의회를 둔다.
㉡ 외국인이 피해자인 경우 국가배상청구권은 해당 국가와 상호 보증이 있을 때에만 인정되므로, 그 상호 보증은 외국의 법령, 판례 및 관례 등에 의한 발생요건을 비교하여 인정되는 것이 아니라 반드시 당사국과의 조약이 체결되어 있어야 한다.
㉢ 결정서의 송달에 관하여는 「행정소송법」의 송달에 관한 규정을 준용한다.
㉣ 최근 과실의 객관화 경향으로 가해공무원이 특정되지 않는다 하더라도 손해의 발생상황으로 보아 그것이 공무원의 행위인 이상 과실을 인정하고 있다.
㉤ 지방자치단체장이 설치하여 관할 시·도경찰청장에게 관리권한이 위임된 교통신호기의 고장으로 교통사고가 발생한 경우 국가는 배상책임을 부담하지 않는다.

① ㉠ (O) ㉡ (O) ㉢ (O) ㉣ (O) ㉤ (X)
② ㉠ (O) ㉡ (X) ㉢ (X) ㉣ (O) ㉤ (O)
③ ㉠ (X) ㉡ (O) ㉢ (O) ㉣ (X) ㉤ (O)
④ ㉠ (X) ㉡ (X) ㉢ (X) ㉣ (O) ㉤ (X)

31

「경찰관 직무집행법」에 대한 설명으로 적절하지 않은 것은? (다툼이 있으면 판례에 의함)

① 이 법은 국민의 자유와 권리 및 모든 개인이 가지는 불가침의 기본적 인권을 보호하고 사회공공의 질서를 유지하기 위한 경찰관(경찰공무원만 해당한다)의 직무 수행에 필요한 사항을 규정함을 목적으로 한다.
② 「경찰관 직무집행법」 제1조 제2항은 '경찰관의 직권은 그 직무수행에 필요한 최소한도에서 행사되어야 하며, 이를 남용해서는 안된다'는 경찰비례원칙이 명시적으로 규정되어 있다.
③ 경찰관이 불심검문 대상자 해당 여부를 판단할 때에는 불심검문 당시의 구체적 상황은 물론 사전에 얻은 정보나 전문적 지식 등에 기초하여 불심검문 대상자인지를 객관적·합리적인 기준에 따라 판단하여야 하며, 반드시 불심검문 대상자에게 형사소송법상 체포나 구속에 이를 정도의 혐의가 있을 것을 요한다.
④ 경찰관은 수상한 행동이나 그 밖의 주위 사정을 합리적으로 판단하여 볼 때 어떠한 죄를 범하였거나 범하려 하고 있다고 의심할 만한 상당한 이유가 있는 사람에게 질문을 할 때에 그 사람이 흉기를 가지고 있는지를 조사할 수 있다.

32

「경찰관 직무집행법」상 분사기 등의 사용에 대한 내용을 옳게 표시한 것은?

> 제10조의3(분사기 등의 사용) 경찰관은 다음 각 호의 직무를 수행하기 위하여 부득이한 경우에는 ㉠ 해당 경찰관이 판단하여 필요한 최소한의 범위에서 ㉡ 분사기(「총포·도검·화약류 등 단속법」에 따른 분사기를 말하며, 그에 사용하는 최루 등의 작용제를 포함한다) 또는 최루탄을 사용하여야 한다.
> 1. ㉢ 범인의 체포 또는 범인의 도주 방지
> 2. ㉣ 불법집회·시위로 인한 자신이나 다른 사람의 생명·신체와 재산 및 공공시설 안전에 대한 현저한 위해의 발생 억제

① ㉠, ㉡ ② ㉠, ㉢
③ ㉡, ㉣ ④ ㉢, ㉣

33

「경찰 물리력 행사의 기준과 방법에 관한 규칙(경찰청예규)」상 경찰 물리력 사용의 정도(경찰관의 대응 수준)에 관한 내용으로 옳은 것은?

① 저위험 물리력이란 '소극적 저항' 이상의 상태인 대상자에 대해 사용할 수 있는 물리력 수준으로서, 대상자 신체 접촉을 통해 경찰목적 달성을 강제하지만 신체적 부상을 야기할 가능성은 극히 낮은 물리력을 말하며, 소극적 저항이란 대상자가 경찰관의 지시, 통제를 따르지 않고 비협조적이지만 경찰관 또는 제3자에 대해 직접적인 위해를 가하지 않는 상태를 말한다.

② 협조적 통제란 '순응' 이상의 상태인 대상자에 대해 사용할 수 있는 물리력 수준으로서, 대상자의 협조를 유도하거나 협조에 따른 물리력을 말하며, 여기서 말하는 순응이란 대상자가 경찰관의 지시, 통제에 따르는 상태를 말한다.

③ 접촉 통제란 '적극적 저항' 이상의 상태인 대상자에 대해 사용할 수 있는 물리력 수준으로서, 대상자가 통증을 느낄 수 있으나 신체적 부상을 당할 가능성은 낮은 물리력을 말하며, 적극적 저항이란 대상자가 자신에 대한 경찰관의 체포·연행 등 정당한 공무집행을 방해하지만 경찰관 또는 제3자에 대해 위해 수준이 낮은 행위만을 하는 상태를 말한다.

④ 중위험 물리력이란 '폭력적 공격' 이상의 상태의 대상자에 대해 사용할 수 있는 물리력 수준으로서, 대상자에게 신체적 부상을 입힐 수 있으나 생명·신체에 대한 중대한 위해 발생 가능성은 낮은 물리력을 말하며, 폭력적 공격이란 대상자가 경찰관 또는 제3자에 대해 사망 또는 심각한 부상을 초래할 수 있는 행위를 하는 상태를 말한다.

34

「경찰관 직무집행법」에 대한 설명으로 가장 적절한 것은? (다툼이 있는 경우 판례에 의함)

① 경찰관이 신분증을 제시하지 않고 불심검문을 하였다면, 검문하는 사람이 경찰관이고 검문하는 이유가 범죄행위에 관한 것임을 검문대상자가 알고 있었던 경우라도 그 불심검문은 위법하다.
② 경찰관의 질문을 위한 동행요구가 형사소송법의 규율을 받는 수사로 이어지는 경우, 그 동행요구는 피의자의 자발적인 의사에 의하여 수사관서 등에 동행이 이루어졌음이 객관적인 사정에 의하여 명백하게 입증된 경우에만 그 적법성이 인정된다.
③ 상해사건을 신고받고 출동한 정복착용 경찰관들이 사건당사자인 피검문자의 경찰관 신분확인의 요구가 없는 상황에서 경찰공무원증 제시 없이 불심검문하자 피검문자가 경찰관들을 폭행한 사안에서 당시 불심검문은 경찰관들이 경찰공무원증을 제시하지 않은 것은 위법한 공무집행이다.
④ 경찰관의 보호조치의 발동에 관하여는 재량이 인정되므로 술에 취하여 응급구호가 필요한 자를 가족에게 인계할 수 있음에도 특별한 사정없이 경찰관서에 보호조치하는 것은 위법이라 할 수 없다.

35

「경찰청과 그 소속기관 직제」상 경찰청 생활안전교통국장의 분장사항에 해당하지 않는 것은 모두 몇 개인가?

> ㉠ 자치경찰제도 관련 예산의 편성·조정 및 결산에 관한 사항
> ㉡ 스토킹·성매매 예방 및 피해자 보호에 관한 업무
> ㉢ 치안분야 과학기술 연구개발의 총괄·조정
> ㉣ 자치경찰제도 관련 특별시·광역시·특별자치시·도·특별자치도(이하 "시·도"라 한다) 및 시·도자치경찰위원회와의 협력에 관한 사항
> ㉤ 안보수사경찰업무에 관한 기획 및 교육
> ㉥ 마약류 범죄 및 조직범죄에 관한 수사 지휘·감독

① 1개
② 2개
③ 3개
④ 4개

36

「스토킹범죄의 처벌 등에 관한 법률」에 대한 설명으로 가장 적절한 것은?

① 사법경찰관은 긴급응급조치를 하였을 때에는 지체 없이 검사에게 해당 긴급응급조치에 대한 사후승인을 지방법원 판사에게 청구하여 줄 것을 신청하여야 하며, 신청을 받은 검사는 긴급응급조치가 있었던 때부터 48시간 이내에 지방법원 판사에게 해당 긴급응급조치에 대한 사후승인을 청구한다. 이 경우 긴급응급조치결정서를 첨부하여야 한다.
② 긴급응급조치기간은 2개월을 초과할 수 없다.
③ 법원은 스토킹범죄의 원활한 조사·심리 또는 피해자 보호를 위하여 잠정조치가 필요하다고 인정하는 경우에는 결정으로 스토킹행위자를 국가경찰관서의 유치장 또는 구치소에 1개월을 초과하지 않는 범위에서 유치할 수 있다. 다만, 법원은 피해자의 보호를 위하여 그 기간을 연장할 필요가 있다고 인정하는 경우에는 결정으로 2개월의 범위에서 연장할 수 있다.
④ 흉기 또는 그 밖의 위험한 물건을 휴대하거나 이용하여 스토킹범죄를 저지른 사람은 3년 이하의 징역 또는 3천만원 이하의 벌금에 처한다.

37
다음 「마약류관리에 관한 법률」에서 규제하는 마약류에 대한 설명 중 가장 옳지 않은 것은?

① GHB는 무색, 무취의 짠맛이 나는 액체로 소다수등의 음료에 타서 복용하며 특히 미국, 유럽 등지에서 성범죄용으로 악용되어 '데이트 강간 약물'이라고도 불린다.
② 향정신성의약품의 분류에서 메트암페타민, 암페타민류는 각성제에 해당한다.
③ 덱스트로메트로판(일명 러미라)은 강한 중추신경 억제성 진해작용이 있으나 의존성과 독성은 없어 코데인 대용으로 널리 시판된다.
④ 한외마약이란 일반약품에 마약성분을 미세하게 혼합한 약물로 신체적·정신적 의존성을 일으킬 염려가 없어 감기약 등으로 판매되는 합법의약품으로서 코데잘, 코데솔, 코데날, 코데인 등이 있다.

38
교통 관련 판례에 대한 설명으로 옳지 않은 것은? (다툼이 있으면 판례에 의함)

① 흉골골절 등으로 인한 통증으로 깊은 호흡을 할 수 없어 이십여차례 음주측정기를 불었으나 끝내 음주측정이 되지 아니한 경우 음주측정불응죄가 성립하지 아니한다.
② 물로 입안을 헹굴 기회를 달라는 요구를 무시한 채 호흡측정기로 혈중알코올농도를 측정하여 음주운전 단속수치가 나왔다고 하더라도 음주운전을 하였다고 단정할 수 없다.
③ 자동차를 움직이게 할 의도 없이 다른 목적을 위하여 자동차의 원동기(모터)의 시동을 걸었는데, 실수로 기어 등 자동차의 발진에 필요한 장치를 건드려 원동기의 추진력에 의하여 자동차가 움직인 경우 자동차의 운전에 해당한다.
④ 특별한 이유 없이 호흡측정기에 의한 측정에 불응하는 운전자에게 경찰공무원이 혈액채취에 의한 측정방법이 있음을 고지하고 그 선택 여부를 물어야 할 의무가 없다.

39
다음 보기의 상황에 따른 정보요구방법이 올바르게 연결된 것은?

⊙ 각 정보부서에 맡고 있는 정책을 수행함에 있어서 필요한 일반적·포괄적 정보로서 계속적이고 반복적으로 수집해야 할 필요가 있는 경우
ⓒ 어떤 수시적 돌발상황의 해결에 필요한 한도 내에서 임시적·단편적·지역적인 특수사건을 단기에 해결하기 위하여 필요한 경우
ⓒ 국가안전보장이나 정책에 관련되는 국가정보목표의 우선순위로서, 정부에서 기획된 연간 기본정책을 수행함에 있어 필요로 하는 자료들을 목표로 하여 선정하는 경우
② 정세의 변화에 따라 불가피하게 정책상 수정이 요구되거나 이를 위한 자료가 절실히 요구되는 경우

① ⊙ PNIO ⓒ SRI ⓒ EEI ② OIR
② ⊙ EEI ⓒ SRI ⓒ PNIO ② OIR
③ ⊙ PNIO ⓒ OIR ⓒ EEI ② SRI
④ ⊙ EEI ⓒ OIR ⓒ PNIO ② SRI

40
「범죄인 인도법」 제7조에 따른 절대적 인도거절 사유에 해당하지 않는 것은?

① 범죄인이 인도범죄를 범하였다고 의심할 만한 상당한 이유가 없는 경우. 다만, 인도범죄에 관하여 청구국에서 유죄의 재판이 있는 경우는 제외한다.
② 범죄인의 인도범죄 외의 범죄에 관하여 대한민국 법원에 재판이 계속 중인 경우 또는 범죄인이 형을 선고받고 그 집행이 끝나지 아니하거나 면제되지 아니한 경우
③ 인도범죄에 관하여 대한민국 법원에서 재판이 계속 중이거나 재판이 확정된 경우
④ 범죄인이 인종, 종교, 국적, 성별, 정치적 신념 또는 특정 사회단체에 속한 것 등을 이유로 처벌되거나 그 밖의 불리한 처분을 받을 염려가 있다고 인정되는 경우

01

형식적 의미의 경찰과 실질적 의미의 경찰에 관한 설명으로 가장 적절한 것은?

① 실질적 의미의 경찰은 공공의 안녕과 질서를 유지하기 위한 모든 행정작용을 의미하며, 이는 국가경찰과 자치경찰의 조직 및 운영에 관한 법률을 포함한 모든 법률에 의해 규율된다.
② 사법경찰, 정보경찰, 수사경찰, 의원경찰, 법정경찰은 형식적 의미의 경찰에 속한다.
③ 실질적 의미의 경찰은 본질적으로 타인의 자유와 행동을 제한하고 규제하는 것과 관련이 있으며 경찰의 서비스적 활동이 이에 속한다.
④ 형식적 의미의 경찰은 현재의 법규정에 경찰이 담당하도록 규정되어 있는 사항은 그것이 소극적 질서유지에 관한 사항이든지, 적극적 성격이든, 권력적·비권력적 작용이든 가리지 않고 모두 경찰업무에 해당한다.

02

「국가경찰과 자치경찰의 조직 및 운영에 관한 법률」상 경찰의 임무와 「경찰관 직무집행법」상 경찰관의 직무 범위에 대한 설명으로 적절하지 않은 것은?

① 범죄의 예방·진압 및 수사에서 수사는 영미법계의 영향을 받았다.
② 경찰의 직무에는 범죄의 예방·진압, 범죄피의자 보호가 포함된다.
③ 「경찰관 직무집행법」 제2조에 명시적으로 규정된 직무 중에서 가장 최근에 개정된 것은 "공공안녕에 대한 위험의 예방과 대응을 위한 정보의 수집·작성 및 배포"이다.
④ 안보경찰활동의 기본적인 법적 근거는 「국가경찰과 자치경찰의 조직 및 운영에 관한 법률」 제3조, 「경찰관 직무집행법」 제2조 등에서 찾아볼 수 있다.

03

경찰의 임무와 관할에 대한 설명으로 가장 적절한 것은?

① '사물관할'이란 경찰권이 발동될 수 있는 지역적 범위를 말하고, 대한민국의 영역 내 모든 범위에 적용되는 것이 원칙이다.
② '인적관할'이란 협의의 경찰권이 발동될 수 있는 인적 범위를 의미한다.
③ 화재 등 긴급한 경우에는 외교사절의 동의가 없어도 공관에 들어갈 수 있으며, 이는 국제법상 인정된 것이다.
④ 흉기를 지닌 사람, 술기운이 있는 사람, 정신에 이상이 있는 사람, 그 밖에 행동이 수상하다고 인정되는 사람에 대해서는 방청을 허가하지 아니하며, 의장은 필요할 때에는 경위나 경찰공무원으로 하여금 방청인의 신체를 검사하게 할 수 있다.

04

범죄의 개념에 대한 설명으로 옳지 않은 것은?

① 사이크스(G. M. Sykes)는 각 시대의 사회적, 문화적, 역사적 상황과 환경에 따라 다른 모습을 하게 되는 상대적 개념이라고 정의한다.
② 실리(J. F. Sheley)가 주장한 범죄유발의 4요소는 범행의 동기, 사회적 제재로부터의 자유, 범행의 기술, 범행의 기회이다. 이들 4요소는 범행에 있어서 필요조건이지만 충분조건은 되지 못하기 때문에 어떤 범행이 가능하기 위해서는 이들 4요소가 동시에 상호작용해야 한다.
③ 하워드 베커(Howard Becker)는 범죄란 범죄를 정의할 권한이나 힘을 가진 자들에 의해 규정되며 일탈이라는 낙인이 부착된 사람을 일탈자라고 하고, 사람들에 의해 일탈한 것이라고 규정하였다.
④ 사기, 횡령, 뇌물, 사이버 범죄 등과 같이 지능범죄는 일반적으로 블루칼라범죄(blue-collar crimes)로 분류된다.

05

다음은 브랜팅햄(P. J. Brantingham)과 파우스트(F. L. Faust)의 3가지 범죄예방 접근법에 관한 내용이다. 〈보기 1〉과 〈보기 2〉의 연결이 가장 적절한 것은?

〈보기 1〉 주요대상
가. 일반대중　　　　나. 우범자
다. 범죄자

〈보기 2〉 예방전략 및 내용
㉠ 범죄발생 원인에 영향을 미치는 경제 및 사회 조건에 개입하는 전략
㉡ 잠재적 범죄자를 초기에 발견하여 개입하는 전략
㉢ 상황적 범죄예방
㉣ 지역사회 교정프로그램
㉤ 상습범 대책을 수립하거나 재범을 방지하는 전략

① 가 - ㉠, ㉡
② 나 - ㉡, ㉢
③ 다 - ㉡, ㉣
④ 다 - ㉢, ㉤

06

멘델슨(Mendelsohn)의 범죄피해자 유형과 사례에 대한 연결이 가장 적절한 것은?

① 완전히 책임없는 피해자 → 약취유인된 유아
② 책임이 조금 있는 피해자 → 촉탁살인에 의한 피해자
③ 가장 책임이 높은 피해자 → 자신의 부주의로 인한 피해자
④ 완전히 책임 없는 피해자 → 인공유산을 시도하다 사망한 임산부

07

지역사회 경찰활동 프로그램 중 문제지향적 경찰활동은(Problem-Oriented-Policing)에 관한 설명으로 가장 적절한 것은?

① 확인된 문제에 대응하기 위해 전략적으로 경찰인력과 자원을 배치하여 범죄나 무질서에 대한 예방을 강조한다.
② 시민의 서비스 요청에 반응하는 경찰활동의 반응적 기능, 경찰관들이 확인된 범죄문제에 대해 조직화된 순찰전략을 개발·기획하는 사전적 기능과 범죄와 무질서 문제를 확인하고 알려주기 위한 경찰과 시민 사이의 적극적인 협력적 기능을 연결하고자 시도한다.
③ 범죄자의 활동과 조직범죄집단 중범죄자 등에 대한 관리·예방 등에 초점을 두며 증가되는 범죄를 감소시키기 위해 범죄정보를 통합한 법집행 위주의 경찰활동을 강조한다.
④ 형법에 지나치게 의존하는 것 대신에 문제해결에 대한 합리적·분석적 접근법을 강조한다.

08

장자크 루소(Jean Jacques Rousseau)가 주장한 사회계약론의 내용으로 가장 적절한 것은?

① 국가 이전의 상태는 '만인의 만인에 대한 투쟁' 상황이다.
② 자연권의 일부를 국가에 양도한다는 일부양도설을 주장하였다.
③ 공동체 구성원은 사회계약을 통해서 자연적 자유대신에 사회적 자유를 얻게 된다.
④ 공동체의 구성원 전체가 개별적인 의지를 초월하는 일반의지에 따를 것을 약속함으로써 국가가 아닌 정부가 탄생하였으며, 일반의지의 표현이 법이고 일반의지의 행사가 주권이 된다.

09

경찰 윤리강령에 따라 발생할 수 있는 문제점에 관한 설명으로 가장 적절하지 않은 것은?

① 냉소주의 : 경찰관의 도덕적 자각에 따른 자발적인 행동이 아니라 외부로부터 요구된 타율성으로 인해 진정한 봉사가 이루어지지 않을 수 있다는 것 때문에 발생할 수 있는 문제
② 실행가능성의 문제 : 전문직업인의 내부규율로서 선언적 효력을 가질 뿐 법적인 강제력이 없기 때문에 이를 위반했을 경우 제재할 방법이 미흡하며, 지나친 이상추구의 성격 때문에 발생할 수 있는 문제
③ 행위중심적 성격 : 행위중심적으로 규정되어 있어서 행위 이전의 의도나 동기를 소홀히 하기 때문에 발생할 수 있는 문제
④ 최소주의 위험 : 경찰관이 최선을 다하여 헌신과 봉사를 하려다가도 경찰윤리강령에 포함된 정도의 수준으로만 근무를 하려 하기 때문에 발생할 수 있는 문제

10

「부정청탁 및 금품등 수수의 금지에 관한 법률」제8조 '금품등의 수수 금지'에 대한 설명으로 가장 적절하지 않은 것은?

① 경찰서장이 소속경찰서 경무계 직원들에게 격려의 목적으로 제공하는 회식비는 '수수를 금지하는 금품등'에 해당하지 아니한다.
② A경위가 휴일날 인근 대형마트 행사에서 추첨권에 당첨되어 수령한 수입차는 '수수를 금지하는 금품등'에 해당하지 아니한다.
③ 공직자등이 8촌 이내의 혈족, 4촌 이내의 인척, 배우자로부터 제공받는 금품등은 '수수를 금지하는 금품등'에 해당하지 아니한다.
④ 공직자등과 관련된 직원상조회·동호인회·동창회·향우회·친목회·종교단체·사회단체 등이 정하는 기준에 따라 구성원에게 제공하는 금품등은 동법 제8조(금품등의 수수 금지)에서 규정하는 수수를 금지하는 금품등에 해당한다.

11

「경찰청 공무원 행동강령」에 대한 설명으로 옳지 않은 것은?

① 초과사례금 신고를 받은 소속기관의 장은 초과사례금을 반환하지 아니한 공무원에 대하여 신고사항을 확인한 후 7일 이내 반환하여야 할 초과사례금의 액수를 산정하여 해당 공무원에게 통지하여야 한다.
② 공무원은 직무관련자와 마작, 화투, 카드 등 우연의 결과나 불확실한 승패에 의하여 금품 등 경제적 이익을 취할 목적으로 하는 사행성 오락을 같이 하여서는 아니 된다.
③ 공무원은 직무관련자에게 직위를 이용하여 행사 진행에 필요한 직·간접적 경비, 장소, 인력, 또는 물품 등의 협찬을 요구하여서는 아니 된다.
④ 공무원은 현재 근무하고 있거나 과거에 근무하였던 기관의 소속 직원에게 경조사를 알려서는 아니 된다. 다만, 친족에게 알리는 경우, 신문, 방송 또는 직원에게만 열람이 허용되는 내부통신망 등을 통하여 알리는 경우, 공무원 자신이 소속된 종교단체·친목단체 등의 회원에게 알리는 경우에는 경조사를 알릴 수 있다.

12
정부에서 운영 중인 적극행정에 대한 설명으로 가장 옳지 않은 것은?

① 「적극행정 운영규정」상 적극행정이란 "공무원이 민원인의 고충을 해결하기 위해 선례에 얽매이지 않고 적극적으로 업무를 처리하는 행위"로 정의하고 있다.
② 「적극행정 운영규정」상 공무원이 적극행정을 추진한 결과에 대해서는 고의 또는 중대한 과실이 없는 경우에는 징계 관련 법령에 따라 징계의결 또는 징계부가금 부과의결을 하지 않는다.
③ 「경찰청 적극행정 면책제도 운영규정」상 적극행정이란 경찰청 및 그 소속기관의 공무원 또는 산하단체의 임·직원이 국가 또는 공공의 이익을 증진하기 위해 성실하고 능동적으로 업무를 처리하는 행위를 말한다.
④ 「경찰청 적극행정 면책제도 운영규정」상 면책이란 적극행정 과정에서 발생한 부분적인 절차상 하자 또는 비효율, 손실 등과 관련하여 그 업무를 처리한 경찰청 소속 공무원 등에 대하여 「경찰청 감사규칙」 제10조 제1호부터 제3호까지 및 제6호와 「경찰공무원 징계령」에 따른 징계 및 징계부가금의 어느 하나에 해당하는 책임을 묻지 않거나 감면하는 것을 말한다.

13
정부수립 이후 경찰과 관련된 설명이다 순서대로 올바르게 연결한 것은?

㉠ 경찰관 직무집행법 제정
㉡ 헌법에 '경찰중립화' 규정
㉢ 경찰공무원법의 제정
㉣ 소방업무소관을 치안본부 소방과에서 내무부 소방국으로 이전
㉤ 치안국에서 치안본부로 격상

① ㉠ → ㉡ → ㉢ → ㉣ → ㉤
② ㉠ → ㉡ → ㉢ → ㉤ → ㉣
③ ㉡ → ㉠ → ㉣ → ㉢ → ㉤
④ ㉢ → ㉠ → ㉡ → ㉣ → ㉤

14
일본경찰에 대한 설명으로 가장 적절한 것은?

① 일본경찰은 국가경찰인 경찰청과 관구경찰국, 도도부현경찰인 동경도 경시청과 도부현경찰본부 등 2중체제로 구성되어 있다.
② 동경도 경시청의 경시총감은 국가공안위원회가 동경도공안위원회의 동의를 얻어 내각총리대신의 승인을 받아 임명한다.
③ 1954년 신경찰법은 경찰의 민주화의 요청으로 경찰운영의 단위를 도도부현으로 하고, 경찰조직을 도도부현경찰로 일원화하였다.
④ 국가경찰기관에 소속된 경찰관은 국가공무원이고, 도도부현에 소속된 경찰관은 지방공무원이다. 다만, 경시 이상으로서 도도부현에 근무하는 경찰관은 국가공무원이다.

15
엽관주의와 실적주의에 관한 설명으로 적절하지 않은 것은?

① 가필드(Garfield) 대통령이 암살당한 사건은 미국에서 실적주의 도입(펜들턴법 제정의 촉발장치)의 배경이 되었다.
② 엽관주의는 인사행정의 기준을 당파성과 정실에 두는 제도로 행정을 단순하게 보아 누구나 수행할 수 있는 것으로 보기 때문에 법령에 저촉되지 않는 한 일체의 신분상의 불이익을 받지 않는다.
③ 엽관주의는 신분보장이 되지 않기 때문에 행정의 안정성과 지속성을 확보하기 어렵다.
④ 실적주의는 정치적 중립에 집착하여 인사행정을 소극화·형식화시켰다.

16
경찰예산에 대한 내용으로 옳은 것은?

① 국회에 제출된 경찰예산안은 행정안전위원회에서 종합심사를 통해 구체적이고 실질적인 금액조정이 이루어지며 종합심사가 끝난 예산안은 본회의에 상정되어 회계연도 개시 30일 전까지 본회의 의결을 거침으로써 확정된다.
② 경찰청장은 예산이 확정된 후 예산배정요구서를 기획재정부장관에게 제출하고 기획재정부장관은 예산배정요구서에 따라 반기별 예산배정계획을 작성하여 국무회의 심의와 대통령 승인을 얻은 후 반기별 예산배정계획에 따라 경찰청장에게 예산을 배정한다.
③ 각 중앙관서의 장은 예산의 목적범위 안에서 재원의 효율적 활용을 위하여 대통령령으로 정하는 바에 따라 기획재정부장관의 승인을 얻어 각 세항 또는 목의 금액을 전용할 수 있다.
④ 「국가재정법」에 따라 경찰은 예산을 편성할 때 예산이 인권에 미친 영향을 평가하는 보고서를 작성하여야 한다.

17
「경찰장비관리규칙」에 대한 설명으로 가장 적절한 것은?

① 무기·탄약고 비상벨은 상황실과 숙직실 등 초동조치 가능장소와 연결하고, 외곽에는 철조망장치와 조명등 및 순찰함을 설치할 수 있다.
② 간이무기고란 경찰인력 및 경찰기관별 무기책정기준에 따라 배정된 개인화기와 공용화기를 집중보관·관리하기 위하여 각 경찰기관에 설치된 시설을 말한다.
③ 무기탄약을 대여 받은 자는 그 무기를 휴대하고 근무하는 경우를 제외하고는 무기고에 보관하여야 하며, 근무 종료시에는 감독자 입회아래 무기탄약 입출고부에 기재한 뒤 즉시 입고하여야 한다.
④ 경찰기관의 장은 무기를 휴대한 자 중에서 직무상의 비위 등으로 인하여 징계 의결 요구된 자가 발생한 때에는 무기 소지 적격 심의위원회의 심의를 거쳐 대여한 무기·탄약을 회수해야 한다. 다만, 대상자가 이의신청을 하거나 소속 부서장이 무기 소지 적격 여부에 대해 심의를 요청하는 경우에는 무기 소지 적격 심의위원회의 심의를 거쳐 대여한 무기·탄약의 회수여부를 결정한다.

18
「보안업무규정」 및 「보안업무 시행세부규칙」상 비밀에 대한 설명으로 가장 옳지 않은 것은?

① 비밀은 그 중요성과 가치에 따라 Ⅰ급, Ⅱ급, Ⅲ급 비밀로 구분된다.
② 누설될 경우 대한민국과 외교관계가 단절되고 전쟁을 일으키며, 국가의 방위계획·정보활동 및 국가방위에 반드시 필요한 과학과 기술의 개발을 위태롭게 하는 등의 우려가 있는 비밀은 이를 Ⅱ급 비밀로 한다.
③ 경찰병원장은 「경찰청 보안업무규정 시행세칙」상 Ⅱ급 및 Ⅲ급 비밀 취급인가권자이다.
④ 국가정보원장은 암호자재를 제작하여 필요한 기관에 공급한다. 다만, 국가정보원장이 필요하다고 인정하는 암호자재의 경우 그 암호자재를 사용하는 기관은 국가정보원장이 인가하는 암호체계의 범위에서 암호자재를 제작할 수 있다.

19
경찰통제에 대한 설명 중 가장 옳은 것은?

① 19세 이상의 국민은 경찰을 비롯한 공공기관의 사무처리가 법령위반 또는 부패행위로 인하여 공익을 현저히 해하는 경우 300인 이상의 연서로 감사원에 감사를 청구할 수 있다.
② 국회의 입법권·예산심의권, 상급기관의 하급기관에 대한 감사권은 사전통제에 해당한다.
③ 국회의 국정감사, 감사원의 직무감찰은 사후통제인 동시에 외부통제에 해당한다.
④ 국가경찰위원회, 청문감사인권관, 훈령권, 직무명령권 등은 내부통제에 해당한다.

20
「경찰 인권보호 규칙」상 인권침해사건 조사절차에 관한 설명으로 가장 적절하지 않은 것은?

① 조사담당자는 사건 조사 과정에서 진정인·피진정인 또는 참고인 등이 임의로 제출한 물건 중 사건 조사에 필요한 물건은 보관할 수 있다.
② 조사담당자는 ①에 따라 제출받은 물건의 목록을 작성하여 제출자에게 내주고 사건기록에 그 물건 등의 번호·명칭 및 내용, 제출자 및 소유자의 성명과 주소를 적고 서명 또는 기명날인하게 하여야 한다.
③ 조사담당자는 제출받은 물건에 사건번호와 표제, 제출자 성명, 물건 번호, 보관자 성명 등을 적은 표지를 붙인 후 봉투에 넣거나 포장하여 안전하게 보관하여야 한다.
④ 진정인이 진정을 취소한 사건에서 진정인이 제출한 물건이 있는 경우에는 진정인이 요구하는 경우에 한하여 반환할 수 있다.

21
훈령과 직무명령에 관한 설명 중 옳지 않은 것은 모두 몇 개인가?

㉠ 직무명령은 직무와 관련 없는 사생활에는 그 효력이 미치지 않는다.
㉡ 훈령은 일반적·추상적 사항에 대하여만 발할 수 있으며, 개별적·구체적 사항에 대해서는 발할 수 없다.
㉢ 훈령을 발하기 위해서는 법령의 구체적 근거를 요하나, 직무명령은 법령의 구체적 근거가 없이도 발할 수 있다.
㉣ 훈령의 종류에는 '협의의 훈령, 지시, 예규, 일일명령' 등이 있으며, 이 중 예규는 반복적 경찰사무의 기준을 제시하기 위하여 발하는 명령을 의미한다.
㉤ 직무명령은 훈령을 겸할 수 있으나, 훈령은 직무명령의 성질을 가질 수 없다.

① 1개 ② 2개
③ 3개 ④ 4개

22

「국가경찰과 자치경찰의 조직 및 운영에 관한 법률」상 국가경찰위원회와 시·도자치경찰위원회에 대한 설명으로 옳지 않은 것은?

① 국가경찰위원회와 시·도자치경찰위원회는 합의제 행정기관으로서 그 권한에 속하는 업무를 독립적으로 수행한다.
② 국가경찰위원회와 시·도자치경찰위원회 위원의 임기는 3년으로 연임이 불가능하다.
③ 국가경찰위원회와 시·도자치경찰위원회 의결정족수는 재적위원 과반수의 출석과 출석위원 과반수 찬성이다.
④ 국가경찰위원회는 행정안전부장관이, 시·도자치경찰위원회는 시·도지사가 재의를 요구할 수 있다.

23

다음 중 「경찰공무원법」에서 규정하는 '신규채용'에 대한 설명으로 가장 적절하지 않은 것은?

① 경정 및 순경의 신규채용은 공개경쟁시험으로 한다.
② 「국가공무원법」 제70조 제1항 제3호(직제와 정원의 개폐 등에 따른 면직의 사유)로 퇴직하거나 같은 법 제71조 제1항 제1호(신체·정신상의 장애로 장기 요양이 필요할 때)의 휴직 기간 만료로 퇴직한 경찰공무원을 퇴직한 날부터 3년(「공무원 재해보상법」에 따른 공무상 질병 또는 부상으로 인한 휴직의 경우에는 5년) 이내에 퇴직 시에 재직한 계급의 경찰공무원으로 재임용하는 경우에는 경력 등 응시요건을 정하여 같은 사유에 해당하는 다수인을 대상으로 경쟁의 방법으로 채용하는 시험(이하 경력경쟁채용시험)으로 경찰공무원을 신규채용할 수 있다.
③ 경찰청장은 누구든지 경찰공무원의 채용과 관련하여 대통령령으로 정하는 비위를 저질러 유죄판결이 확정된 경우에는 그 비위 행위로 인하여 채용시험에 합격하거나 임용된 사람에 대하여 대통령령으로 정하는 바에 따라 합격 또는 임용을 취소할 수 있다.
④ 경찰청장은 ③에 따른 취소 처분을 하기 전에 미리 그 내용과 사유를 당사자에게 통지하고 소명할 기회를 주어야 하며, 취소 처분은 소급하여 효력이 발생하지 않는다.

24
「국가공무원법」상 휴직에 대한 설명으로 옳은 것은?

① 천재지변이나 전시·사변, 그 밖의 사유로 생사(生死) 또는 소재(所在)가 불명확하게 된 때에는 휴직기간을 6개월 이내로 한다.
② 신체·정신상의 장애로 장기 요양이 필요할 때에는 임용권자는 본인의 의사에도 불구하고 휴직을 명할 수 있다.
③ 휴직 기간이 끝나거나 휴직 사유가 소멸된 후에도 직무에 복귀하지 아니하거나 직무를 감당할 수 없을 때에는 임용권자는 그 공무원을 직권으로 면직시킬 수 있다.
④ 휴직기간 중 그 사유가 없어지면 지체 없이 임용권자 또는 임용제청권자에게 신고하여야 하며, 임용권자는 30일 이내에 복직을 명하여야 한다.

25
다음 중 경찰비례의 원칙에 관한 설명으로 옳지 않은 것은 모두 몇 개인가?

> ㉠ 경찰비례의 원칙은 조건과 정도를 명시한 원칙이다.
> ㉡ 경찰비례원칙의 내용으로서 적합성의 원칙, 최소침해의 원칙 그리고 협의의 비례원칙이 인정된다.
> ㉢ "경찰은 대포로 참새를 쏘아서는 안 된다."는 법언은 필요성의 원칙을 잘 표현한 것이다.
> ㉣ 경찰권은 사회공공의 안녕·질서에 대한 위해가 오직 발생할 가능성이 있는 정도에 그치는 경우에도 발동될 수 있다.

① 1개　　② 2개
③ 3개　　④ 4개

26
다음 중 행정행위에 대한 설명으로 옳지 않은 것은? (다툼이 있는 경우 판례에 의함)

① 법률행위적 행정행위는 명령적 행정행위(하명·허가·면제)와 형성적 행정행위(특허·인가·대리)로 구분할 수 있고, 준법률행위적 행정행위는 확인, 공증, 통지, 수리로 구분할 수 있다.
② 특허란 특정 상대방을 위하여 새로이 권리를 설정하는 행정행위를 말하며, 그 예로 도로점용허가, 광업허가, 어업면허, 개인택시면허 등을 들 수 있다.
③ 공증은 특정한 사실 또는 법률관계의 존재를 공적으로 증명하는 행위로서 운전면허증 교부가 이에 해당한다.
④ 통지는 특정·불특정의 상대방에 대하여 특정한 사실을 알리는 행위로서 시험합격자 결정이 이에 해당한다.

27
법치행정의 원칙에 관한 설명으로 가장 적절하지 않은 것은? (다툼이 있는 경우 판례에 의함)

① 법률우위원칙은 행정의 종류를 불문하고 모든 행정 영역에 적용된다.
② 법률유보원칙은 법률에 의한 규율을 뜻하므로 위임입법에 의해 기본권 제한을 할 수 없다.
③ 헌법상 보장된 국민의 자유나 권리를 제한할 때에는 적어도 그 제한의 본질적인 사항에 관하여 국회가 법률로써 스스로 규율하여야 한다.
④ 행정기본법은 행정의 원칙과 기본사항을 규정하여 행정의 민주성과 적법성을 확보하고 적정성과 효율성을 향상시킴으로써 국민의 권익 보호에 이바지함을 목적으로 한다.

28

「개인정보 보호법」상 '개인정보 보호 원칙'에 관한 설명으로 가장 적절하지 않은 것은?

① 개인정보처리자는 개인정보 처리방침 등 개인정보의 처리에 관한 사항에 관해서는 비공개 정책을 취해야 한다.
② 개인정보처리자는 개인정보의 처리 목적에 필요한 범위에서 개인정보의 정확성, 완전성 및 최신성이 보장되도록 하여야 한다.
③ 개인정보처리자는 정보주체의 사생활 침해를 최소화하는 방법으로 개인정보를 처리하여야 한다.
④ 개인정보처리자는 개인정보를 익명 또는 가명으로 처리하여도 개인정보 수집목적을 달성할 수 있는 경우 익명처리가 가능한 경우에는 익명에 의하여, 익명처리로 목적을 달성할 수 없는 경우에는 가명에 의하여 처리될 수 있도록 하여야 한다.

29

행정상 의무이행 확보수단에 관한 설명으로 가장 적절하지 않은 것은? (다툼이 있는 경우 판례에 의함)

① 이행강제금은 행정상 강제집행의 수단으로 과거의 위반에 대한 의무이행을 확보하기 위한 것인 데 반해 형사처벌은 장래를 향한 의무이행을 확보하는 것을 주된 목적으로 한다. 따라서 양자 병과 될 수 있으며, 헌법상 이중처벌 금지의 원칙에 위반되지 않는다.
② 경찰서장이 범칙행위에 대하여 통고처분을 한 이상 통고처분에서 정한 범칙금 납부기간까지는 원칙적으로 경찰서장은 즉결심판을 청구할 수 없다.
③ 경찰상 실효성 확보수단 중 간접적인 실효성 확보수단은 집행벌, 경찰벌, 공급거부, 명단공개, 관허사업의 제한등이 있다.
④ 질서위반행위에 대하여 과태료 부과의 근거 법률이 개정되어 행위 시의 법률에 의하면 과태료 부과대상이었지만 재판 시의 법률에 의하면 과태료 부과대상이 아니게 된 때에는 개정 법률의 부칙에서 종전 법률 시행 당시에 행해진 질서위반행위에 대해서는 행위 시의 법률을 적용하도록 특별한 규정을 두지 않은 이상 재판 시의 법률을 적용하여야 하므로 과태료를 부과할 수 없다.

30
「행정절차법」상 확약에 관한 설명으로 옳지 않은 것은?

① 행정청은 확약이 위법한 경우에는 확약에 기속되지 아니한다.
② 행정청은 확약이 ①에 해당하여 확약을 이행할 수 없는 경우에는 당사자에게 통지할 의무가 없다.
③ 행정청은 다른 행정청과의 협의 등의 절차를 거쳐야 하는 처분에 대하여 확약을 하려는 경우에는 확약을 하기 전에 그 절차를 거쳐야 한다.
④ 확약은 문서로 하여야 한다.

31
「행정심판법」상 행정심판에 관한 설명으로 가장 적절하지 않은 것은?

① 행정심판은 처분이 있음을 알게 된 날부터 90일 이내에 청구하여야 한다.
② 행정심판위원회는 처분, 처분의 집행 또는 절차의 속행 때문에 중대한 손해가 생기는 것을 예방할 필요성이 긴급하다고 인정할 때에는 직권으로 또는 당사자의 신청에 의하여 처분의 효력, 처분의 집행 또는 절차의 속행의 전부 또는 일부의 정지를 결정할 수 있다.
③ 행정심판위원회는 심판청구가 이유가 있다고 인정하는 경우에도 이를 인용(認容)하는 것이 공공복리에 크게 위배된다고 인정하면 그 심판청구를 기각하는 재결을 할 수 있다.
④ 행정심판의 재결에 불복하는 경우 그 재결 및 같은 처분 또는 부작위에 대하여 다시 행정심판을 청구할 수 있다.

32
「경찰관 직무집행법」상 불심검문에 대한 설명으로 가장 적절한 것은? (다툼이 있으면 판례에 의함)

① 경찰관은 이미 행하여진 범죄나 행하여지려고 하는 범죄행위에 관한 사실을 안다고 인정되는 사람을 정지시켜 질문하여야 한다.
② 경찰관은 ①에 따른 사람을 정지시킨 장소에서 질문을 하는 것이 그 사람에게 불리하거나 교통에 방해가 된다고 인정될 때에는 질문을 하기 위하여 가까운 경찰서·지구대·파출소 또는 출장소(지방해양경찰관서 포함하며, 이하 "경찰관서"라 함)로 동행할 것을 요구할 수 있다. 이 경우 동행을 요구받은 사람은 그 요구를 거절할 수 없다.
③ 경찰관은 ②에 따라 동행한 사람을 6시간을 초과하여 경찰관서에 머물게 할 수 없으며, 질문을 받거나 동행을 요구받은 사람은 형사소송에 관한 법률에 따르지 아니하고는 신체를 구속당하지 아니하며, 그 의사에 반하여 답변을 강요당하지 아니한다.
④ 임의동행은 상대방의 동의 또는 승낙을 그 요건으로 하는 것이므로 경찰관으로부터 임의동행 요구를 받은 경우 상대방은 이를 거절할 수 있을 뿐만 아니라 임의동행 후 언제든지 경찰관서에서 퇴거할 자유가 있다 할 것이고, 경찰관 직무집행법 제3조 제6항이 '임의동행한 경우 당해인을 6시간을 초과하여 경찰관서에 머물게 할 수 없다'고 규정하고 있어 그 규정에 따라 임의동행한 자를 6시간 동안 경찰관서에 구금하는 것을 허용한다.

33

「경찰관 직무집행법」에 대한 설명이다. 다음 빈칸에 들어갈 말로 옳게 연결된 것은?

> ㉠ (　　)은 대간첩 작전의 수행이나 소요사태의 (　　)을 위하여 필요하다고 인정되는 상당한 이유가 있을 때에는 작전지역이나 경찰관서·무기고 등 국가중요시설에 대한 접근 또는 통행을 제한하거나 금지할 수 있다.
> ㉡ (　　)은 직무 수행에 필요하다고 인정되는 상당한 이유가 있을 때에는 국가기관이나 공사단체 등에 직무수행에 관련된 사실을 조회할 수 있다.
> ㉢ (　　)은 이 법에 따라 경찰관의 직무수행을 위하여 외국 정부기관, 국제기구 등과 자료교환, 국제협력 활동 등을 할 수 있다.
> ㉣ (　　), 분사기, 최루탄, 무기를 사용하는 경우 그 책임자는 사용 일시장소, 대상, 현장책임자, 종류, 수량 등을 기록하여 보관하여야 한다.

① ㉠ 경찰청장, 진압　㉡ 경찰관서의 장
　㉢ 경찰청장　　　　㉣ 가스차
② ㉠ 경찰관서의 장, 예방　㉡ 경찰청장
　㉢ 경찰관서의 장　　㉣ 가스차
③ ㉠ 경찰청장, 예방　㉡ 경찰관서의 장
　㉢ 경찰관서의 장　　㉣ 살수차
④ ㉠ 경찰관서의 장, 진압　㉡ 경찰관서의 장
　㉢ 경찰청장　　　　㉣ 살수차

34

「경찰관 직무집행법」상 경찰착용기록장치의 사용에 관한 설명으로 가장 적절하지 않은 것은?

① "경찰착용기록장치"란 경찰관이 신체에 착용 또는 휴대하여 직무수행 과정을 근거리에서 영상으로만 기록할 수 있는 기록장치 또는 그 밖에 이와 유사한 기능을 갖춘 기계장치를 말한다.
② 경찰착용기록장치는 사람의 생명·신체에 위해를 끼치거나 재산에 중대한 손해를 끼칠 우려가 있는 범죄행위를 긴급하게 예방 및 제지하는 경우 경찰관은 직무 수행을 위하여 필요한 경우에는 필요한 최소한의 범위에서 사용할 수 있다.
③ 경찰청장은 경찰착용기록장치로 기록한 영상·음성을 저장하고 데이터베이스로 관리하는 영상음성기록정보 관리체계를 구축·운영하여야 한다.
④ 그 밖에 경찰착용기록장치의 사용기준 및 관리 등에 필요한 사항은 대통령령으로 정한다.

35

「112신고의 운영 및 처리에 관한 법률」과 「112치안종합상황실 운영 및 신고처리 규칙」에 대한 설명으로 가장 적절한 것은?

① 「112신고의 운영 및 처리에 관한 법률」상 경찰청장등은 112신고를 처리하는 과정에서 재난·재해, 범죄 또는 그 밖의 위급한 상황이 발생하여 사람의 생명·신체를 위험하게 할 것으로 인정할 때에는 일정한 구역을 정하여 그 구역에 있는 사람에게 그 구역 밖으로 피난할 것을 명할 수 있다.
② 「112신고의 운영 및 처리에 관한 법률」상 경찰청장등은 어떠한 경우에도 112신고에 사용된 전화번호, 112신고자의 이름·주소·성별·나이·음성과 그 밖에 112신고자를 특정하거나 유추하는데 사용될 수 있는 일체의 정보(이하 "112신고자 정보"라 한다)를 수집·이용 또는 제공하여서는 아니 된다.
③ 「112치안종합상황실 운영 및 신고처리 규칙」상 112근무요원은 접수한 신고의 내용이 코드 3 신고의 유형에 해당하는 경우에는 출동 경찰관에게 지령하지 않고 자체 종결하거나, 담당 부서 또는 112신고 관계 기관에 신고내용을 통보하여 처리하도록 조치해야 한다.
④ 「112치안종합상황실 운영 및 신고처리 규칙」상 112근무요원의 근무기간은 1년 이상으로 한다.

36

「아동학대범죄의 처벌 등에 관한 특례법」에 대한 설명으로 가장 적절하지 않은 것은?

① 아동학대범죄 신고를 접수한 사법경찰관리나 아동학대전담공무원이 동행하여 현장출동하지 아니한 경우, 수사기관의 장이나 시·도지사 또는 시장·군수·구청장은 현장출동에 따른 조사 등의 결과를 서로에게 통지할 수 있다.
② 아동학대범죄 신고를 접수한 사법경찰관리나 아동학대전담공무원은 지체 없이 아동학대범죄의 현장에 출동하여야 한다. 이 경우 수사기관의 장이나 시·도지사 또는 시장·군수·구청장은 서로 동행하여 줄 것을 요청할 수 있다.
③ 검사는 아동학대범죄사건의 증인이 피고인 또는 그 밖의 사람으로부터 생명·신체에 해를 입거나 입을 염려가 있다고 인정될 때에는 관할 경찰서장에게 증인의 신변안전을 위하여 필요한 조치를 할 것을 요청하여야 한다.
④ '피해아동등을 연고자 등에게 인도'를 하는 때에는 피해아동등의 이익을 최우선으로 고려하여야 하며, 피해아동등을 보호하여야 할 필요가 있는 등 특별한 사정이 있는 경우를 제외하고는 피해아동등의 의사를 존중하여야 한다.

37
경비경찰 '조직운영의 원리'에 대한 설명으로 가장 적절하지 않은 것은?

① 부대단위활동의 원칙 – 부대단위로 활동을 할 때에 반드시 지휘관이 있어야 하는 것은 아니다.
② 치안협력성의 원칙 – 업무수행과정에서 국민의 신뢰를 바탕으로 국민과 협력을 이루어야 하고 국민이 스스로 협조해 줄 때 효과적으로 목적달성이 가능하다.
③ 체계통일성의 원칙 – 상하계급 간 일정한 관계가 형성되고 책임과 임무의 분담이 명확히 이루어지고 명령과 복종의 체계가 통일되어야 한다는 것으로 경찰조직 간 체계가 확립되어야만 타 기관과도 상호응원이 가능하게 된다.
④ 지휘관 단일성의 원칙 – 지시는 한 사람에 의해서 행해져야 하고, 보고도 한 사람을 통해서 이루어져야 한다.

38
개인형 이동장치(PM)에 대한 설명으로 옳지 않은 것은?

① 개인형 이동장치(PM)란 「도로교통법」상 원동기장치자전거 중 차체중량이 30kg 미만이고 시속 25km 이상으로 운행할 경우 원동기가 작동하지 아니한 것 중 행정안전부령으로 정한 것을 말한다.
② 개인형 이동장치(PM)는 음주측정거부에 해당하는 경우 범칙금 13만원이 부과된다.
③ 개인형 이동장치(PM)는 「특정범죄 가중처벌 등에 관한 법률」상 도주차량 가중처벌 규정을 적용하지 않는다.
④ 개인형 이동장치의 운전자는 행정안전부령으로 정하는 승차정원을 초과하여 동승자를 태우고 개인형 이동장치를 운전하여서는 아니 된다.

39
정보의 순환과정에 대한 다음 설명 중 틀린 것은 모두 몇 개인가?

> ⊙ 정보의 순환과정은 첩보의 수집 → 정보의 요구 → 정보의 생산 → 정보의 배포 순이다.
> ⓒ 각 단계는 각각 소순환과정을 거치며 전체 순환에 연결되고, 정보의 순환은 연속적 또는 동시에 이루어질 수도 있다.
> ⓒ 정보는 먼저 생산되었다고 우선적으로 배포하는 것이 아니라 정보의 배포 순위는 정보의 중요성과 긴급성에 따라 결정된다. 정보사용자가 해당 정보를 필요로 하는지, 필요로 하는 시기는 언제인지 등을 고려하여 중요하고 긴급한 정보를 우선적으로 배포하여야 한다.
> ② 첩보수집단계의 소순환과정은 첩보의 기본요소 결정 → 첩보수집계획서의 작성 → 명령·하달 → 수집활동에 대한 조정·감독 순이다.
> ⑩ 정보의 순환과정 중 가장 중요하고도 어려운 단계는 정보의 생산단계이다.
> ⑭ 정보배포단계의 소순환과정은 선택 → 기록 → 평가 → 분석 → 종합 → 해석이다.

① 1개　　② 2개
③ 3개　　④ 4개

40
「범죄인 인도법」에 대한 설명으로 가장 적절한 것은?

① 범죄인 인도심사 및 그 청구와 관련된 사건은 각 관할구역 고등법원과 고등검찰청의 전속관할로 한다.
② 범죄인 인도에 관하여 인도조약에 「범죄인 인도법」과 다른 규정이 있는 경우에는 「범죄인 인도법」을 우선한다.
③ 법무부장관은 청구국으로부터 범죄인의 긴급인도구속을 청구받았을 때에는 긴급인도구속 청구서와 관련 자료를 외교부장관에게 송부하여야 한다.
④ 법원은 범죄인이 인도구속영장에 의하여 구속 중인 경우에는 구속된 날부터 2개월 이내에 인도심사에 관한 결정을 하여야 한다.

01

대륙법계와 영미법계의 경찰개념에 대한 설명으로 옳지 않은 것은 모두 몇 개인가?

> ㉠ 경찰이라는 용어는 그리스 politeia와 라틴어의 politia에서 유래하였으며, 도시국가의 국가작용 가운데 정치를 제외한 일체의 영역을 의미하였다.
> ㉡ 14세기 말 프랑스의 경찰개념이 독일에 계수되어 양호한 질서를 포함한 국가행정 전반을 포괄하는 의미로 사용되었다.
> ㉢ 경찰의 직무를 공공의 안녕, 질서유지에 한정한 것과 관계가 깊은 것으로는 1794년 독일 프로이센 일반란트법, 1882년 Kreuzberg 판결, 1795년 프랑스 경죄처벌법전, Blanco 판결이 있다.
> ㉣ 18세기 이후 계몽주의, 천부인권(天賦人權) 사상을 이념으로 한 법치국가의 발전으로 경찰권의 발동은 소극적 위험방지 분야에 국한되는 것으로 이해하게 되었다.
> ㉤ 대륙법계 경찰의 업무범위는 국정전반 → 내무행정 → 보안경찰 → 위험방지순으로 변화하였다.

① 2개 ② 3개
③ 4개 ④ 5개

02

다음 중 경찰의 분류에 대한 설명으로 가장 적절하지 않은 것은?

① 한국에서는 보통경찰기관이 행정경찰 및 사법경찰 업무를 모두 담당한다.
② 범죄수사·다중범죄진압, 교통위반자에 대한 통고처분 등은 질서경찰에 해당한다.
③ 고등경찰과 보통경찰의 구별은 프랑스에서 유래한 것으로 경찰에 의하여 보호되는 법익을 기준으로 한 구별이다.
④ 국가경찰제도는 타 행정부문과의 긴밀한 협조·조정이 원활하지만, 자치경찰제도에 비해 지방세력과 연결되면 경찰부패가 초래할 수 있고, 정실주의에 대한 우려가 있다.

03

다음은 경찰활동의 기본이념에 대한 설명이다. 옳지 않게 연결된 것은?

> ㉠ 경찰권은 국민에게 있고, 그 권력은 국민으로부터 나온다.
> ㉡ 수사경찰이 피의자 등을 대면하는 과정에서 가장 요구된다.
> ㉢ 성과급제도 확대
> ㉣ 경찰은 특정 정당 기타 정치단체의 이익이나 이념을 위해 활동해서는 안되며, 오로지 주권자인 전체 국민과 국가의 이익을 위해 활동해야 한다.

① ㉠ - 민주주의
② ㉡ - 법치주의
③ ㉢ - 경영주의
④ ㉣ - 정치적 중립주의

04

사회학적 범죄학 이론 중에서 사회과정원인론으로 분류하기에 옳지 않은 이론을 설명한 것은?

① 범죄자는 자신의 행위를 정당화하거나 합리화하기 위해 스스로를 설득하는 일련의 기술과 방법을 사용하며, 이는 비행의 원인을 사회적 상호작용에서 찾는다고 주장한다.
② 사람들은 목표와 규범을 내면화하고 사회적 규범에 전념함으로써 범죄를 예방할 수 있다고 주장한다.
③ 사람들을 '잠재적 범죄자'로 간주하고 사회적 결속과 유대의 약화로 인해 비행이 발생한다고 주장한다.
④ 하류계층 청소년들은 '지위좌절'이라는 갈등의 형태를 경험하면서 중류계층의 가치관에 대한 적대적 반응을 갖게 되고, 목표달성의 어려움을 극복하기 위해 자신들만의 하위문화를 만들게 된다고 주장한다.

05

다음 중 범죄통제활동에 대한 설명으로 가장 적절한 것은?

① C. R. Jeffery는 범죄통제모델로 형벌을 통한 범죄억제 모델, 범죄자의 처벌을 통한 사회복귀 모델, 사회환경개선을 통한 범죄통제 모델을 제시하였다.
② 미국범죄예방연구소는 범죄예방은 범죄욕구나 범죄기술에 대한 예방이 아니라 범죄기회를 감소시키려는 사전활동, 직접적 통제활동이라고 정의한다.
③ Steven. P. Lab은 범죄예방은 실제의 범죄발생과 범죄에 대한 공중의 두려움(심리적 측면)을 줄이는 사후활동이라고 정의한다.
④ 범죄예방에 질병의 예방과 치료의 개념을 도입하여 소개한 브랜팅햄(P. J. Brantingham)과 파우스트(F. L. Faust)는 범죄예방을 1차적 범죄예방, 2차적 범죄예방, 3차적 범죄예방으로 나누고 있다. 범죄예방 대상의 1차적 예방은 범죄자이고, 2차적 예방은 우범자나 우범집단, 3차적 예방은 일반대중이 주요 대상이라고 할 수 있다.

06

다음은 환경설계를 통한 범죄예방(CPTED)에 대한 설명이다. 〈보기 1〉과 〈보기 2〉의 내용이 가장 적절하게 연결된 것은?

〈보기 1〉

(가) 어떤 시설물이나 공공장소를 처음 설계된 대로 지속적으로 이용될 수 있도록 관리함으로써 범죄예방을 위한 환경설계의 장기적이고 지속적인 효과를 유지하는 원리
(나) 건축물이나 시설물 설계 시 가시권을 최대한 확보, 외부침입에 대한 감시기능을 확대함으로써 범죄행위의 발견 가능성을 증가시키고 범죄기회를 감소시킬 수 있다는 원리
(다) 일정한 지역에 접근하는 사람들을 정해진 공간으로 유도하거나 외부인의 출입을 통제하도록 설계함으로써 접근에 대한 심리적 부담을 증대시켜 범죄를 예방하는 원리
(라) 지역사회 설계 시 주민들이 모여서 상호의견을 교환하고 유대감을 증대할 수 있는 공공장소를 설치하고 이용하도록 함으로써 '거리의 눈'을 활용한 자연적 감시와 접근통제의 기능을 확대하는 원리

〈보기 2〉

㉠ 조명, 조경, 가시권 확대를 위한 건물의 배치
㉡ 놀이터·공원의 설치, 벤치·정자의 위치 및 활용성에 대한 설계
㉢ 파손의 즉시보수, 청결유지, 조명·조경의 관리
㉣ 방범창, 통행로의 설계, 출입구의 최소화

	(가)	(나)	(다)	(라)
①	㉢	㉠	㉣	㉡
②	㉣	㉠	㉢	㉡
③	㉢	㉠	㉣	㉡
④	㉣	㉡	㉢	㉠

07

지역사회 경찰활동(Community Policing)에 관한 설명으로 가장 적절하지 않은 것은?

① 경찰-지역사회 관계(PCR)는 경찰과 지역주민 사이에 좋은 관계를 유지하고 경찰활동을 널리 지역주민에게 이해시키고, 범죄예방활동에 지역주민을 적극적으로 참여시켜 협력해 주도록 하는 경찰활동을 말한다.
② 증거기반 경찰활동(evidence-based policing)은 경찰정책과 의사결정에 있어서 과학적·의학적 증거에 기반하여 증거의 개발, 검토, 활용을 위해 경찰관 및 직원이 연구기관과 함께 활동하는 접근방법이다.
③ 문제지향적 경찰활동(POP)은 경찰과 지역사회가 전통적인 경찰업무로 해결할 수 없거나 그것의 해결을 위하여 특별히 관심을 필요로 하는 사안들에 있어서 그 상황에 맞는 대안을 개발하기 위해 노력하는 활동에 주력한다.
④ 전통적 경찰활동(TP) → 지역사회 경찰활동(CP) 경찰 → 지역사회 관계(PCR)의 순서는 경찰과 주민 간의 관계가 점차적으로 발전하고, 주민 참여와 협력이 강화되는 과정이다.

08

경찰의 부패에 관한 설명 중 가장 적절하지 않은 것은?

① 'Dirty Harry 문제'는 도덕적으로 선한 목적을 위해 윤리적, 정치적, 혹은 법적으로 더러운 수단을 동원하는 것이 적절한가와 관련된 딜레마적 상황이다.
② 윌슨(Wilson)의 전체사회가설은 시카고 경찰의 부패 원인 중 하나로 '시카고 시민이 경찰을 부패시켰다'라는 주장이 거론된 것처럼 시민사회가 경찰관의 부패를 묵인하거나 용인할 때 경찰관이 부패 행위에 빠져들게 된다라고 주장하였다.
③ 경찰관A는 부서에서 많은 동료들이 단독 출장을 가면서도 공공연하게 두 사람의 출장비를 청구하고 퇴근 후 잠깐 들러서 시간외 근무를 한 것으로 퇴근시간을 허위 기록되게 하는 것을 보고, 경찰관A도 동료들과 같은 행동을 한 것은 전체사회가설과 관련이 있다.
④ 음주운전으로 징계처분을 받은 적이 있는 경찰관B가 다시 음주운전으로 적발되어 징계위원회에 회부된 것은 썩은사과 이론과 관련이 있다.

09

다음에서 설명하는 경찰문화를 극복하기 위한 방안으로 가장 적절하지 않은 것은?

> 경찰서에서 최근 업무 효율화를 위한 새로운 방침을 도입하겠다고 발표하자, B경위는 "이번에도 보여주기식으로 끝나겠지. 내가 나설 이유가 없잖아."라며 냉소적인 태도를 보였다. 그는 일상적으로 조직에 대한 신뢰가 낮으며, 변화를 시도할 의욕이 부족한 인물이다.

① 현장 경찰관들이 주요 의사결정에 참여할 수 있는 기회를 확대한다.
② 업무 성과에 대한 보상 체계를 강화하고, 관리층이 일정 수준의 권한을 부여받아 책임감을 가질 수 있도록 지원한다.
③ 상사와 부하 간 신뢰 형성을 위해 다양한 프로그램을 운영한다.
④ 상급자의 지시 방식에 변화를 주어 명령만 내리는 방식을 줄이고, 하위 직원들의 의견을 반영할 수 있는 소통 방식을 구축한다.

10

「부정청탁 및 금품등 수수의 금지에 관한 법률」 제14조에서 규정하고 있는 '신고의 처리'에 대한 설명으로 가장 적절한 것은?

① 조사기관은 같은 신고를 받거나 국민권익위원회로부터 신고를 이첩받은 경우에는 그 내용에 관하여 필요한 조사·감사 또는 수사를 할 수 있다.
② 국민권익위원회가 제13조제1항(위반행위의 신고)에 따른 신고를 받은 경우에는 그 내용에 관하여 신고자를 상대로 사실관계를 확인한 후 대통령령으로 정하는 바에 따라 조사기관에 이첩하고, 그 사실을 신고자에게 통보할 수 있다.
③ 국민권익위원회는 조사기관의 조사·감사 또는 수사 결과가 충분하지 아니하다고 인정되는 경우에는 조사·감사 또는 수사 결과를 통보받은 날부터 30일 이내에 새로운 증거자료의 제출 등 합리적인 이유를 들어 조사기관에 재조사를 요구할 수 있다.
④ ③에 따른 재조사를 요구받은 조사기관은 재조사를 종료한 날부터 7일 이내에 그 결과를 국민권익위원회에 통보하여야 한다. 이 경우 국민권익위원회는 통보를 받은 후 7일 이내에 신고자에게 재조사 결과의 요지를 알려야 한다.

11

「경찰청 공무원 행동강령」 제16조의3(직무관련자와 골프 및 사적 여행 제한)에 따르면 공무원은 직무관련자와는 비용 부담 여부와 관계없이 골프를 같이 하여서는 아니 된다. 다음 중 그 예외로 규정하지 않은 것은?

① 정책의 수립·시행을 위한 의견교환 또는 업무협의 등 사적인 목적을 위하여 필요한 경우
② 직무관련자인 친족과 골프를 하는 경우
③ 동창회 등 친목단체에 직무관련자가 있어 부득이 골프를 하는 경우
④ 그 밖에 위 ①~③과 유사한 사유로 부득이하다고 인정되는 경우

12
다음 중 소극행정 내용으로 옳지 않은 것은?

① 소극행정이란 공무원이 부작위 또는 직무태만 등 소극적 업무행태로 국민의 권익을 침해하거나 국가재정상 손실을 발생하게 하는 행위를 의미한다.
② 탁상행정은 법령이나 지침 등의 변화에도 불구하고 과거 규정에 따라 업무를 처리하거나, 기존의 불합리한 업무관행을 그대로 답습하는 행태를 말한다.
③ 직무태만은 통상적으로 요구되는 정도의 노력이나 주의의무를 기울이지 않고, 업무를 부실·부당하게 처리하는 것을 의미한다.
④ 여기에서 부작위는 공무원이 짧은 기간에 이행해야 할 직무상 의무가 있는데도 이를 이행하지 아니하는 것을 의미한다.

13
다음 임시정부의 경찰활동에 대한 설명으로 가장 적절하지 않은 것은?

① 임시정부경찰은 임시정부의 법령에 의하여 설치된 정식 치안조직이었다.
② 1943년 대한민국 잠행관제에 근거하여 설치된 중경시기 경위대는 일반 경찰사무, 인구조사, 징병 및 징발, 국내 정보 및 적 정보수집 등의 업무를 수행하였다.
③ 창설 이후 광복에 이르는 시기까지 임시정부경찰의 주된 임무는 임시정부의 수호였다.
④ 의경대는 교민사회의 안녕과 질서유지를 담당하였는데, 의경대의 교민사회 유지활동은 결국 임시정부 수호에도 기여하였다.

14
20세기 초 미국경찰에 대한 설명으로 적절하지 않은 것은?

① '경찰로부터의 정치분리와 정치로부터의 경찰분리'를 기본목표로 리차드 실베스타(Richard Sylvester)와 오거스트 볼머(August Vollmer) 등에 의해 경찰 전문직화가 추진 되었다.
② 위커샴 위원회(Wickersham Commission) 보고서에서는 경찰전문성 향상을 위해 경찰관 채용기준 강화, 임금 및 복지개선, 교육훈련 증대의 필요성이 제기되었다.
③ 윌슨(O. W. Wilson)은 1인 순찰제와 도보순찰의 효과성에 관한 체계적인 연구를 수행했다.
④ 시어도어 루즈벨트(Theodore Roosevelt) 대통령의 지시로 1908년 법무부 소속의 수사국(Bureau of Investigation)이 창설되었다. 1935년 프랭클린 D. 루즈벨트(Franklin D. Roosevelt) 대통령 시기에 법무부 수사국이 미국 연방범죄수사국(Federal Bureau of Investigation, FBI)으로 개칭되었다.

15
다음 중 경찰조직의 편성원리에 대한 설명으로 옳고 그름의 표시(O, X)가 모두 바르게 된 것은?

> ㉠ 계층제의 원리 – 계층이 많아질수록 업무처리과정이 지연되고 많은 비용을 발생시키고 계층간 갈등이 증가하게 되며, 조직의 경직화를 가져와 환경변화에 대한 조직의 신축적 대응을 어렵게 하고 새로운 지식·기술 등 도입이 곤란하다.
> ㉡ 통솔범위의 원리 – 신설조직보다 기성조직에서, 단순반복 업무보다 전문적 사무를 담당하는 조직에서 상관이 많은 부하직원을 통솔할 수 있다.
> ㉢ 명령통일의 원리 – 상위직에 부여된 권한과 책임을 하위자에게 분담시키는 권한의 위임제도를 적절히 활용하여 명령통일의 한계를 완화할 수 있다.
> ㉣ 조정과 통합의 원리 – 조직의 구조, 보상체계, 인사 등의 제도개선과 조직원의 행태를 합리적으로 개선하는 것은 갈등의 단기적인 대응방안이다.
> ㉤ 분업의 원리 – 전문화와 분업화의 정도가 높아질수록 조정과 통합의 필요성이 높아지므로 양자는 반비례 관계이다.

① ㉠ (O) ㉡ (X) ㉢ (O) ㉣ (X) ㉤ (O)
② ㉠ (O) ㉡ (O) ㉢ (X) ㉣ (O) ㉤ (O)
③ ㉠ (O) ㉡ (X) ㉢ (O) ㉣ (X) ㉤ (X)
④ ㉠ (X) ㉡ (X) ㉢ (O) ㉣ (O) ㉤ (X)

16
다음 중 동기부여 이론에 대한 설명으로 가장 옳지 않은 것은?

① 허즈버그(Herzberg)의 동기-위생이론에 따르면 욕구가 충족되었다고 해서 모두 동기부여로 이어지는 것이 아니고 어떤 욕구는 충족되어도 단순히 불만을 예방하는 효과밖에 없다. 이러한 불만 예방효과만 가져오는 요인을 동기요인이라고 설명한다.
② 아담스(Adams)의 형평성이론에 의하면 인간은 자신의 투입에 대한 산출의 비율이 비교대상의 투입에 대한 산출의 비율보다 크거나 작다고 지각하면 불형평성을 느끼게 되고 이에 따른 심리적 불균형을 해소하기 위하여 형평성 추구의 행동을 작동시키는 동기가 유발된다고 본다.
③ 매슬로우(Maslow)는 인간의 욕구의 우선순위를 생리적 욕구(Physiological Needs), 안전의 욕구(Safety Needs), 사회적 욕구(Social Needs), 존경의 욕구(Esteem Needs), 자기실현 욕구(Self-actualization Needs)로 구분하였다.
④ 브룸(Vroom)의 기대이론에 의하면 동기의 정도는 노력을 통해 얻게 될 중요한 산출물인 목표달성, 보상, 만족에 대한 주관적 믿음에 의하여 결정되는데 특히 성과와 보상 간의 관계에 대한 인식인 수단성의 정도가 동기부여의 주요한 요인이다.

17
「경찰장비관리규칙」에서 '차량관리'에 관한 내용으로 틀린 것은?

① 차량교체를 위한 불용 대상차량은 부속기관 및 시·도경찰청에 배정되는 수량의 범위 내에서 내용연수 경과 여부 등 차량사용기간을 최우선적으로 고려하여 선정한다.
② 사용기간이 동일한 경우에는 차량사용기간과 차량의 노후상태, 사용부서 등을 종합적으로 검토 예산낭비 요인이 없도록 신중하게 선정한다.
③ 부속기관 및 시·도경찰청의 장은 다음 년도에 소속기관의 차량정수를 증감시킬 필요가 있을 때에는 매년 3월말까지 다음 년도 차량정수 소요계획을 경찰청장에게 제출하여야 한다.
④ 부속기관 및 시·도경찰청은 소속기관 차량 중 다음 년도 교체대상 차량을 매년 11월 말까지 경찰청장에게 보고하여야 한다.

18
「경찰청 보안업무규정 시행세칙」에서 제한구역에 해당하는 것은 모두 몇 개인가?

| ㉠ 사건기록관·사건기록보관실 |
| ㉡ 정보보안기록실 |
| ㉢ 비밀발간실 |
| ㉣ 시·도경찰청 항공대 |
| ㉤ 정보통신실 |

① 2개　　② 3개
③ 4개　　④ 5개

19
「언론중재 및 피해구제 등에 관한 법률」상 조정 및 중재에 관한 설명으로 옳지 않은 것은?

① 언론중재위원회는 40명 이상 90명 이내의 중재위원으로 구성하며, 위원장 1명과 2명 이내의 부위원장 및 2명 이내의 감사를 두는데, 위원장·부위원장·감사 및 중재위원의 임기는 각각 3년으로 하며, 한 차례만 연임할 수 있다.
② 정정보도청구등과 손해배상의 조정신청은 정정보도 청구의 요건 또는 추후보도청구 기간 이내에 서면 또는 구술이나 그 밖에 대통령령으로 정하는 바에 따라 전자문서 등으로 하여야 하며, 피해자가 먼저 언론사등에 정정보도청구등을 한 경우에는 피해자와 언론사등 사이에 협의가 불성립된 날부터 14일 이내에 하여야 한다.
③ 출석요구를 받은 신청인 2회에 걸쳐 출석하지 아니한 경우에는 정정보도등을 이행하기로 합의한 것으로 보며, 피신청 언론사등이 2회에 걸쳐 출석하지 아니한 경우에는 조정신청 취지에 따라 조정 신청을 취하한 것으로 본다.
④ 당사자 양쪽은 정정보도청구등 또는 손해배상의 분쟁에 관하여 중재부의 종국적 결정에 따르기로 합의하고 중재를 신청할 수 있다.

20

「경찰청 감사 규칙」상 감사관의 감사결과에 대한 처리기준으로서 옳지 않은 것은?

① 감사결과 법령상·제도상 또는 행정상 모순이 있거나 그 밖에 개선할 사항이 있다고 인정되는 경우 개선요구를 하여야 한다.
② 감사결과 위법 또는 부당하다고 인정되는 사실이 있으나 그 정도가 징계 또는 문책사유에 이르지 아니할 정도로 경미하거나 감사대상기관 또는 부서에 대한 제재가 필요한 경우에 경고·주의 요구를 하여야 한다.
③ 감사결과 문제점이 인정되는 사실이 있어 그 대안을 제시하고 감사대상기관의 장 등으로 하여금 개선방안을 마련하도록 할 필요가 있는 경우에 권고를 하여야 한다.
④ 감사결과 위법 또는 부당하다고 인정되는 사실이 있어 추징·회수·환급·추급 또는 원상복구 등이 필요하다고 인정되는 경우 징계 또는 문책요구를 하여야 한다.

21

「국가경찰과 자치경찰의 조직 및 운영에 관한 법률」과 「국가경찰위원회 규정」상 국가경찰위원회에 대한 설명이다. 아래 ㉠부터 ㉤까지 설명 중 옳고 그름의 표시(O, X)가 바르게 된 것은?

> ㉠ 국가경찰위원회 위원은 행정안전부장관의 제청으로 국무총리를 거쳐 대통령이 임명한다.
> ㉡ 경찰청장은 국가경찰위원회의 의결사항이 부적당하다고 판단될 때에는 재의를 요구할 수 있다.
> ㉢ 행정안전부장관은 국가경찰위원회에서 심의·의결된 내용이 적정하지 아니하다고 판단할 때에는 재의를 요구할 수 있으며, 재의를 요구하는 경우에는 의결한 날부터 7일 이내에 재의요구서를 위원회에 제출하여야 한다.
> ㉣ 위원장은 재의요구가 있는 경우에는 그 요구를 받은 날부터 10일 이내에 회의를 소집하여 다시 의결하여야 한다.
> ㉤ 위원장이 사고가 있을 때에는 위원장이 미리 지명한 위원으로 위원장의 직무를 대리한다.

① ㉠ (O) ㉡ (O) ㉢ (X) ㉣ (O) ㉤ (X)
② ㉠ (X) ㉡ (X) ㉢ (O) ㉣ (X) ㉤ (O)
③ ㉠ (X) ㉡ (X) ㉢ (X) ㉣ (X) ㉤ (X)
④ ㉠ (O) ㉡ (X) ㉢ (X) ㉣ (X) ㉤ (X)

22

「국가경찰과 자치경찰의 조직 및 운영에 관한 법률」에 대한 설명으로 옳지 않은 것은?

① 시·도경찰청에 시·도경찰청장을 두며, 시·도경찰청장은 치안정감·치안감 또는 경무관으로 보한다.
② 시·도자치경찰위원회는 자치경찰사무에 대해 심의·의결을 통하여 시·도경찰청장을 지휘·감독한다. 다만, 시·도자치경찰위원회가 심의·의결할 시간적 여유가 없거나 심의·의결이 곤란한 경우 대통령령으로 정하는 바에 따라 시·도자치경찰위원회의 지휘·감독권을 시·도경찰청장에게 위임한 것으로 본다.
③ 경찰서장 소속으로 지구대 또는 파출소를 두고, 그 설치기준은 치안수요·교통·지리 등 관할구역의 특성을 고려하여 행정안전부령으로 정한다. 다만, 필요한 경우에는 출장소를 둘 수 있다.
④ 시·도자치경찰위원회는 정기적으로 경찰서장의 자치경찰사무 수행에 관한 평가결과를 시·도경찰청장에게 통보하여야 하며 경찰청장은 이를 반영하여야 한다.

23

「행정업무의 운영 및 혁신에 관한 규정」에 대한 설명으로 가장 적절한 것은?

① 문서는 해당 행정기관의 장의 결재를 받아야 한다. 다만, 보조기관 또는 보좌기관의 명의로 발신하는 문서는 행정기관의 장의 결재를 받아야 한다.
② 행정기관의 장은 업무의 내용에 따라 보조기관 또는 보좌기관이나 해당 업무를 담당하는 공무원으로 하여금 위임전결하게 할 수 있으며, 그 위임전결 사항은 해당 기관의 장이 훈령이나 지방자치단체의 규칙으로 정한다.
③ ①이나 ②에 따라 결재할 수 있는 사람이 휴가, 출장, 그 밖의 사유로 결재할 수 없을 때에는 그 직무를 대리하는 사람이 위임전결하고 내용이 중요한 문서는 사후에 보고하여야 한다.
④ 보조기관 또는 보좌기관이 결재권자의 결재 전에 기안문을 검토하는 경우에 그 내용과 다른 의견이 있으면 기안문을 직접 수정할 수 없으나, 기안문 또는 별지에 그 의견을 표시하여야 한다.

24

다음 〈보기〉에 대한 설명으로 가장 적절하지 않은 것은? (다툼이 있으면 판례에 의함)

〈보기〉

가. 경찰공무원 甲의 직속 상관인 乙은 평상시에 甲이 직무수행을 태만히 하고 지시사항을 불이행하고 허위보고 등을 하여 甲의 근무태도를 교정하고 직무수행을 감독하기 위하여 직무수행의 내역을 일지 형식으로 기재하여 보고하도록 명령하였으나, 甲은 이를 시행하지 아니하였다.

나. 요인신변경호, 다중범죄진압등 특수임무를 수행하여야 하는 경찰기동대원 丙은 점심식사를 하기 위해 대기중 부식이 나쁘다는 이유로 동료 기동대원들의 점심식사를 거부한 행위를 주도하였다.

① 직속 상관 乙의 명령은 직무권한 범위 내에서 내린 정당한 명령이라 할 수 있으므로 부하 甲은 명령을 실행할 법률상 의무가 있다.
② 부하 甲의 「국가공무원법」상 복종의무 위반은 징계처분 사유에 해당할 수 있다.
③ 부하 甲의 「국가공무원법」상 복종의무 위반은 「경찰공무원법」상 형벌의 부과 대상이 될 수 있다.
④ 경찰기동대원 丙은 「국가공무원법」 제66조 제1항의 집단적 행위 금지의무를 위반하는 행위를 주도한 경우에 해당하여 징계사유에 해당할 수 있고, 2년 이하의 징역 또는 200만원 이하의 벌금에 처할 수 있다.

25

경찰개입청구권과 관련된 설명으로 가장 적절하지 않은 것은? (다툼이 있는 경우 판례에 의함)

① 독일에서 제2차 세계대전 이후 제정된 독일연방공화국기본법은 사회적 법치국가를 추구하고, 경찰개입청구권을 인정한 판결의 효시로 띠톱판결이 있다.
② 경찰관청의 개입의무가 존재한다고 하더라도 경찰권의 행사로 인하여 국민이 받는 이익이 반사적 이익인 경우에는 경찰개입청구권이 인정되지 않지만, 최근 반사적 이익의 공권화 추세에 따라 경찰개입청구권이 인정될 여지가 확대되고 있다.
③ 공무원의 직무명령의 수행으로 파생된 개인적 이익은 법률상 이익이므로 그 이익이 침해될 경우 재판을 통해 구제된다.
④ 재량권이 법적 한계(재량권의 일탈 또는 남용)를 넘은 경우에는 그 재량권 행사는 위법한 것이 되고, 단순히 재량권 행사에서 합리성을 결하는 등 재량을 그르친 경우에는 부당한 경우로서 행정심판의 대상이 된다.

26

다음 중 행정행위의 무효로 볼 수 있는 경우가 아닌 것은? (다툼이 있는 경우 판례에 의함)

① 법률에 근거하여 행정처분이 발하여진 후에 헌법재판소가 그 행정처분의 근거가 된 법률을 위헌으로 결정하였다면 헌법재판소의 위헌결정 전에 행정처분의 근거되는 당해 법률이 헌법에 위반된다는 사유는 특별한 사정이 없는 한 그 행정처분은 당연무효사유로 보아야 한다.
② 임용당시 공무원임용결격사유가 있었다면 비록 국가의 과실에 의하여 임용결격자임을 밝혀내지 못하였다 하더라도 그 임용행위는 당연무효로 보아야 한다.
③ 행정절차에 관한 일반법인 행정절차법은 제24조 제1항에서 "행정청이 처분을 할 때에는 다른 법령 등에 특별한 규정이 있는 경우를 제외하고는 문서로 하여야 하며, 전자문서로 하는 경우에는 당사자 등의 동의가 있어야 한다. 다만 신속히 처리할 필요가 있거나 사안이 경미한 경우에는 말 또는 그 밖의 방법으로 할 수 있다."라고 정하고 있다. 이 규정은 처분내용의 명확성을 확보하고 처분의 존부에 관한 다툼을 방지하여 처분상대방의 권익을 보호하기 위한 것이므로, 이를 위반한 처분은 하자가 중대·명백하여 무효이다.
④ 운전면허에 대한 정지처분권한은 경찰청장으로부터 경찰서장에게 권한위임된 것이므로 음주운전자를 적발한 단속 경찰관으로서는 관할 경찰서장의 명의로 운전면허정지처분을 대행처리할 수 있을지는 몰라도 자신의 명의로 이를 할 수는 없다 할 것이므로, 단속 경찰관이 자신의 명의로 운전면허행정처분통지서를 작성·교부하여 행한 운전면허정지처분은 비록 그 처분의 내용·사유·근거 등이 기재된 서면을 교부하는 방식으로 행하여졌다고 하더라도 권한 없는 자에 의하여 행하여진 점에서 무효의 처분에 해당한다.

27

허가의 효과를 제한 또는 보충하기 위하여 주된 의사표시에 부가된 종된 의사표시를 부관이라고 한다. 부관에 대한 설명으로 옳지 않은 것은? (다툼이 있으면 판례의 의함)

① 법정부관의 경우 처분의 효과제한이 직접 법규에 의해서 부여되는 부관으로서 이는 행정행위의 부관과는 구별되는 개념으로 원칙적으로 부관의 개념에 속하지 않는다.
② 부담은 그 자체가 하나의 행정행위이다. 즉, 하명으로서의 성격을 지니기 때문에 분리가 가능하지만, 그 자체가 독립적으로 행정쟁송 및 경찰강제의 대상이 될 수 있다.
③ 부담과 정지조건의 구별이 불분명한 경우에는 최소침해의 원칙에 따라 부담으로 보아야 한다.
④ 행정청이 수익적 행정처분을 하면서 부가한 부담의 위법 여부는 처분 당시 법령을 기준으로 판단하여야 하고, 부담이 처분 당시 법령을 기준으로 적법하다면 처분 후 부담의 전제가 된 주된 행정처분의 근거 법령이 개정됨으로써 행정청이 더 이상 부관을 붙일 수 없게된 경우에는 곧바로 위법하게 되거나 그 효력이 소멸하게 된다.

28
「행정조사기본법」상 행정조사에 대한 설명으로 옳은 것은?

① 「행정조사기본법」은 행정조사 실시를 위한 일반적인 근거규범으로서 행정기관은 다른 법령등에서 따로 행정조사를 규정하고 있지 않더라도 「행정조사기본법」을 근거로 행정조사를 실시할 수 있다.
② 자발적인 협조에 따라 실시하는 행정조사에 대하여 조사대상자가 조사에 응할 것인지에 대한 응답을 하지 아니하는 경우에는 법령등에 특별한 규정이 없는 한 그 조사에 동의한 것으로 본다.
③ 행정기관의 장은 행정조사의 연기요청을 받은 때에는 연기요청을 받은 날부터 14일 이내에 조사의 연기 여부를 결정하여 조사대상자에게 통지하여야 한다.
④ 행정기관은 유사하거나 동일한 사안에 대하여는 공동조사 등을 실시함으로써 행정조사가 중복되지 아니하도록 하여야 한다.

29
「질서위반행위규제법」에 관한 내용으로 옳은 것은?

① 질서위반행위의 성립과 과태료 처분은 처분 시의 법률에 따른다.
② 행정청의 과태료 처분이나 법원의 과태료 재판이 확정된 후 법률이 변경되어 그 행위가 질서위반행위에 해당하지 아니하게 된 때에는 변경된 법률에 특별한 규정이 없는 한 과태료의 징수 또는 집행을 면제한다.
③ 고의 또는 과실이 없는 질서위반행위는 과태료를 감경한다.
④ 하나의 행위가 2 이상의 질서위반행위에 해당하는 경우에는 각 질서위반행위에 대하여 정한 과태료를 각각 부과한다.

30
「국가배상법」상 국가배상에 관한 설명 중 가장 적절한 것은? (다툼이 있는 경우 판례에 의함)

① 군인·군무원·경찰공무원 또는 예비군대원이 전투·훈련 등 직무 집행과 관련하여 전사·순직하거나 공상을 입은 경우에 본인이나 그 유족이 다른 법령에 따라 재해보상금·유족연금·상이연금 등의 보상을 지급받을 수 있을 때에는 「국가배상법」 및 「민법」에 따른 손해배상을 청구할 수 없고, 그 유족도 자신의 정신적 고통에 대한 위자료를 청구할 수 없다.
② 국가배상법 제2조 소정의 '공무원'이라 함은 국가공무원법이나 지방공무원법에 의하여 공무원으로서의 신분을 가진 자에 국한한다.
③ 국민의 생명·신체·재산 등을 보호하는 것을 본래의 사명으로 하는 국가는 형식적 의미의 법령에 근거가 없다면 경찰공무원에 대하여 위험을 배제할 작위의무를 인정할 수 없으므로, 경찰공무원의 부작위를 이유로 국가배상책임을 인정할 수 없다.
④ 국가공무원이 고의 또는 과실로 직무상 의무를 위반하였을 경우라고 하더라도 국가는 그러한 직무상의 의무 위반과 피해자가 입은 손해 사이에 상당인과관계가 인정되는 범위 내에서만 배상책임을 지는 것이고, 이 경우 상당인과관계가 인정되기 위하여는 공무원에게 부과된 직무상 의무의 내용이 단순히 공공 일반의 이익을 위한 것이거나 행정기관 내부의 질서를 규율하기 위한 것이 아니고 전적으로 또는 부수적으로 사회구성원 개인의 안전과 이익을 보호하기 위하여 설정된 것이어야 한다.

31

경찰작용에 대한 사후구제 제도인 행정심판, 행정소송에 대한 설명으로 옳은 것은? (다툼이 있으면 판례에 의함)

> ㉠ 행정소송의 대상은 위법한 처분과 부당한 처분인데 반하여, 행정심판은 위법한 처분만이 그 대상이 된다.
> ㉡ 행정심판에서는 불이익변경금지의 원칙이 적용되지 않으나, 행정소송에서는 불이익변경금지의 원칙이 적용된다.
> ㉢ 경찰청장은 운전면허와 관련된 처분권한을 동작경찰서장에게 위임하였고, 이에 따라 동작경찰서장은 자신의 명의로 甲에게 운전면허정지처분을 하였다면, 甲의 운전면허정지처분 취소소송의 피고적격자는 동작경찰서장이 아니라 경찰청장이다.
> ㉣ 예산회계법 또는 지방재정법에 따라 지방자치단체가 당사자가 되어 체결하는 계약에 관한 분쟁은 행정소송의 대상이 될 수 있다.
> ㉤ 「행정심판법」상 중앙행정심판위원회는 위원장 1명을 포함하여 70명 이내의 위원으로 구성하되, 위원 중 상임위원은 4명 이내로 하고, 비상임위원의 임기는 2년으로 하되, 2차에 한하여 연임할 수 있다.

① 1개 ② 2개
③ 3개 ④ 4개

32

「경찰관 직무집행법」상 사실확인 및 출석요구에 대한 설명으로 옳은 것은?

① 경찰관은 직무수행에 필요하다고 인정되는 상당한 이유가 있을 때에는 국가기관 또는 공사단체 등에 대하여 직무수행에 관련된 사실을 조회할 수 있다. 다만, 긴급한 경우에는 소속 경찰관으로 하여금 현장에 나가 해당 기관 또는 단체의 장의 협조를 받아 그 사실을 확인하게 할 수 있다.
② 경찰관은 미아를 인수할 보호자 확인, 유실물을 인수할 권리자 확인, 사고로 인한 사상자(死傷者) 확인, 형사책임을 규명하기 위한 사실조사에 필요한 사실 확인을 위하여 필요하면 관계인에게 출석하여야 하는 사유·일시 및 장소를 명확히 적은 출석 요구서를 보내 경찰관서에 출석할 것을 요구할 수 있다.
③ 경찰 출석 요구시 상대방의 동의 없이 임의출석한 당사자에게 특정장소로 이동할 것을 요구할 수 있다.
④ 사실확인 행위는 임의적 사실행위로서 법적 효과를 발생시키는 법률행위가 아니며 즉시강제수단도 아니다.

33

「경찰 물리력 행사의 기준과 방법에 관한 규칙(경찰청예규)」에서 규정하고 있는 '저위험 물리력'의 종류에 해당하는 것은 모두 몇 개인가?

> ㉠ 목을 압박하여 제압하거나 관절을 꺾는 방법
> ㉡ 손바닥, 주먹, 발 등 신체부위를 이용한 가격
> ㉢ 경찰봉으로 중요 신체 부위를 찌르거나 가격
> ㉣ 전자충격기 사용
> ㉤ 권총 등 총기류 사용

① 1개 ② 2개
③ 3개 ④ 4개

34

「경찰관 직무집행법」상 소송지원 및 직무수행으로 인한 형의 감면에 대한 설명으로 옳은 것은?

① 경찰청장은 경찰관이 제2조 각 호에 따른 직무의 수행으로 인하여 민·형사상 책임과 관련된 소송을 수행할 경우 변호인 선임 등 소송 수행에 필요한 지원을 하여야 한다.
② 직무수행으로 인한 형의 감면은 형의 감면 대상인 범죄가 행하여지려고 하거나 행하여지고 있어 타인의 생명·신체에 대한 위해 발생의 우려가 명백하고 긴급한 상황이어야 한다.
③ 경찰관이 그 위해를 예방하거나 진압하기 위한 행위 또는 범인의 검거 과정에서 경찰관을 향한 직접적인 유형력 행사에 대응하는 행위를 하여 그로 인하여 타인에게 피해가 발생한 경우, 그 경찰관의 직무수행이 불가피한 것이고 필요한 최소한의 범위에서 이루어졌으며 해당 경찰관에게 고의 또는 과실이 없는 때에는 그 정상을 참작하여 형을 감경하거나 면제할 수 있다.
④ 「경찰관 직무집행법」 제11조의5의 형의 감면 대상범죄로는 살인의 죄, 상해와 폭행의 죄, 강간과 추행의 죄, 절도와 강도의 죄 및 이에 대하여 다른 법률에 따라 가중 처벌하는 범죄, 가정폭력범죄, 아동학대범죄 등이다.

35

다음 중 「경범죄 처벌법」에 관한 내용으로 옳은 것은?

① 있지 아니한 범죄나 재해 사실을 공무원에게 거짓으로 신고한 사람은 주거가 분명하여도 현행범으로 체포할 수 있다.
② '폭행 등 예비'와 '거짓 광고', '행렬방해'는 10만원 이하의 벌금, 구류 또는 과료의 형으로 처벌한다.
③ 범칙행위를 상습적으로 하는 사람은 통고처분 제외자 해당한다.
④ 경찰청장, 해양경찰청장, 제주특별자치도지사 또는 철도특별사법경찰대장은 범칙자로 인정되는 사람에 대하여 그 이유를 명백히 나타낸 서면으로 범칙금을 부과하고 이를 납부할 것을 통고할 수 있다.

36

「경비업법」에 관한 설명으로 가장 적절한 것은?

① 경비업을 영위하고자 하는 법인은 도급받아 행하고자 하는 경비업무를 특정하여 그 법인의 주사무소의 소재지를 관할하는 경찰서장의 허가를 받아야 한다. 도급받아 행하고자 하는 경비업무를 변경하는 경우에도 또한 같다.
② 특수경비업무의 허가를 받은 법인이 특수경비업무를 개시하거나 종료한 때에는 관할 경찰서장에게 신고하여야 한다.
③ 시설경비업무는 공항(항공기를 포함) 등 대통령령이 정하는 국가중요시설의 경비 및 도난·화재 그 밖의 위험발생을 방지하는 업무이다.
④ 경비업의 종류 중 기계경비업무는 경비대상시설에 설치한 기기에 의하여 감지·송신된 정보를 그 경비대상시설 외의 장소에 설치한 관제시설의 기기로 수신하여 도난·화재 등 위험발생을 방지하는 업무를 뜻한다.

37

「성폭력범죄의 처벌 등에 관한 특례법」에 대한 설명으로 가장 적절한 것은?

① 경찰청장은 각 경찰서장으로 하여금 성폭력범죄 전담 사법경찰관을 지정하도록 하여 특별한 사정이 없으면 이들로 하여금 피해자를 조사하게 할 수 있다.
② 모든 성폭력 범죄피해자를 조사하는 경우에 진술내용과 조사과정을 영상녹화장치로 녹화(녹음이 포함된 것을 말함)하고, 그 영상녹화물을 보존하여야 한다.
③ 신상정보 등록의 원인이 된 성범죄로 형의 선고를 유예받은 사람이 선고유예를 받은 날부터 2년이 경과하여 「형법」 제60조에 따라 면소된 것으로 간주되면 신상정보 등록을 면제한다.
④ 등록정보의 공개는 법무부장관이 집행하고, 여성가족부장관은 등록정보의 공개에 필요한 정보를 법무부장관에게 송부하여야 한다.

38

「경찰 비상업무 규칙」에 대한 설명 중 옳지 않은 것은 모두 몇 개인가?

> ㉠ "필수요원"이란 전 경찰관 및 일반직공무원(이하 '경찰관 등') 중 경찰기관의 장이 지정한 자로 비상소집시 2시간 이내에 응소하여야 할 자를 말한다.
> ㉡ "정위치 근무"란 사무실 또는 상황과 관련된 현장에 위치하는 것을 말한다.
> ㉢ 비상근무는 비상상황의 유형에 따라 1. 경비 소관의 경비, 작전비상, 2. 안보 소관의 안보비상, 3. 수사 소관의 수사비상, 4. 교통 소관의 교통비상, 5. 치안상황 소관의 재난비상으로 구분하여 발령한다.
> ㉣ 기능별 상황의 긴급성 및 중요도에 따라 비상등급은 갑호 비상, 을호 비상, 병호 비상, 작전준비태세, 경계 강화 순으로 구분하여 실시한다.
> ㉤ 비상근무를 발령할 경우에는 정황의 특수성을 감안하여 비상근무의 목적이 원활히 달성될 수 있도록 가용경력을 최대한 동원해야 한다.
> ㉥ 경비비상 갑호는 국제행사·기념일 등을 전후하여 치안수요의 급증으로 경력을 동원할 필요가 있는 경우이다.

① 3개 ② 4개
③ 5개 ④ 6개

39
「교통사고처리 특례법」 제3조 제2항 단서의 처벌특례 예외사항에 해당하지 않는 것은?

① 「도로교통법」 제5조에 따른 신호기가 표시하는 신호 또는 교통정리를 하는 경찰공무원등의 신호를 위반하여 운전한 경우
② 「도로교통법」 제21조 제1항, 제22조, 제23조에 따른 앞지르기의 방법·금지시기·금지장소 또는 끼어들기의 금지를 위반하거나 같은 법 제60조 제2항에 따른 고속도로에서의 앞지르기 방법을 위반하여 운전한 경우
③ 「도로교통법」 제24조에 따른 철길건널목 통과방법을 위반하여 운전한 경우
④ 도로의 파손, 도로공사나 그 밖의 장애 등으로 도로의 우측 부분을 통행할 수 없는 경우로서 「도로교통법」 제13조 제3항을 위반하여 도로의 중앙이나 좌측 부분을 통행하여 운전한 경우

40
국제형사경찰기구(인터폴)에 관한 설명으로 옳은 것은?

① 인터폴 협력의 원칙으로는 주권의 존중, 일반형법의 집행, 보편성의 원칙, 평등성의 원칙, 업무방법의 유연성 등이 있다.
② 인터폴 총회는 국제범죄 예방과 진압을 위해 각 회원국 등과 긴밀한 협조관계를 유지하는 총본부이자 추진체이며, 국제수배서를 발행한다.
③ 인터폴 총회는 회원국 정부가 자국 내에 국제경찰협력 상설 경찰부서를 지정하도록 하고 있는데 이것을 국가중앙사무국(NCB)이라 한다.
④ 인터폴 회원국 간 협조의 기본원칙으로 모든 회원국은 재정 분담금의 규모와 관계없이 동일한 혜택과 지원을 받을 수 있다는 보편성을 들 수 있다.

01

다음 중 경찰의 개념에 대한 설명 중 가장 적절한 것은?

① 실질적 의미의 경찰은 형식적 의미의 경찰개념보다 넓은 의미로 형식적 의미의 경찰을 모두 포괄하는 상위 개념이다.
② 실질적 의미의 경찰은 특별통치권에 근거하여 국민에게 명령·강제하는 권력적 작용으로 독일의 행정법학에서 정립된 학문상 개념이다.
③ 경찰관이「경찰관 직무집행법」제5조 제1항 제2호에 근거하여 극도의 혼잡사태가 발생한 장소에서 위험발생방지를 위하여 매우 긴급한 경우에 위해를 입을 우려가 있는 사람을 필요한 한도에서 억류하는 조치는 실질적 의미의 경찰에도 해당한다고 볼 수 있다.
④ 형식적 의미의 경찰은 사회목적적 작용을 의미하며 작용을 중심으로 파악된 개념이고, 실질적 의미의 경찰은 조직을 기준으로 파악된 개념이다.

02

경찰의 임무를 공공의 안녕과 질서에 대한 위험의 방지라고 할 때, '공공의 안녕'과 관련된 설명으로 옳은 것은?

① '공공의 안녕'이란 개념은 '법질서의 불가침성'과 '국가의 존립과 기능성의 불가침성' 및 '개인의 권리와 법익의 불가침성'으로 나눌 수 있는 바, 이 중 '국가의 존립 및 기능성의 불가침성'이 '공공의 안녕'의 제1요소가 된다.
② 공법규범과 사법규범에 대한 위반은 일반적으로 공공의 안녕에 대한 위험으로 취급된다.
③ 공공의 안녕에는 개인의 권리와 법익이 포함되며, 개인의 권리에는 재산권이 포함되나 사유재산적 가치 또는 지적재산권과 같은 무형의 권리는 제외된다.
④ 사법에서 인정되는 사적권리는 사적인 권리확보 수단이 존재하는 경우에 경찰의 보충적인 보호만 인정된다.

03

「영사관계에 관한 비엔나협약」에 대한 설명으로 적절하지 않은 것은?

① 공관지역과 외교관의 개인주거는 불가침이다.
② 영사관원과 영사신서사는 어떠한 형태의 체포 또는 구금도 당하지 아니한다.
③ 외교관은 어떠한 형태의 체포 또는 구금도 당하지 아니한다.
④ 접수국의 당국은 영사기관장 또는 그가 지정한 자 또는 파견국의 외교공관장의 동의를 받는 경우를 제외하고, 전적으로 영사기관의 활동을 위하여 사용되는 영사관사의 부분에 들어가서는 아니된다. 다만, 화재 또는 신속한 보호조치를 필요로 하는 기타 재난의 경우에는 영사기관장의 동의가 있은 것으로 추정될 수 있다.

04

범죄원인론에 대한 설명으로 가장 적절하게 연결되지 않은 것은?

① 쇼와 맥케이(Shaw & Mckay)의 사회해체이론 – 회사원인 甲은 IMF로 인한 실직으로 사업자금을 마련하고자 어쩔 수 없이 살고 있던 집을 처분하고 빈민가로 이사를 하였는데, 자신의 아들 乙이 점점 비행소년으로 변해가는 것을 안타깝게 생각했다.

② Matza & Sykes의 중화기술이론 – 책임의 부인, 피해자의 부정, 피해발생 부인, 비난자에 대한 비난, 보다 높은 충성심에의 호소로 5가지 중화기술을 통해 규범, 가치관 등을 중화시킨다.

③ 레클리스(Reckless)의 견제(봉쇄)이론 – 고전주의 범죄학 이론에 기반을 둔 것으로, 인간은 범죄로부터 얻을 수 있는 이익보다 더 큰 고통을 받게 되면, 범죄를 저지르지 않을 것이라는 전제를 하고 있다. 범죄통제를 위해서는 처벌의 엄격성, 신속성, 확실성이 요구되며 이 중 처벌의 확실성이 가장 중요하다.

④ 머튼(Merton)의 긴장(아노미)이론 – 목표와 그 목표를 이루기 위한 수단과의 간극이 커지면서 아노미 조건이 유발되어 분노와 좌절이라는 긴장이 초래되고, 그 목적을 달성하기 위한 수단으로서 범죄를 선택한다.

05

뉴먼(1972)은 방어공간의 구성요소를 구분하였다. 이와 관련된 〈보기 1〉의 설명과 〈보기 2〉의 구성요소가 가장 적절하게 연결된 것은?

〈보기 1〉

(가) 철저히 감시되는 지역에 거주지를 건설하는 것이 범죄를 예방할 것이라는 것
(나) 지역에 대한 소유의식은 일상적이지 않은 일이 있을 때 주민으로 하여금 행동을 취하도록 자극함
(다) 특별한 장치의 도움 없이 실내와 실외의 활동을 관찰할 수 있는 능력임

〈보기 2〉

㉠ 영역성　　㉡ 자연적 감시
㉢ 이미지　　㉣ 환경

	(가)	(나)	(다)
①	㉢	㉣	㉠
②	㉢	㉠	㉡
③	㉣	㉠	㉡
④	㉣	㉢	㉡

06
범죄원인론에 대한 설명으로 옳은 것은?

① 실증주의 범죄학파의 기본입장은 인간의 행동은 개인적 기질과 다양한 환경요인에 의하여 통제되고 결정된다고 본다.
② J. F. Sheley가 주장한 범죄유발의 4요소는 적절한 대상, 사회적 제재로부터의 자유, 범행의 기술, 범행의 기회이다. 이들 4요소는 범행에 있어서 필요조건이지만 충분조건은 되지 못하기 때문에 어떤 범행이 가능하기 위해서는 이들 4요소가 동시에 상호작용해야 한다.
③ 실증주의 범죄학은 인간은 누구나 자유의지를 가지고 있는 합리적인 인간이라고 전제를 하기 때문에 범죄 결과만을 가지고 범죄원인을 연구하고 그로 인해 강력하고 신속한 형벌만이 범죄를 효과적으로 예방할 수 있다고 본다
④ 실증주의 범죄학은 범죄원인을 생물학적(정신이상, 낮은 지능, 모방학습)·심리학적(인상, 골격, 체형)·사회적 작용 등 외적요소에 의해 강요되는 것이라고 본다.

07
경찰순찰에 대한 설명으로 가장 적절한 것은?

① 뉴왁(Newark)시 도보순찰실험은 도보순찰을 강화하여도 해당 순찰구역의 범죄율을 낮추지는 못하였으나, 도보순찰을 할 때 시민이 경찰서비스에 더 높은 만족감을 드러냈음을 확인하였다.
② 플린트 도보순찰실험은 순찰의 증감이 범죄율과 시민의 안전감에 영향을 미치지 못한다는 결과를 도출하여 경찰의 순찰활동 전략을 재고하게 만든 연구이다.
③ 캔자스시의 예방순찰실험은 순찰근무 경찰관의 수를 두 배로 증원·배치한 실험으로 순찰의 효과를 측정한 최초의 실험이다.
④ 순찰의 기능을 C. D. Hale과 S. Walker가 공통으로 주장한 사항은 공공안전감 증진이다.

08
작은 호의가 큰 부패로 이어진다는 '미끄러지기 쉬운 경사로 이론'에 대한 설명 중 틀린 것은?

① 펠드버그는 대부분의 경찰인들이 사소한 호의와 뇌물을 구별할 수 있으므로 이 이론은 비현실적이라고 주장한다.
② 델라트르는 경찰조직의 정책이 모든 작은 호의를 금지하는 것이어야 한다고 주장한다.
③ 델라트르는 모든 경찰관이 이 이론에 따라 큰 부패로 이어지는 것은 아니고 일부 경찰관이 그렇게 되지만 그건 일부에 불과하기 때문에 이를 무시하거나 간과할 수 있다고 주장한다.
④ 셔면의 '미끄러지기 쉬운 경사로 이론'은 부패에 해당하지 않는 작은 선물 등의 사소한 호의를 허용하면 나중에는 엄청난 부패로 이어진다는 이론이다.

09
다음은 하이덴하이머(A. J. Heidenheimer)의 부정부패 개념 정의 및 분류와 유형에 관한 것이다. 부패에 대한 설명이 가장 적절하게 연결된 것은?

① 관직중심적 정의(public-office-centered) – 부패는 뇌물수수행위와 특히 결부되어 있지만, 반드시 금전적인 형태일 필요가 없는 사적 이익을 고려한 결과로 권위를 남용하는 경우를 포괄하는 용어이다.
② 공익중심적 정의(public-interest-centered) – 고객들은 잘 알려진 위험을 감수하고라도 원하는 이익을 받는 것을 확실히 하기 위하여 높은 가격(뇌물)을 지불하는 결과로 부패가 발생한다.
③ 흑색부패 – 사회구성원 가운데 특히 엘리트를 중심으로 일부집단은 처벌을 원하지만, 다른 일부집단은 처벌을 원하지 않는 경우의 부패를 말한다.
④ 백색부패 – 사회 전체에 심각한 해를 끼치는 부패로 구성원 모두가 인정하고 처벌을 원하는 부패를 말한다.

10

「공직자의 이해충돌 방지법」과 「부정청탁 및 금품 등 수수의 금지에 관한 법률」에 관한 설명 중 가장 적절한 것은?

① 「공직자의 이해충돌 방지법」상 부동산을 직접적으로 취급하는 대통령령으로 정하는 공공기관의 공직자는 공직자 자신이 소속 공공기관의 업무와 관련된 부동산을 보유하고 있거나 매수하는 경우 소속기관장에게 그 사실을 서면으로 신고하여야 한다.

② 「부정청탁 및 금품등 수수의 금지에 관한 법률」상 '공직자등'이 부정청탁을 받았을 때에는 부정청탁을 한 자에게 부정청탁임을 알리고 이를 거절하는 의사를 명확히 표시하여야 하며, 이러한 조치를 하였음에도 불구하고 동일한 부정청탁을 다시 받은 경우에는 이를 소속기관장에게 구두 또는 서면(전자서면을 포함)으로 신고하여야 한다.

③ 「부정청탁 및 금품등 수수의 금지에 관한 법률」에 따르면 ○○경찰서 소속 경찰관 甲이 모교에서 자신의 직무와 관련된 강의를 요청받아 1시간 동안 강의를 하고 50만 원의 사례금을 받았다면 대통령령이 정하는 바에 따라 소속기관장에게 신고하고 그 초과금액을 소속기관장에게 지체없이 반환하여야 한다.

④ 「부정청탁 및 금품등 수수의 금지에 관한 법률」상 「국가공무원법」 또는 「지방공무원법」에 따른 공무원과 그 밖에 다른 법률에 따라 그 자격·임용·교육훈련·복무·보수·신분보장 등에 있어서 공무원으로 인정된 사람일지라도 '공직자등' 개념에 포함되지 않는다.

11

「경찰청 공무원 행동강령」에 해당하지 않는 것은?

① 공무원은 자신의 직위를 직접 이용하여 부당한 이익을 얻거나 타인이 부당한 이익을 얻도록 해서는 아니 된다.

② 공무원은 직무의 범위를 벗어나 사적 이익을 위하여 소속기관의 명칭이나 직위를 공표·게시하는 등의 방법으로 이용하거나 이용하게 하여서는 아니 된다.

③ 공무원은 직무의 내외를 불문하고 그 품위가 손상되는 행위를 하여서는 아니 된다.

④ 공무원은 직무를 수행함에 있어 지연·혈연·학연·종교 등을 이유로 특정인에게 특혜를 주어서는 아니 된다.

12
경찰의 적극행정에 관한 내용 중 가장 적절하지 않은 것은?

① 「적극행정 운영규정」상 적극행정 면책심사위원회는 출석위원 과반수의 찬성으로 개의(開議)하고, 출석위원 과반수의 찬성으로 의결한다.
② 「공무원 징계령 시행규칙」상 징계위원회는 고의 또는 중과실에 의하지 않은 비위로서 국가의 이익이나 국민생활에 큰 피해가 예견되어 이를 방지하기 위하여 정책을 적극적으로 수립·집행하는 과정에서 발생한 것으로서 정책을 수립·집행할 당시의 여건 또는 그 밖의 사회통념에 비추어 적법하게 처리될 것이라고 기대하기가 극히 곤란했던 것으로 인정되는 경우에는 징계의결등을 하지 않는다.
③ 「공공감사에 관한 법률」상 자체감사를 받는 사람이 불합리한 규제의 개선 등 공공의 이익을 위하여 업무를 적극적으로 처리한 결과에 대하여 그의 행위에 고의나 중대한 과실이 없는 경우에는 징계 요구 또는 문책 요구 등 책임을 묻지 아니한다.
④ 「경찰청 적극행정 면책제도 운영규정」상 자체감사를 받는 사람은 적극행정 면책요건에 해당된다 하더라도 자의적인 법 해석 및 집행으로 법령의 본질적인 사항을 위반한 경우 면책대상에서 제외된다.

13
다음 설명과 관련이 있는 인물로 가장 적절한 것은?

> ㉠ 제주 4·3사건 당시인 1948년 12월 좌익총책의 명단에 연루된 100여명의 주민들이 처형위기에 처하자 이들에게 자수토록 하고, 1949년 초에 자신의 결정으로 전원을 훈방하였으며, 1950년 8월 30일 성산포경찰서장 재직시 계엄군의 예비검속자 총살 명령에 '부당함으로 불이행'한다고 거부하고 278명 방면하였다.
> ㉡ 1946년 5월 미군정하 제1기 여자경찰간부로 임용되며 국립경찰에 투신하였고 1952년부터 2년간 서울여자경찰서장을 역임하며 풍속·소년·여성보호 업무를 담당하였다.
> ㉢ 1950년 7월 24일 전쟁발발로 예비검속 된 보도연맹원들에 대한 총살 명령이 내려오자 480명의 예비검속자 앞에서 "내가 죽더라도 방면하겠으니 국가를 위해 충성해 달라."라고 연설한 후 전원을 방면하여 구명하였다.
> ㉣ 1950. 11월 경찰에 입직(순경 공채), '63·'68·'69년 치안국 포도왕(검거왕)으로 선정되었고 재직 중 1,300여 명의 범인을 검거하는 등 수사경찰의 상징적인 존재이다.

① ㉠ 김학재 ㉡ 이준규 ㉢ 문형순 ㉣ 최중락
② ㉠ 문형순 ㉡ 권영도 ㉢ 이준규 ㉣ 안병하
③ ㉠ 김해수 ㉡ 최천   ㉢ 안종삼 ㉣ 이준규
④ ㉠ 문형순 ㉡ 안맥결 ㉢ 안종삼 ㉣ 최중락

14

프랑스 경찰개념의 발달과정에 대한 설명으로 가장 적절하지 않은 것은?

① 11세기경 프랑스에서는 법원과 경찰기능을 가진 프레보(Prévôt)가 파리에 도입되었고, 프레보는 왕이 임명하였다.
② 제2의 국가경찰인 군인경찰은 2002년에 소속은 국방부, 지휘권은 내무부장관이었으나, 2009년부터 소속이 내무부로 이관되어 신분은 군인이나 지휘감독권은 내무부장관이 한다.
③ 14세기 프랑스 경찰권 개념은 라 폴리스(La Police)라는 단어에 의해 대표되었는데, 이 단어의 뜻은 초기에는 '공동체의 질서 있는 상태'를 의미했다가 나중에는 '국가목적 또는 국가작용'을 의미하였다.
④ 프랑스는 국립경찰과 자치체경찰의 업무가 명확히 구분되어 있다.

15

다음에 설명하는 내용을 볼 때, 경찰조직에 필요한 조직편성의 원리로 가장 적절한 것은?

> 시·도경찰청 사이버범죄수사대 甲경감은 디지털성범죄 대응 특별팀에서 활동 중이다. 최근 경찰청에서 전국 사이버수사관들에게 AI 기반 사이버불법도박 단속 강화를 긴급 지시하였고, 동시에 소속 지방청 수사과장으로부터는 기존 디지털성범죄 수사 업무를 최우선 추진하라는 별도 지시를 받았다. 이로 인해 甲경감은 업무 우선순위 결정에 혼선을 겪었다.

① 계층제의 원리(Hierarchy)
② 통솔범위의 원리(Span of Control)
③ 명령통일의 원리(Unity of Command)
④ 조정과 통합의 원리(Coordination)

16

직업공무원제도에 대한 설명으로 가장 적절하지 않은 것은?

① 직업공무원제도란 인재를 공직에 유치하여 그들이 공직에 근무하는 것을 명예롭게 생각하면서 일생동안 공무원으로 근무하도록 운영하는 인사제도이며 임용시 학력과 연령을 제한하므로 완전한 기회균등을 보장하지 못한다.
② 직업공무원제도는 신분보장이 되기 때문에 엽관주의에 비해 행정통제 및 행정책임 확보가 어렵다.
③ 직업공무원제도는 개방형 충원체제로 넓은 시야를 가진 유능한 인재의 등용 및 분야별 전문인력을 확보하는 데 용이하다.
④ 직업공무원제도는 장기적인 발전가능성을 선발기준으로 삼고 있으며 계급제가 직위분류제보다 직업공무원제도의 정착에 더 유리하다.

17

「보안업무규정」 및 「경찰청 보안업무규정 시행세칙」상 비밀에 대한 설명으로 가장 적절하지 않은 것은?

① 각급기관의 장은 비밀문서의 접수·발송·복제·열람 및 반출 등의 통제에 필요한 규정을 따로 작성·운영할 수 있다.
② 경찰공무원 중 경찰청 각 과·담당관의 서무업무 담당자 및 비밀을 관리하는 보안업무 담당자에 해당하는 사람은 보직 발령과 동시에 Ⅱ급 비밀취급 인가를 받은 것으로 본다.
③ ②에도 불구하고 신원특이자에 대해서는 Ⅱ급 비밀취급 인가 여부의 적절성에 관하여 사전에 각 기관장의 심의를 거쳐야 한다. 다만, 신원특이자 소속기관의 자체 심의기구에서 신원특이자의 Ⅱ급 비밀취급 인가 여부를 심의한 경우에는 위원회의 심의를 거치지 않는다.
④ 각 경찰기관의 장은 ③에 따라 위원회 또는 자체 심의기구의 심의 결과 신원특이자의 비밀취급이 부적절하다고 의결된 경우 그를 즉시 다른 부서·보직으로 인사조치한다.

18
경찰 통제에 대한 내용이다. 아래 가.부터 마.까지 설명 중 옳고 그름의 표시(O, X)가 바르게 된 것은?

> 가. 훈령권·직무명령권, 경찰청의 감사관, 시·도경찰청의 청문감사인권담당관, 경찰서의 청문감사인권관제도는 내부적통제에 해당한다.
> 나. 행정절차법은 청문, 행정상 입법예고·행정예고 등 행정에 대한 사전통제를 규정하고 있다.
> 다. 국회의 국정감사, 감사원의 직무감찰은 사후통제인 동시에 외부통제에 해당한다.
> 라. 감사원은 국회·법원 및 헌법재판소를 포함한 모든 국가기관 및 그에 소속한 공무원의 사무를 감찰하여 비위를 적발하고 시정한다.
> 마. 국회의 입법권·예산심의권, 상급기관의 하급기관에 대한 감사권은 사전통제에 해당한다.

① 가.(O) 나.(X) 다.(O) 라.(X) 마.(O)
② 가.(O) 나.(O) 다.(O) 라.(X) 마.(X)
③ 가.(O) 나.(O) 다.(X) 라.(O) 마.(O)
④ 가.(X) 나.(O) 다.(O) 라.(X) 마.(O)

19
「경찰 인권보호규칙」상 제37조에 규정된 진정의 기각사유에 해당하는 것은?

① 진정 내용이 명백히 사실이 아니거나 이유가 없다고 인정되는 경우
② 진정의 원인이 된 사실이 공소시효, 징계시효 및 민사상 시효 등이 모두 완성된 경우
③ 진정이 익명이나 가명으로 제출된 경우
④ 진정 내용은 사실이나 인권침해에 해당하지 아니하는 경우

20
다음에서 설명하는 정책결정모형으로 옳은 것은?

> ○ 정책결정자의 직관적 판단을 정책결정의 중요한 요인으로 고려
> ○ 합리성과 초합리성을 함께 고려
> ○ 양적 분석과 질적 분석도 동시에 고려

① 최적모델(Optimal model)
② 만족모델(Satisficing model)
③ 쓰레기통모델(Garbage Can model)
④ 혼합주사모델(Mixed Scanning model)

21
「국가경찰과 자치경찰의 조직 및 운영에 관한 법률」상 목적, 책무, 경찰의 사무와 관련한 설명 중 옳은 것은?

① 국가와 공공단체는 국민의 생명·신체 및 재산을 보호하고 공공의 안녕과 질서유지에 필요한 시책을 수립·시행하여야 한다.
② 경찰은 그 직무를 수행할 때 헌법과 법령에 따라 국민의 자유와 권리 및 모든 개인이 가지는 불가침의 기본적 인권을 보호하고, 국민 전체에 대한 봉사자로서 공정·중립을 지켜야 하며, 부여된 권한을 남용하여서는 아니 된다.
③ 경찰공무원은 상관의 지휘·감독을 받아 직무를 수행하고, 그 직무수행에 관하여 서로 협력할 수 있다.
④ 경찰공무원은 구체적 사건수사와 관련된 지휘·감독의 적법성 또는 정당성에 대하여 이견이 있을 때에는 이의를 제기할 수 있다.

22

「국가경찰과 자치경찰의 조직 및 운영에 관한 법률」상 시·도자치경찰위원회에 관한 설명으로 옳지 않은 것은 모두 몇 개인가?

> ㉠ 시·도자치경찰위원회 비상임 위원은 특정 성(性)이 10분의 6을 초과하지 아니해야 한다.
> ㉡ 시·도자치경찰위원회 위원장은 위원 중에서 시·도지사가 임명하고, 상임위원은 시·도자치경찰위원회의 의결을 거쳐 위원 중에서 시·도경찰청장의 제청으로 시·도지사가 임명한다.
> ㉢ 공무원이 아닌 위원에 대해서는 「국가공무원법」 제52조 및 제57조를 준용한다.
> ㉣ 시·도자치경찰위원회 위원장과 위원의 임기는 3년으로 하되, 위원만 한 차례 연임할 수 있다.
> ㉤ 시·도자치경찰위원회의 회의는 정기적으로 개최하여야 한다. 다만 위원장이 필요하다고 인정하는 경우, 위원 2명 이상이 요구하는 경우 및 시·도지사가 필요하다고 인정하는 경우에는 임시회의를 개최할 수 있다.
> ㉥ 위원회의 의결된 내용이 법령에 위반되거나 공익을 현저히 해친다고 판단되면 행정안전부장관은 국가경찰위원회와 경찰청장을 거쳐 시·도지사에게 재의를 요구하게 할 수 있다.

① 2개 ② 3개
③ 4개 ④ 5개

23

「행정권한의 위임 및 위탁에 관한 규정」에 대한 설명으로 옳은 것은?

① "위탁"이란 법률에 규정된 행정기관의 장의 권한 중 일부를 하급행정기관의 장에게 맡겨 그의 권한과 책임 아래 행사하도록 하는 것을 말한다.
② "위임"이란 법률에 규정된 행정기관의 장의 권한 전부를 그 보조기관 또는 하급행정기관의 장이나 지방자치단체의 장에게 맡겨 그의 권한과 책임 아래 행사하도록 하는 것을 말한다.
③ 행정기관의 장은 허가·인가·등록 등 민원에 관한 사무, 정책의 구체화에 따른 집행사무 및 일상적으로 반복되는 사무로서 그가 직접 시행하여야 할 사무를 제외한 일부 권한을 그 보조기관 또는 하급행정기관의 장, 다른 행정기관의 장, 지방자치단체의 장에게 위임 및 위탁한다.
④ 행정기관의 장은 행정권한을 위임 및 위탁할 때에는 위임 및 위탁하기 전에 수임기관의 수임능력 여부를 점검하고, 필요한 인력 및 예산을 이관할 수 있다.

24

다음 중 「경찰공무원법」상 경찰공무원의 직권면직 사유 중 직권면직 처분을 위해 징계위원회의 동의가 필요한 사유로 옳은 것은 모두 몇 개인가?

> ㉠ 직제와 정원의 개폐 또는 예산의 감소 등에 따라 폐직 또는 과원이 되었을 때
> ㉡ 해당 경과에서 직무를 수행하는데 필요한 자격증의 효력이 상실되거나 면허가 취소되어 담당 직무를 수행할 수 없게 되었을 때
> ㉢ 경찰공무원으로는 부적합할 정도로 직무 수행 능력이나 성실성이 현저하게 결여된 사람으로서 대통령령으로 정하는 사유에 해당된다고 인정될 때
> ㉣ 휴직 기간이 끝나거나 휴직 사유가 소멸된 후에도 직무에 복귀하지 아니하거나 직무를 감당할 수 없을 때
> ㉤ 직위해제로 인한 대기명령을 받은 자가 그 기간에 능력 또는 근무성적의 향상을 기대하기 어렵다고 인정된 때

① 1개 ② 2개
③ 3개 ④ 4개

25

행정의 법률적합성 원칙(법치행정의 원칙)에 관한 설명 중 적절하지 않은 것은? (다툼이 있으면 판례에 의함)

① 경찰의 활동이 「국가경찰과 자치경찰의 조직 및 운영에 관한 법률」 제3조에서 정한 경찰임무 외의 것이라면, 그것은 경찰의 임무범위로 볼 수 없고 그 효과도 국가에 귀속되지 않는다는 내용과 관계가 깊은 것은 조직규범이다.
② '법률의 우위'에서의 법률은 국회에서 제정한 형식적 의미의 법률만이 아니라 헌법·법률·법규명령·행정법의 일반원칙까지를 포함한다.
③ 기본권 제한에 관한 법률유보원칙은 '법률에 의한 규율'을 요청하는 것이 아니라 '법률에 근거한 규율'을 요청하는 것이므로, 기본권 제한에는 법률의 근거가 필요할 뿐이고 기본권 제한의 형식이 반드시 법률의 형식일 필요는 없으므로 법규명령, 규칙, 조례 등 실질적 의미의 법률을 통해서도 기본권 제한이 가능하다.
④ 법치행정의 원칙에 관한 전통적 견해는 '법률의 지배', '법률의 우위', '법률의 유보'를 내용으로 한다.

26

행정행위의 절차상 하자를 설명한 것이다. 다음 중 적절하지 않은 것은? (다툼이 있으면 판례에 의함)

① 행정청이 청문서 도달기간을 다소 어겼다 하더라도 영업자가 이에 대하여 이의하지 아니한 채 스스로 청문일에 출석하여 그 의견을 진술하고 변명하는 등 방어의 기회를 충분히 가졌다면 청문서 도달기간을 준수하지 아니한 하자는 치유된다.
② 치유의 효과는 소급적이어서, 처음부터 적법한 행위와 같은 효력을 발생한다.
③ 도로관리청이 도로점용허가를 함에 있어서 특별사용의 필요가 없는 부분을 도로점용허가의 점용장소 및 점용면적으로 포함한 하자가 있고 그로 인하여 점용료 부과처분에도 하자가 있게 된 경우, 하자 있는 부분에 해당하는 점용료를 감액하는 것은 당초 처분 자체를 일부 취소하는 변경처분이 아니라 하자의 치유에 해당한다.
④ 행정처분을 한 처분청은 그 처분의 성립에 하자가 있는 경우 이를 취소할 별도의 법적 근거가 없다고 하더라도 직권으로 이를 취소할 수 있다.

27

「행정기본법」상 기간에 대한 설명으로 옳지 않은 것은? (여기서의 '법령등'은 훈령·예규·고시·지침 등을 포함함)

① 행정에 관한 기간의 계산에 관하여는 이 법 또는 다른 법령등에 특별한 규정이 있는 경우를 제외하고는 「민법」을 준용한다.
② 행정청은 이 법에서 정한 예외사항을 제외하고는 법령등의 위반행위가 종료된 날부터 5년이 지나면 해당 위반행위에 대하여 제재처분을 할 수 없다.
③ 국민의 권익을 제한하거나 의무를 부과하는 경우, 국민에게 불리하지 않는 한, 그 기간의 말일이 토요일 또는 공휴일인 경우에 기간은 그 날로 만료한다.
④ 법령등을 공포한 날부터 일정 기간이 경과한 날부터 시행하는 경우 법령등을 공포한 날을 첫날에 산입한다.

28

경찰하명에 대한 설명으로 가장 적절한 것은?

① 청소년을 대상으로 주류를 판매하여 영업정지를 당한 후, 그 명령을 위반해 맥주를 판매한 경우 맥주 매매행위 효력은 소급하여 취소된다.
② 경찰하명에 따른 의무를 하명의 상대방이 위반한 경우 경찰벌이 행해질 수 있고, 경찰하명에 따른 의무를 하명의 상대방이 불이행한 경우 강제집행이 행해질 수 있다.
③ 도로교통법 위반에 의한 과태료납부의무는 하명이 아니다.
④ 코로나 등 긴급 재난 사태가 발생하여 관련 공무원이 코로나 환자들을 확인하기 위하여 공공시설 등에 출입을 할 때 상대방이 그 출입을 허용하고 조사에 응하는 것을 '부작위 하명'이라고 한다.

29

경찰상 의무이행확보수단에 대한 설명으로 적절하지 않은 것은 모두 몇 개인가?

> ㉠ 경찰상 강제집행은 경찰하명에 따른 경찰의무의 불이행이 있는 경우에 상대방의 신체 또는 재산이나 주거 등에 실력을 행사하여 경찰상 필요한 상태를 실현하는 작용으로 직접적 또는 간접적 의무이행확보 수단이다.
> ㉡ 강제징수란 국민이 국가 또는 공공단체에 대해 부담하고 있는 공법상의 금전급부의무를 이행하지 않는 경우에 행정청이 강제적으로 의무가 이행된 것과 동일한 상태를 실현하는 작용으로 새로운 의무이행확보 수단이다.
> ㉢ 이행강제금 부과는 의무이행을 위한 강제집행이라는 점에서 의무위반에 대한 제재인 경찰벌과 구별되며, 경찰벌과 병과해서 행할 수 있고, 의무이행될 때까지 반복적으로 부과하는 것도 가능하다.
> ㉣ 해산명령 불이행에 따른 해산조치, 불법영업소의 폐쇄조치, 감염병 환자의 즉각적인 강제격리는 모두 즉시강제에 해당한다.

① 1개 ② 2개
③ 3개 ④ 4개

30

「행정절차법」상 행정청이 처분을 할 때에 당사자에게 그 근거와 이유를 반드시 제시하여야 하는 경우는?

① 신청 내용을 모두 그대로 인정하는 처분인 경우
② 긴급히 처분을 할 필요가 있는 경우
③ 단순·반복적인 처분 또는 경미한 처분으로서 당사자가 그 이유를 명확히 알 수 있는 경우
④ 처분의 성질상 이유의 제시가 현저히 곤란한 경우

31

「행정심판법」에 관한 설명으로 가장 적절한 것은?

① 대통령의 처분 또는 부작위에 대하여는 다른 법률에서 행정심판을 청구할 수 있도록 정한 경우 외에는 행정심판을 청구할 수 없다.
② 의무이행심판은 행정청의 처분의 효력 유무 또는 존재 여부를 확인하는 행정심판이다.
③ 처분 또는 부작위에 대한 행정심판은 청구서를 제출하거나 말로써 청구할 수 있다.
④ 행정심판의 종류로 취소심판, 무효등확인심판, 부작위위법 확인심판을 규정하고 있다.

32

「경찰관 직무집행법」 및 「경찰관의 정보수집 및 처리 등에 관한 규정」에 관한 내용으로 옳은 것은?

① 경찰관은 범죄·재난·공공갈등 등 공공안녕에 대한 위험의 예방과 대응을 위한 정보의 수집·작성·배포와 이에 수반되는 사실의 확인을 하여야 한다.
② 위 ①에 따른 정보의 구체적인 범위와 처리 기준, 정보의 수집·작성·배포에 수반되는 사실의 확인 절차와 한계는 행정안전부령으로 정한다.
③ 「경찰관의 정보수집 및 처리 등에 관한 규정」에 따라 수집·작성·배포할 수 있는 정보의 구체적인 범위는 범죄의 예방과 대응에 필요한 정보, 국가중요시설의 안전 및 주요 인사의 보호에 필요한 정보 등이 있다.
④ 경찰관은 언론·교육·종교·시민사회 단체 등 민간단체 및 지방자치단체에 상시적으로 출입해서는 안 되며, 정보활동을 위해 필요한 경우에 한정하여 일시적으로만 출입해야 한다.

33

「위해성 경찰장비의 사용기준 등에 관한 규정」상 다음 보기를 경찰장구, 무기, 분사기·최루탄 등, 기타장비로 옳게 구분한 것은?

㉠ 살수차	㉡ 기관총(기관단총포함)
㉢ 수갑	㉣ 전자충격기
㉤ 가스분사기	㉥ 석궁
㉦ 특수진압차	㉧ 경찰봉

① 경찰장구 3개, 무기 2개, 분사기·최루탄 등 2개, 기타장비 1개
② 경찰장구 2개, 무기 1개, 분사기·최루탄 등 2개, 기타장비 3개
③ 경찰장구 3개, 무기 1개, 분사기·최루탄 등 1개, 기타장비 3개
④ 경찰장구 2개, 무기 3개, 분사기·최루탄 등 1개, 기타장비 2개

34

다음 설명으로 가장 적절하지 않은 것은? (다툼이 있는 경우 판례에 의함)

① 「경찰관 직무집행법 시행령」상 경찰관의 적법한 직무집행으로 인하여 발생한 손실을 보상받으려는 사람은 보상금 지급 청구서에 손실내용과 손실금액을 증명할 수 있는 서류를 첨부하여 경찰청장·해양경찰청장이나 손실보상청구 사건 발생지를 관할하는 시·도경찰청, 지방해양경찰청의 장 또는 경찰관서의 장에게 제출해야 한다.
② 제주자치경찰공무원은 「경찰관 직무집행법」상의 무기를 휴대·사용할 수 없다.
③ 「경찰관 직무집행법」에 규정된 경찰관의 의무를 위반하거나 직권을 남용하여 다른 사람에게 해를 끼친 사람은 1년 이하의 징역이나 금고 또는 300만원 이하의 벌금에 처한다.
④ 「경찰관 직무집행법」상 '제지'는 행정상 즉시강제에 해당하며, 필요한 최소한도 내에서 행해져야 하므로 해당 집회 참가가 불법 행위라도, 집회 장소와 시간적·장소적으로 근접하지 않은 경우에는 이를 제지할 수 없다.

35

「유실물법」상 '유실물 처리'에 대한 설명으로 옳은 것은?

① 경찰서장은 보관한 물건이 멸실되거나 훼손될 우려가 있을 때 또는 경제적 가치가 떨어질 때에는 경찰서 인터넷홈페이지에 유실물에 관한 정보를 게시하는 방법으로 매각할 수 있다.
② 물건의 소유권을 취득한 자가 그 취득한 날부터 6개월 이내에 물건을 경찰서 또는 자치경찰단으로부터 받아가지 아니할 때에는 그 소유권을 상실한다.
③ 지방자치단체가 습득한 유실물을 습득일로부터 7일 이내 제출하여도 보상금을 지급받을 수 없다.
④ 착오로 인하여 점유한 타인의 물건도 「유실물법」 규정에 따라 제출하면 보상금을 청구할 수 있다.

36

「가정폭력범죄의 처벌 등에 관한 특례법」에 관한 설명으로 적절하지 않은 것은?

① 가정폭력범죄에 대하여는 이 법을 우선 적용한다. 다만, 아동학대범죄에 대하여는 「아동학대범죄의 처벌 등에 관한 특례법」을 우선 적용한다.
② 아동, 60세 이상의 노인, 그 밖에 정상적인 판단능력이 결여된 사람의 치료 등을 담당하는 의료인 및 의료기관의 장이 직무를 수행하면서 가정폭력범죄를 알게 된 경우에는 정당한 사유가 없으면 즉시 수사기관에 신고하여야 한다.
③ 법원은 가정폭력행위자에 대하여 유죄판결(선고유예는 제외한다)을 선고하거나 약식명령을 고지하는 경우에는 200시간의 범위에서 재범예방에 필요한 수강명령(「보호관찰 등에 관한 법률」에 따른 수강명령을 말한다)을 병과할 수 있다. 이 경우 수강명령은 형의 집행을 유예할 경우에는 그 집행유예기간 내에 집행한다.
④ 피해자 또는 가정구성원의 주거 또는 점유하는 방실로부터의 퇴거 등 격리의 임시조치기간은 2개월이고 한 차례만 연장할 수 있으며, 의료기관이나 그 밖의 요양소에의 위탁의 임시조치기간은 1개월을 초과할 수 없다(연장은 불가).

37

선거경비에 대한 설명으로 옳은 것은?

① 선거관리위원회위원장이나 위원은 개표소의 질서가 심히 문란하여 공정한 개표가 진행될 수 없다고 인정하는 때에는 개표소의 질서유지를 위하여 정복을 한 경찰공무원 또는 경찰관서장에게 원조를 요구할 수 있고, 개표소안에 들어간 경찰공무원은 경찰관서장의 지시를 받아야 하며, 질서가 회복되거나 위원장의 요구가 있는 때에는 즉시 개표소에서 퇴거하여야 한다.
② ①에 따라 원조요구를 받은 경찰관은 무기 등을 휴대할 수 없다.
③ 대통령선거 후보자는 을호경호 대상으로, 후보자등록 때부터 당선확정 때까지 신변 보호를 실시한다.
④ 투표관리관 또는 투표사무원은 투표소의 질서가 심히 문란하여 공정한 투표가 실시될 수 없다고 인정하는 때에는 투표소의 질서를 유지하기 위하여 정복을 한 경찰공무원 또는 경찰관서장에게 원조를 요구할 수 있으며, 원조요구를 받은 경찰공무원 또는 경찰관서장은 즉시 이에 따를 수 있다.

38
다음은 운전면허에 대한 설명 중 가장 옳은 것은? (다툼이 있으면 판례에 의함)

① 연습운전면허를 받은 사람은 운전을 함에 있어 '주행연습 외의 목적으로 운전하여서는 아니된다'는 사항을 준수해야 하며 이에 위반하여 운전한 경우 그 운전은 특례법에서 규정한 무면허운전으로 보아 처벌할 수 있다.
② 무면허운전으로 인한 도로교통법위반죄에 있어서는 어느 날에 운전을 시작하여 다음날까지 동일한 기회에 일련의 과정에서 계속 운전을 한 경우 등 특별한 경우를 제외하고는 사회통념상 운전한 날을 기준으로 운전한 날마다 1개의 운전행위가 있다고 보는 것이 상당하다.
③ 운전면허를 받은 날부터 1년이 경과한 사람(운전면허 정지 기간 중인 사람을 제외한다. 연습하고자 하는 자동차를 운전할 수 있는 운전면허에 한함)과 함께 타서 그의 지도를 받아야 한다.
④ 운전면허증 소지자가 면허증의 반납사유가 발생하면 반납사유가 발생한 날로부터 10일 이내 반납하여야 한다.

39
정보의 분류에 관한 설명으로 옳지 않은 것은 모두 몇 개인가?

㉠ 정보출처에 의한 분류 – 근본 출처정보, 부차적 출처정보, 정기출처 정보 등
㉡ 사용수준에 의한 분류 – 적극정보, 소극(보안)정보
㉢ 사용목적에 의한 분류 – 전략정보, 전술정보
㉣ 수집활동에 의한 분류 – 인간정보, 기술정보
㉤ 분석형태(기능)에 의한 분류 – 기본정보, 현용정보, 판단정보

① 0개　　② 1개
③ 2개　　④ 3개

40
「출입국관리법 시행령」상 외국인의 체류자격에 대한 설명이다. ㉠~㉣의 괄호 안에 들어갈 내용이 가장 적절한 것은?

- (㉠)-2, 유학: 전문대학 이상의 교육기관 또는 학술연구기관에서 정규과정의 교육을 받거나 특정 연구를 하려는 사람
- E-(㉡), 회화지도: 법무부장관이 정하는 자격요건을 갖춘 외국인으로서 외국어 전문학원, 초등학교 이상의 교육기관 및 부설어학연구소, 방송사 및 기업체 부설 어학연수원, 그 밖에 이에 준하는 기관 또는 단체에서 외국어 회화지도에 종사하려는 사람
- (㉢)-6, 예술흥행: 수익이 따르는 음악, 미술, 문학 등의 예술활동과 수익을 목적으로 하는 연예, 연주, 연극, 운동경기, 광고·패션모델, 그 밖에 이에 준하는 활동을 하려는 사람
- F-(㉣), 결혼이민: 국민과 혼인관계(사실상의 혼인관계를 포함)에서 출생한 자녀를 양육하고 있는 부 또는 모로서 법무부장관이 인정하는 사람

	㉠	㉡	㉢	㉣
①	E	2	F	4
②	D	2	E	6
③	E	1	F	4
④	D	1	E	6

01
영미법계의 경찰개념에 대한 설명으로 옳은 것은?

① 국가의 통치권을 전제로 권한을 위임받은 조직체로서의 경찰은 시민을 위해 수행하는 기능·역할을 중심으로 형성, 국민의 생명·신체·재산 보호에 중점을 둔다.
② 자치권적 개념을 전제로 경찰과 시민과의 관계를 친화적·비례적·수직적 관계라 하며, 경찰의 역할 및 시민을 위하여 법을 집행하고 서비스하는 기능을 기준으로 형성된 개념이라 할 수 있다.
③ 권력적 수단을 중시하였으며, 대륙법계와 달리 행정경찰·사법경찰의 구분도 없다.
④ 경찰은 시민을 위하여 법을 집행하고 서비스하는 기능이며, 경찰과 시민과의 관계를 대립적인 관계로 보지 않는다.

02
다음 중 경찰의 분류에 대한 설명으로 가장 적절하지 않은 것은?

① 광의의 행정경찰과 사법경찰 : 경찰의 목적·임무를 기준으로 구분하며, 이러한 경찰개념의 구분은 삼권분립 사상에 투철했던 프랑스에서 확립된 개념이다.
② 협의의 행정경찰과 보안경찰 : 다른 행정작용에 부수하느냐의 여부에 따라 구분하며, 협의의 행정경찰은 경찰활동의 능률성과 기동성을 확보할 수 있고 보안경찰은 지역 실정을 반영한 경찰조직의 운영과 관리가 가능하다.
③ 평시경찰과 비상경찰 : 위해의 정도와 담당기관에 따라 구분하며, 평시경찰은 평온한 상태하에서 일반경찰법규에 의하여 보통 경찰기관이 행하는 경찰작용이고 비상경찰은 비상사태발생이나 계엄선포시 군대가 일반치안을 담당하는 경우이다.
④ 질서경찰과 봉사경찰 : 경찰서비스의 질과 내용에 따라 구분하며,「경범죄 처벌법」위반자에 대한 통고처분은 질서경찰의 영역에, 교통정보의 제공은 봉사경찰의 영역에 해당한다.

03
경찰의 임무 및 수단과 위험에 대한 설명이다. 이에 관한 ㉠부터 ㉤까지의 설명 중 옳고 그름의 표시(O, X)가 모두 바르게 된 것은?

㉠ 형사소송법은 경찰의 수사를 경찰의 직무로 규정하고 있으나, 국가경찰과 자치경찰의 조직 및 운영에 관한 법률은 이를 명문으로 규정하고 있지 않다.
㉡ 보행자의 통행이 거의 없는 밤 시간에 횡단보도 보행자 신호등이 녹색등일 때 보행자가 없다고 해서 정지하지 않고 진행한 경우에도 통행한 운전자는 경찰책임자가 된다.
㉢ 경찰직무(임무) 중 경비·주요 인사(요인)경호 및 대간첩·대테러 작전 수행은 경찰관직무집행법과 국가경찰과 자치경찰의 조직 및 운영에 관한 법률에 규정하고 있다.
㉣ '외관적 위험'에 대한 경찰권 발동은 경찰상 위험에 해당하는 적법한 경찰개입이므로 경찰관에게 민·형사상의 책임을 물을 수 없고, 국가의 손실보상책임이 발생할 수 있다.
㉤ 구체적 위험은 개별사례에서 실제로 또는 최소한 경찰관의 사전적 시점에서 사실관계를 합리적으로 평가하였을 때, 가까운 장래에 공공의 안녕이나 공공의 질서에 대한 손해가 발생할 충분한 개연성이 있는 상황과 관련이 있다.

① ㉠ (O) ㉡ (X) ㉢ (X) ㉣ (X) ㉤ (X)
② ㉠ (X) ㉡ (O) ㉢ (X) ㉣ (X) ㉤ (O)
③ ㉠ (X) ㉡ (X) ㉢ (O) ㉣ (O) ㉤ (X)
④ ㉠ (X) ㉡ (O) ㉢ (O) ㉣ (X) ㉤ (O)

04

다음에 제시한 사례와 범죄학자들의 이름이 올바르게 짝지어진 것은?

> 가. A는 학교폭력을 저지르는 B의 무리와 자주 만나며 친하게 지냈다. B로부터 오토바이 절도에 관한 기술도 배워 상습적으로 범행을 저지르게 되었다.
> 나. D경찰서는 관내 청소년 비행 문제가 증가하자 청소년들을 대상으로 폭력 영상물의 폐해에 관한 교육을 실시하고, 해당 유형의 영상물에 대한 접촉을 삼가도록 계도했다.

① 가. 레클레스(Reckless)
　나. 허쉬(Hirschi)
② 가. 서덜랜드(Sutherland)
　나. 글레이저(Glaser)
③ 가. 에이커스(Akers)
　나. 서덜랜드(Sutherland)
④ 가. 레클레스(Reckless)
　나. 에이커스(Akers)

05

다음 중 합리적 선택이론(Rational Choice Theory)에 대한 설명으로 가장 옳은 것은?

① 합리적 선택이론(Rational Choice Theory)은 코헨과 펠슨이 제시한 이론이다.
② 범죄는 잠재적인 범죄자가 불법 행위에 대한 비용과 편익을 분석하는 의사결정 과정의 결과라는 입장이다.
③ 범죄자에게 있어서 범죄의 상황적 요인은 고려되지 않는다.
④ 거시적 범죄예방모델에 입각한 특별예방효과에 중점을 둔다.

06

다음 보기의 내용과 CPTED의 기본원리 중 관련이 많은 것은?

> 평소 조명이 없어 어두운 한강대교 밑 둔치에서 자주 목격되는 청소년의 음주, 흡연 등 환경개선에 대한 필요성이 대두되어, 시는 셉티드(CPTED) 기법의 일환으로 한강대교 하부와 한강둔치에 LED보안 등 16개를 설치, 야간에 점등하여 한강대교 하부의 시인성을 높이고 청소년 비행취약지역에 대한 환경정비와 보행자 통행환경 개선을 진행하였다.

① 사적공간에 대한 경계를 표시하여 주민들의 책임의식과 소유의식을 증대함으로써 사적공간에 대한 관리권과 권리를 강화시키고, 외부인들에게는 침입에 대한 불법사실을 인식시켜 범죄기회를 차단하는 원리이다.
② 지역사회 설계 시 주민들이 모여서 상호의견을 교환하고 유대감을 증대할 수 있는 공공장소를 설치하고 이용하도록 함으로써 '거리의 눈'을 활용한 자연적 감시와 접근통제의 기능을 확대하는 원리이다.
③ 일정한 지역에 접근하는 사람들을 정해진 공간으로 유도하거나 외부인의 출입을 통제하도록 설계함으로써 접근에 대한 심리적 부담을 증대시켜 범죄를 예방하는 원리이다.
④ 건축물이나 시설물 설계 시 가시권을 최대한 확보, 외부침입에 대한 감시기능을 확대함으로써 범죄행위의 발견 가능성을 증가시키고 범죄기회를 감소시킬 수 있다는 원리이다.

07

다음 중 미국의 지역사회 범죄예방활동 프로그램을 설명한 것으로 옳지 않은 것은?

① 회복적 정의(restorative justice) – 잘못된 행동이 초래한 개인과 공동체의 피해와 어려움을 확인하고, 당사자들이 참여하여 피해회복 관계회복 방안 등을 모색함으로써 공동체의 평온을 유지하는 것을 목표로 한다.

② 응보적 정의(retributive justice) – 잘못된 행동에 대해 법이나 규범에 따라 가해자에게 적절한 처벌을 부여함으로써 개인과 사회를 통제하는 것을 목표로 한다.

③ Safer city program – 가상 범죄상황을 보여주고 유사한 상황에 처한 시청자가 취해야 할 적절한 행동을 가르쳐주는 형식의 프로그램이다.

④ Crime stopper program – 범죄에 대한 정보를 가지고 있는 주민이 신고할 수 있도록 동기부여를 위해 현금보상을 실시하는 범죄정보 보상 프로그램이다.

08

코헨과 펠드버그는 사회계약설로부터 도출되는 경찰활동의 기준을 제시하였다. 다음 각 사례와 가장 연관이 깊은 경찰 활동의 기준이 바른 것은 모두 몇 개인가?

> ㉠ 신고자가 전과자라 하여 경찰관이 출동하지 않은 경우 – 〈냉정하고 객관적인 자세〉
> ㉡ 음주단속을 하던 A경찰서 직원이 김경위를 적발하고도 동료경찰관이라는 이유로 눈감아 준 경우 – 〈편들기〉
> ㉢ 경찰관이 뇌물수수나 공짜 접대를 받은 경우 – 〈공정한 접근〉
> ㉣ 불법 개조한 오토바이를 단속하던 경찰관이 정지명령에 불응하는 오토바이를 향하여 과도하게 추격한 결과 운전자가 전신주를 들이받고 사망한 경우 – 〈생명과 재산의 안전〉
> ㉤ 박순경은 순찰 근무 중 달동네는 가려지지 않고 부자 동네인 구역으로만 순찰을 다니려고 한 경우 – 〈공정한 접근〉

① 1개 ② 2개
③ 3개 ④ 4개

09

존 클라이니히(J. Kleinig)가 주장한 경찰윤리 교육의 목적에 대한 설명으로 가장 적절하지 않은 것은?

① 존 클라이니히(J. Kleinig)가 주장한 경찰윤리 교육의 목적은 도덕적 결의의 강화, 도덕적 감수성의 배양, 도덕적 전문능력 함양이고, 이중에서 경찰윤리 교육의 가장 중요한 목적은 도덕적 감수성 배양이라 보았다.
② 도덕적 감수성의 배양은 경찰이 다양한 계층의 사람들을 모두 인간으로서 존중하고 공평하게 봉사하는 것이다.
③ 도덕적 결의의 강화는 경찰이 업무를 수행하면서 내부 및 외부로부터의 여러 압력과 유혹에도 굴복하지 않고 자신의 소신과 직업의식에 따라 일을 처리하는 것이다.
④ 도덕적 전문능력 함양은 경찰이 비판적·반성적 사고방식을 배양하여 조직 내에 관습적으로 내려오는 관행을 비판적으로 검토하여 수행하는 것이다.

10

「경찰청 공무원 행동강령」에서 규정하고 있는 '공정한 직무수행을 해치는 지시에 대한 처리'에 대한 설명으로 가장 적절한 것은?

① 공무원은 상급자가 자기 또는 타인의 부당한 이익을 위하여 공정한 직무수행을 현저하게 해치는 지시를 하였을 때에는 별지 제1호 서식 또는 전자우편 등의 방법으로 그 사유를 상급자에게 소명하고 지시에 따르지 아니하거나, 행동강령책임관과 상담하여야 한다.
② ①에 따라 지시를 이행하지 아니하였는데도 같은 지시가 반복될 때에는 즉시 행동강령책임관과 상담할 수 있다.
③ ①이나 ②에 따라 상담 요청을 받은 행동강령책임관은 지시 내용을 확인하여 지시를 취소하거나 변경할 필요가 있다고 인정되면 취소 또는 변경하여야 한다. 다만, 지시 내용을 확인하는 과정에서 부당한 지시를 한 상급자가 스스로 그 지시를 취소하거나 변경하였을 때에는 그러하지 아니하다.
④ ③에 따른 보고를 받은 소속 기관의 장은 필요하다고 인정되면 지시를 취소·변경하는 등 적절한 조치를 하여야 한다. 이 경우 공정한 직무수행을 해치는 지시를 ①에 따라 이행하지 아니하였는데도 같은 지시를 반복한 상급자에게는 징계 등 필요한 조치를 할 수 있다.

11
공직자의 이해충돌에 대한 설명으로 가장 적절하지 않은 것은?

① 우리나라는 2021년 5월 공직자의 이해충돌 방지법을 제정하였다.
② 이해충돌 회피에 있어서는 '어느 누구도 자신이 연루된 사건의 재판관이 되어서는 안 된다'라는 원칙이 적용된다.
③ 누구든지 「공직자의 이해충돌 방지법」의 위반행위가 발생한 공공기관 또는 그 감독기관, 감사원 또는 수사기관, 국민권익위원회에 신고할 수 있다.
④ 감사원은 이 법에 따른 공직자의 이해충돌 방지에 관한 제도개선 및 교육·홍보 계획의 수립 및 시행 등 공직자의 이해충돌 방지에 관한 업무를 총괄한다.

12
「경찰청 적극행정 면책제도 운영규정」에 대한 설명으로 적절하지 않은 것은?

① "사전컨설팅 감사"란 불합리한 제도 등으로 인해 적극적인 업무 수행이 어려운 경우, 해당 업무의 수행에 앞서 업무 처리 방향 등에 대하여 미리 감사의견을 듣고 이를 업무처리에 반영하여 적극행정을 추진하는 것을 말한다.
② "사전컨설팅 대상 기관 및 대상 부서의 장"이란 각 시·도경찰청장, 부속기관의 장, 산하 공직유관단체의 장 및 경찰청 관·국의 장을 말한다.
③ 자체 감사를 받는 사람이 적극행정면책을 받기 위해서는 세 가지 요건(1. 감사를 받는 사람의 업무처리가 불합리한 규제의 개선, 공익사업의 추진 등 공공의 이익을 위한 것일 것, 2. 감사를 받는 사람이 대상 업무를 적극적으로 처리한 결과일 것, 3. 감사를 받는 사람의 행위에 고의나 중대한 과실이 없을 것) 중 최소한 하나를 충족하면 된다.
④ ③에도 불구하고 업무처리과정에서 기본적으로 지켜야 할 의무를 다하지 않았거나 금품을 수수한 경우에는 면책대상에서 제외한다.

13
갑오개혁 이후 일본의 헌병의 경찰활동에 대한 설명으로 가장 적절하지 않은 것은?

① 1896년 한성과 부산 간의 군용전신선 보호를 명목으로 일본의 헌병대가 처음 주둔하게 되었다.
② 1910년 조선주차헌병조령에 의해 헌병이 일반치안을 담당할 법적 근거를 마련하였으며, 헌병은 의병활동지나 군사요충지, 일반경찰은 주로 도시나 개항장 등에 배치되었다.
③ 헌병은 군사경찰업무와 행정경찰업무를 수행하고, 사법경찰업무는 제외하였다.
④ 헌병은 사회단체의 단속, 항일인사의 체포, 일본 관민의 보호 등 고등경찰업무도 수행했다.

14
다음은 각국 경찰제도에 대한 설명으로 적절하지 않은 것은 모두 몇 개인가?

> 가. 영국의 지방경찰은 기존의 3원 체제(지방경찰청장, 지방경찰위원회, 내무부장관)에서 4원체제(지역치안위원장, 지역치안평의회, 지방경찰청장, 내무부장관)로 변경하면서 자치경찰의 성격을 약화하였다.
> 나. 미국의 연방범죄수사국(FBI)은 루즈벨트(F. D. Roosevelt) 대통령의 지시로 1908년 재무부 소속의 수사국으로 창설되었고, 2001년 9.11테러 이후 테러예방과 수사에 많은 역량을 집중시키고 있다.
> 다. 독일의 연방헌법보호청은 경찰기관의 하나로서 법집행업무를 수행하는데, 헌법위반과 관련된 사안에 대해서만 구속·압수·수색 등 강제수사를 할 수 있다.
> 라. 프랑스의 제2국가경찰인 군인경찰(La Gendanmerie Nationale)은 국립경찰이 배치되지 않는 소규모 인구의 소도시와 농촌지역에서 경찰업무를 수행하며, 신분은 군인이나 소속은 내무부이다.
> 마. 일본의 관구경찰국은 동경 경시청과 북해도 경찰본부 관할구역을 제외하고 전국에 7개가 설치되어 있다.

① 1개 ② 2개
③ 4개 ④ 5개

15
경찰조직의 편성원리에 대한 설명으로 가장 적절하지 않은 것은?

① 계층제의 원리 – 지휘계통을 확립하고 조직의 업무수행 활동에 질서와 통일을 기할 수 있는 장점이 있으며, 계층이 많아질수록 의사소통과 업무처리시간에 효율을 기할 수 있다.
② 분업의 원리 – 가급적 한 사람에게 동일한 업무를 분담시킴으로써 특정 분야에 대한 업무의 전문화 확보를 가능하게 한다.
③ 명령통일의 원리 – 업무수행의 혼선을 방지하여 신속한 의사결정을 하도록 한다.
④ 통솔범위의 원리 – 업무의 종류가 단순할수록 통솔범위는 넓어지며 계층의 수가 많을수록 통솔범위는 좁아진다.

16
예산절차상의 특징에 따른 예산의 유형에 관한 설명으로 옳은 것은?

① 본예산은 정기국회의 심의를 거쳐 확정된 최초의 예산으로 당초예산이라고도 한다.
② 수정예산은 예산이 국회를 통과한 이후 예산집행과정에서 다시 제출되는 예산이다.
③ 추가경정예산은 예산안이 제출된 이후 국회의결 이전에 기존안의 일부를 수정해 제출한 예산이다.
④ 준예산은 새로운 회계연도가 시작되는 날로부터 최초 수개월분의 일정한 금액의 예산을 정부가 집행할 수 있게 허가하는 제도이다.

17

「경찰장비관리규칙」에 대한 설명 중 가장 적절한 것은?

① 경찰기관의 장은 무기를 휴대한 자 중에서 사의를 표명한 자에게 대여한 무기·탄약을 즉시 회수해야 한다. 다만, 이의신청은 허용되지 않으며, 소속 부서장의 요청에 한하여 심의위원회의 심의를 거칠 수 있다.
② 경찰기관의 장은 무기를 휴대한 자 중에서 경찰공무원 직무적성검사 결과 고위험군에 해당되는 자에게 대여한 무기·탄약을 즉시 회수해야 한다.
③ 경찰기관의 장은 ①~②에 규정한 사유들이 소멸되면 직권 또는 당사자 신청에 따라 즉시 무기 회수의 해제 조치를 할 수 있다.
④ 심의위원회의 회의는 재적위원 과반수의 출석으로 개의하며, 출석위원 과반수의 찬성으로 의결하며 회의는 비공개로 한다.

18

「행정업무의 운영 및 혁신에 관한 규정」에 대한 설명으로 가장 적절한 것은?

① '일반문서'란 고시·공고 등 행정기관이 일정한 사항을 일반에게 알리는 문서를 말한다.
② 공문서는 결재권자가 해당 문서에 서명(전자이미지서명, 전자문자서명 및 행정전자서명을 포함한다)의 방식으로 결재함으로써 효력을 발생한다.
③ 공문서는 수신자에게 도달(전자문서의 경우는 수신자가 관리하거나 지정한 전자적 시스템 등에 입력되는 것을 말한다)됨으로써 효력을 발생한다. 다만, 공고문서의 경우 그 문서에서 효력 발생 시기를 구체적으로 밝히고 있지 않으면 그 고시 또는 공고 등이 있은 날부터 5일이 경과한 때에 효력이 발생한다.
④ 공문서에는 음성정보나 영상정보 등이 수록되거나 연계된 바코드 등을 표기할 수 없다.

19

경찰통제의 기본요소에 관한 설명으로 가장 적절하지 않은 것은?

① 권한의 분산 : 경찰의 중앙조직과 지방조직 간의 권한 분산, 상위계급자와 하위계급자 간의 권한 분산 등이 필요하다.
② 공개 : 경찰의 정보공개를 통해 행정기관의 투명성이 확보된다면 독선과 부패는 억제될 수 있다.
③ 책임 : 조직의 정책과오에 대하여 엄격한 책임을 묻고 있다.
④ 참여 : 경찰은 국민에게 행정참여를 보장함으로써 행정의 공정성, 투명성 및 신뢰성을 확보해야 한다.

20

「경찰 감찰 규칙」상 내용으로 옳지 않은 것은?

① 감찰관은 경찰기관의 장의 지시에 따라 소속 감찰관으로 하여금 일정기간 동안 다른 경찰기관 소속 직원의 복무실태, 업무추진 실태 등을 점검하게 할 수 있다.
② 감찰관은 심야(자정부터 오전 6시까지를 말한다)에 조사를 하여서는 아니 된다. 단 조사대상자 또는 그 변호인의 별지 심야조사 요청이 있는 경우에는 예외적으로 심야조사를 할 수 있다. 이 경우 심야조사의 사유를 조서에 명확히 기재하여야 한다.
③ 감찰관은 소속공무원의 의무위반사실에 대한 민원을 접수한 경우 접수일로부터 2개월 내에 신속히 처리하여야 한다. 다만, 부득이한 사유로 민원을 기한 내에 처리할 수 없을 때에는 소속 경찰기관의 감찰부서장에게 보고하여 그 처리기간을 연장할 수 있다.
④ 통지를 받은 조사대상자는 그 통지를 받은 날부터 10일 이내에 감찰을 주관한 경찰기관의 장에게 이의신청을 할 수 있다. 다만, 감찰결과 징계요구된 사건에 대해서는 징계위원회에서의 의견진술 등의 절차로 이의신청을 갈음할 수 있다.

21

법규명령과 행정규칙에 대한 설명으로 가장 옳은 것은? (판례에 의함)

① 법령의 규정이 특정 행정기관에게 그 법령 내용의 구체적 사항을 정할 수 있는 권한을 부여하면서 그 권한 행사의 절차나 방법을 특정하고 있지 않은 관계로 수임 행정기관이 행정규칙의 형식으로 그 법령의 내용이 될 사항을 구체적으로 정하고 있다면, 그와 같은 행정규칙, 규정은 행정규칙이 갖는 일반적 효력으로서가 아니라 행정기관에 법령의 구체적 내용을 보충하는 기능을 갖게 된다 할 것이므로, 이와 같은 행정규칙, 규정은 해당 법령의 수임한계를 벗어나지 않는 범위에서는 그것들과 결합하여 대외적인 구속력이 있는 행정규칙으로서의 효력을 갖게 된다.
② 행정입법이란 행정부가 제정하는 법을 의미하며, 행정조직 내부의 사무처리기준에 관한 법규명령과 국민을 구속하는 효력이 있는 행정규칙으로 구분된다.
③ 법규명령의 제정에는 헌법·법률 또는 상위명령의 근거가 필요하지 않아 독자적인 행정입법 작용이 허용된다.
④ 법률의 위임에 따라 효력을 갖는 법규명령의 경우에 위임의 근거가 없어 무효였더라도 나중에 법 개정으로 위임의 근거가 부여되면 그때부터는 유효한 법규명령으로 볼 수 있다. 그러나 법규명령이 개정된 법률에 규정된 내용을 함부로 유추·확장하는 내용의 해석규정이어서 위임의 한계를 벗어난 것으로 인정될 경우에는 법규명령은 여전히 무효이다.

22

「국가경찰과 자치경찰의 조직 및 운영에 관한 법률」 제10조에서 규정하고 있는 '국가경찰위원회의 심의·의결 사항'에 대한 설명으로 옳지 않은 것은 모두 몇 개인가?

> ⊙ 자치경찰사무에 관한 인사, 예산, 장비, 통신 등에 관한 주요정책 및 그 운영지원
> ⓒ 국가경찰사무에 관한 인권보호와 관련되는 경찰의 운영·개선에 관한 사항
> ⓒ 국가경찰사무 담당 공무원의 부패 방지와 청렴도 향상에 관한 주요 정책사항
> ⓔ 국가경찰사무에 대한 다른 국가기관으로부터의 업무협조 요청에 관한 사항
> ⓜ 비상사태 등 전국적 치안유지를 위한 경찰청장의 지휘·감독에 관한 사항
> ⓗ 그 밖에 경찰청장 및 시·도경찰청장이 중요하다고 인정하여 국가경찰위원회의 회의에 부친 사항

① 1개
② 2개
③ 3개
④ 4개

23

「경찰공무원 임용령」에 관한 설명 중 가장 적절한 것은?

① 경찰청장은 시·도지사에게 시·도의 자치경찰사무를 담당하는 경찰공무원 중 경정의 전보·파견·휴직·직위해제 및 복직에 관한 권한과 경감 이하의 임용권(신규채용 및 면직에 관한 권한은 제외)을 위임할 수 있다.
② 자치경찰사무를 담당하는 동작경찰서 소속 경사 乙의 경위으로의 승진임용과 경감 乙에 대한 휴직은 시·도지사가 한다.
③ 국가경찰사무를 담당하는 동작경찰서 소속 경사 丙의 감봉처분은 동작경찰서장이 행하고, 징계처분에 대한 행정소송 피고는 시·도경찰청장이다.
④ 임용권을 위임받은 시·도자치경찰위원회는 시·도지사와 경찰청장의 의견을 들어 그 권한의 일부를 시·도경찰청장에게 다시 위임할 수 있다.

24

다음은 경찰공무원의 의무에 대한 설명이다. 근거 법령이 같은 것끼리 연결이 옳은 것은?

> ㉠ 직무의 내외를 불문하고 그 품위가 손상되는 행위를 하여서는 아니 된다.
> ㉡ 전시·사변, 그 밖에 이에 준하는 비상사태이거나 작전수행 중인 경우 또는 많은 인명 손상이나 국가재산 손실의 우려가 있는 위급한 사태가 발생한 경우, 경찰공무원을 지휘·감독하는 사람은 정당한 사유 없이 그 직무 수행을 거부 또는 유기하거나 경찰공무원을 지정된 근무지에서 진출·퇴각 또는 이탈하게 하여서는 아니 된다.
> ㉢ 선거에서 특정 정당 또는 특정인을 지지 또는 반대하기 위한 다음의 행위를 하여서는 아니 된다.
> ㉣ 소속상관의 허가 또는 정당한 사유가 없으면 직장을 이탈하지 못한다.
> ㉤ 경찰공무원은 제복을 착용하여야 한다.

① 국가공무원법 - ㉢㉣㉤, 경찰공무원법 - ㉠㉡
② 국가공무원법 - ㉠㉡㉣, 경찰공무원법 - ㉢㉤
③ 국가공무원법 - ㉠㉣, 경찰공무원법 - ㉡㉢㉤
④ 국가공무원법 - ㉠㉢㉣, 경찰공무원법 - ㉡㉤

25

다음 중 수권조항에 관한 설명으로 타당하지 않은 것은?

① 개괄적 수권조항으로 인한 경찰권 남용의 가능성은 조리상의 한계 등으로 충분히 통제가 가능하다.
② 개괄적 수권조항이란 경찰권의 발동에 필요한 개별적인 법적 근거가 명확하게 규정되지 않은 경우에 경찰이 공공의 안녕과 질서를 유지하기 위해 일반적이고 보충적인 법적 근거로 사용할 수 있는 조항을 말한다.
③ 경찰관직무집행법 제2조 제7호의 "그 밖에 공공의 안녕과 질서유지"에 관한 규정을 우리의 판례는 개괄적 조항으로 본다.
④ 일반적 수권조항에 근거한 경찰권의 발동은 소극적인 위험방지 분야에 한정된다는 사상을 확립시킨 계기가 된 판결은 1960년 띠톱 판결이다.

26
다음은 행정행위의 효력에 관한 내용으로 옳게 설명한 것은 모두 몇 개 인가? (다툼이 있는 경우 판례에 의함)

> ㉠ 행정행위가 성립요건·효력요건을 구비하면 효과의사의 내용에 따라(법률행위적 행정행위), 법이 정하는 바에 따라(준법률적 행정행위) 일정한 효과를 발생하여 행정청·상대방·관계인을 구속하는데, 이를 강제력이라 한다.
> ㉡ 행정행위가 중대·명백한 하자로 당연무효가 아닌 한 그것이 권한 있는 기관에 의하여 취소되기까지는 상대방과 행정청 및 제3자에 대하여 유효한 것으로 통용되는 힘을 공정력이라 한다.
> ㉢ 연령미달의 결격자 甲이 타인(자신의 형)의 이름으로 운전면허 시험에 응시, 합격하여 교부받은 운전면허라 하더라도 당연무효는 아니고, 당해 면허가 취소되지 않는 한 유효하므로, 甲의 운전행위는 무면허운전죄에 해당하지 않는다.
> ㉣ 제소기간이 이미 도과하여 불가쟁력이 생긴 행정처분에 대하여는 개별 법규에서 그 변경을 요구할 신청권을 규정하고 있거나 관계 법령의 해석상 그러한 신청권이 인정될 수 있는 등 특별한 사정이 없는 한 국민에게 그 행정처분의 변경을 구할 신청권이 있다고 할 수 없다.

① 0개 ② 1개
③ 2개 ④ 3개

27
「행정기본법」상 제재처분의 제척기간인 5년이 지나면 제재처분을 할 수 없는 경우는?

① 제재처분을 하지 아니하면 국민의 안전·생명 또는 환경을 심각하게 해치거나 해칠 우려가 있는 경우
② 거짓이나 그 밖의 부정한 방법으로 인허가를 받거나 신고를 한 경우
③ 정당한 사유 없이 행정청의 조사·출입·검사를 기피·방해·거부하여 제척기간이 지난 경우
④ 당사자가 인허가나 신고의 위법성을 경과실로 알지 못한 경우

28
행정행위의 부관에 관한 설명으로 가장 적절한 것은? (다툼이 있는 경우 판례에 의함)

① 행정청은 사정이 변경되어 종전의 부관을 변경하지 아니하면 해당 처분의 목적을 달성할 수 없다고 인정되는 경우에는 그 처분을 한 후에도 부관을 새로 붙이거나 종전의 부관을 변경할 수 있다.
② 기한은 법률행위 효력의 발생 또는 소멸을 장래의 불확실한 사실의 성부에 의존하게 하는 법률행위의 부관이다.
③ 장래의 사실이더라도 그것이 장래 반드시 실현되는 사실이면 실현되는 시기가 비록 확정되지 않더라도 이는 조건으로 보아야 한다.
④ 행정청이 종교단체에 대하여 기본재산전환인가를 함에 있어 인가조건을 부가하고 그 불이행시 인가를 취소한다. 인가조건의 의미를 철회권의 유보로 본다.

29
아래 〈보기〉에서 간접적 의무이행 확보수단에 해당하는 것은 모두 몇 개인가?

〈보기〉
㉠ 즉시강제   ㉡ 행정대집행
㉢ 행정형벌   ㉣ 이행강제금 부과
㉤ 강제징수   ㉥ 과징금
㉦ 공급 거부

① 3개   ② 4개
③ 5개   ④ 6개

30
「행정절차법」에 관한 설명으로 가장 적절하지 않은 것은?

① 이 법은 행정절차에 관한 공통적인 사항을 규정하여 국민의 행정 참여를 도모함으로써 행정의 공정성·투명성 및 신뢰성을 확보하고 국민의 권익을 보호함을 목적으로 한다.
② 행정청이 그 관할에 속하지 아니하는 사안을 접수하였거나 이송받은 경우에는 지체 없이 이를 관할 행정청에 이송하여야 하고 그 사실을 신청인에게 통지하여야 한다. 행정청이 접수하거나 이송받은 후 관할이 변경된 경우에도 또한 같다.
③ 행정청의 관할이 분명하지 아니한 경우에는 해당 행정청을 공통으로 감독하는 상급 행정청이 그 관할을 결정하며, 공통으로 감독하는 상급 행정청이 없는 경우에는 각 상급 행정청이 협의하여 그 관할을 결정한다.
④ 행정청은 필요한 처분기준을 해당 처분의 성질에 비추어 되도록 구체적으로 정하여 공표하여야 한다. 처분기준을 변경하는 경우에는 적용되지 않는다.

31
「행정심판법」상 재결에 관한 설명으로 옳지 않은 것은?

① 재결은 서면으로 하며, 청구인에게 재결서의 정본이 송달되었을 때에 그 효력이 생긴다.
② 행정심판위원회는 사정재결을 할 수 없다.
③ 행정심판위원회는 심판청구의 대상이 되는 처분보다 청구인에게 불리한 재결을 하지 못한다.
④ 사정재결을 하는 경우 반드시 재결주문에 그 처분 또는 부작위가 위법하다는 것을 명시해야 한다.

32
「경찰관 직무집행법」상 위험방지를 위한 출입에 대한 설명으로 가장 적절하지 않은 것은?

① 위험방지를 위한 출입의 성질은 대가택적 즉시강제이다.
② 경찰공무원은 여관에 불이 나서 객실에 쓰러져 있는 사람이 있는 경우에는 주인이 허락하지 않더라도 들어갈 수 있다.
③ 새벽 3시에 영업이 끝난 식당에서 주인만 머무르는 경우라도, 경찰공무원은 범죄의 예방을 위해 출입을 요구할 수 있고, 상대방은 이를 거절할 수 없다.
④ 경찰공무원은 위험방지를 위해 여관에 출입할 경우에는 그 신분을 표시하는 증표를 제시하여야 하며, 함부로 관계인이 하는 정당한 업무를 방해해서는 아니 된다.

33

「경찰관 직무집행법」에 대한 설명이다. (   )안에 들어갈 말을 바르게 나열한 것은?

> ⊙ 정보의 구체적인 범위와 처리 기준, 정보의 수집·작성·배포에 수반되는 사실의 확인 절차와 한계는 (   )으로 정한다.
> ⓒ 위해성 경찰장비의 종류 및 그 사용기준, 안전교육·안전검사의 기준 등은 (   )으로 정한다.
> ⓒ 손실보상의 기준, 보상금액, 지급 절차 및 방법, 제3항에 따른 손실보상심의위원회의 구성 및 운영, 제4항 및 제6항에 따른 환수절차, 그 밖에 손실보상에 관하여 필요한 사항은 (   )으로 정한다.

① ⊙ 대통령령 ⓒ 대통령령 ⓒ 대통령령
② ⊙ 대통령령 ⓒ 행정안전부령 ⓒ 행정안전부령
③ ⊙ 행정안전부령 ⓒ 대통령령 ⓒ 대통령령
④ ⊙ 행정안전부령 ⓒ 행정안전부령 ⓒ 대통령령

34

「경찰관 직무집행법」 및 동법 시행령상 손실보상에 관한 내용 중 가장 적절하지 않은 것은?

① 소속 경찰공무원의 직무집행으로 인하여 발생한 손실보상청구 사건을 심의하기 위하여 경찰청, 해양경찰청, 시·도경찰청 및 지방해양경찰청에 손실보상심의위원회를 설치한다.

② 손실보상을 청구할 수 있는 권리는 손실이 발생한 날부터 3년, 손실이 있음을 안 날부터 5년간 행사하지 아니하면 시효의 완성으로 소멸한다.

③ 손실보상 결정권자는 손실보상 청구가 요건과 절차를 갖추지 못한 경우(다만, 그 잘못된 부분을 시정할 수 있는 경우는 제외)에는 그 청구를 각하(却下)하는 결정을 해야 한다.

④ 손실보상 결정권자는 특별한 사유가 없으면 보상금을 지급하기로 결정한 날부터 30일 이내에 이를 지급하되, 부득이한 사유가 있는 경우에는 그 보상금을 지급받을 사람의 신청에 따라 현금으로 지급할 수 있고, 일시불로 지급하되, 예산 부족 등의 사유로 일시불로 지급할 수 없는 특별한 사정이 있는 경우에는 그 보상금을 지급받을 사람의 동의를 받아 분할하여 지급할 수 있다.

35

「즉결심판에 관한 절차법」에 대한 설명으로 가장 적절한 것은? (다툼이 있으면 판례에 의함)

① 지방법원, 지원 또는 시·군법원의 판사는 즉결심판절차에 의하여 피고인에게 20만원 이하의 벌금, 구류 또는 과료, 자격상실, 자격정지에 처할 수 있다.
② 정식재판을 청구하고자 하는 피고인은 정식재판 청구서를 판사에게 제출하여야 한다.
③ 판사는 구류의 선고를 받은 피고인이 일정한 주소가 없거나 또는 도망할 염려가 있을 때에는 5일을 초과하지 아니하는 기간 내에서 경찰서 유치장에 유치할 것을 명령할 수 있다. 다만, 이 기간은 선고기간을 초과할 수 없다.
④ 피고인이 즉결심판에 대하여 제출한 정식재판청구서에 피고인의 자필로 보이는 이름이 기재되어 있고 그 옆에 서명이 되어 있어 위 서류가 작성자 본인인 피고인의 진정한 의사에 따라 작성되었다는 것을 명백하게 확인할 수 있더라도 피고인의 인장이나 지장이 찍혀 있지 않다면 정식재판청구는 부적법하다고 보아야 한다.

36

「아동학대범죄의 처벌 등에 관한 특례법」에 대한 설명 중 옳은 것은 모두 몇 개인가?

㉠ 아동학대범죄에 대하여는 이 법을 우선 적용한다. 다만, 「성폭력범죄의 처벌 등에 관한 특례법」, 「아동·청소년의 성보호에 관한 법률」에서 가중처벌되는 경우에는 그 법에서 정한 바에 따른다.
㉡ 법원은 아동학대행위자에 대하여 유죄판결(선고유예를 포함한다)을 선고하거나 약식명령을 고지하면서 200시간의 범위에서 재범예방에 필요한 수강명령 또는 아동학대 치료프로그램의 이수명령을 병과할 수 있다.
㉢ 피해아동등을 아동학대 관련 보호시설로 인도하는 경우, 48시간을 넘을 수 없다. 다만, 공휴일이나 토요일이 포함되는 경우로서 피해아동등의 보호를 위하여 필요하다고 인정되는 경우에는 48시간의 범위에서 그 기간을 연장할 수 있다.
㉣ 사법경찰관리 또는 아동학대전담공무원이 응급조치를 한 경우에는 즉시 응급조치결과보고서를 작성하여야 한다. 이 경우 사법경찰관리가 응급조치를 한 경우에는 관할 경찰관서의 장이 시·도지사 또는 시장·군수·구청장에게, 아동학대전담공무원이 응급조치를 한 경우에는 소속 시·도지사 또는 시장·군수·구청장이 관할 경찰관서의 장에게 작성된 응급조치결과보고서를 지체 없이 송부하여야 한다.
㉤ 검사는 아동학대범죄가 재발될 우려가 있다고 인정하는 경우에는 직권으로 또는 사법경찰관이나 보호관찰관의 신청에 따라 법원에 피해아동등 또는 가정구성원의 주거, 학교 또는 보호시설 등에서 100미터 이내의 접근 금지 임시조치를 청구할 수 있다.

① 1개 ② 2개
③ 3개 ④ 4개

37
「재난 및 안전관리 기본법」에 대한 설명으로 가장 적절하지 않은 것은?

① '재난'이란 국민의 생명·신체·재산과 국가에 피해를 주거나 줄 수 있는 것으로서 자연재난과 사회재난으로 구분된다.
② 국무총리는 대통령령으로 정하는 재난이 발생하거나 발생할 우려가 있는 경우 사람의 생명·신체 및 재산에 미치는 중대한 영향이나 피해를 줄이기 위하여 긴급한 조치가 필요하다고 인정하면 중앙위원회의 심의를 거쳐 재난사태를 선포할 수 있다. 다만, 국무총리는 재난상황이 긴급하여 중앙위원회의 심의를 거칠 시간적 여유가 없다고 인정하는 경우에는 중앙위원회의 심의를 거치지 아니하고 재난사태를 선포할 수 있다.
③ 중앙대책본부장은 대통령령으로 정하는 규모의 재난이 발생하여 국가의 안녕 및 사회질서의 유지에 중대한 영향을 미치거나 피해를 효과적으로 수습하기 위하여 특별한 조치가 필요하다고 인정한 경우에는 중앙위원회의 심의를 거쳐 해당 지역을 특별재난지역으로 선포할 것을 대통령에게 건의할 수 있다.
④ ③에도 불구하고 대규모 인명피해가 발생하는 등 시급하게 특별재난지역으로 선포할 필요가 있는 경우로서 중앙대책본부장의 요청(국무총리가 중앙대책본부장의 권한을 행사하는 경우는 제외)을 받아 중앙위원회의 심의를 거칠 시간적 여유가 없다고 중앙위원회의 위원장이 인정하는 경우 중앙대책본부장은 중앙위원회의 심의를 거치지 아니하고 해당 지역을 특별재난지역으로 선포할 것을 대통령에게 건의할 수 있다.

38
「도로교통법」 및 관련 법령에 따를 때, 다음 설명 중 가장 적절하지 않은 것은? (다툼이 있는 경우 판례에 의함)

① 운전자가 음주운전으로 교통사고를 야기한 후, 차에서 내려 피해자(진단 3주)에게 '왜 와서 들이받냐'라는 말을 하고, 교통사고 조사를 위해 경찰서에 가자는 경찰관의 지시에 순순히 응하여 순찰차에 스스로 탑승하여 경찰서까지 갔을 뿐 아니라 경찰서에서 조사받으면서 사고 당시 상황에 대한 자신의 주장을 정확하게 진술하였다면, 비록 경찰관이 작성한 주취운전자 정황진술보고서에는 '언행상태'란에 '발음 약간 부정확', '보행상태'란에 '비틀거림이 없음', '운전자 혈색'란에 '안면 홍조 및 눈 충혈'이라고 기재되어 있다고 하더라도 음주로 인한 특정범죄 가중처벌 등에 관한 법률 위반(위험운전치사상)이 아니라 도로교통법 위반(음주운전)으로 처벌해야 한다.
② 앞차가 빗길에 미끄러져 비정상적으로 움직일 때는 진로를 예상할 수 없으므로 뒤따라가는 차량의 운전자는 이러한 사태에 대비하여 속도를 줄이고 안전거리를 확보해야 할 주의의무가 있다.
③ 「도로교통법」상 도로가 아닌 곳에서 술에 취한 상태에서의 운전은 음주운전으로는 처벌할 수 있지만 운전면허의 정지 또는 취소처분을 부과할 수는 없다.
④ 여러차례에 걸쳐 호흡측정기의 빨대를 입에 물고 형식적으로 숨을 부는 시늉만 하였을 뿐 숨을 제대로 불지 아니하여 호흡측정기에 음주측정수치가 나타나지 아니하도록 한 행위는 음주측정불응죄에 해당하지 않는다.

39

다음은 정보가치에 대한 평가기준을 설명한 것이다. ㉠ ~ ㉣에 해당하는 정보의 질적 요건을 순서대로 옳게 나열한 것은?

> ㉠ 정보는 정보사용자의 사용목적과 관련된 것이어야 한다.
> ㉡ 정보는 시간이 허용하는 한 최대한 완전한 지식이어야만 그 가치가 높아진다.
> ㉢ 정보는 사실과 일치되는 것이어야 한다. 즉, 정보는 정확해야만 그 가치가 높아지는 것이다. 정확한 정보를 얻기 위해서는 정보활동을 위한 사전준비가 철저해야 하며, 정보의 객관성에 대한 평가도 있어야 한다.
> ㉣ 정보는 사용자가 필요한 때에 사용할 수 있도록 제공되어야 한다.

① 적실성 - 완전성 - 객관성 - 적시성
② 완전성 - 적시성 - 정확성 - 적실성
③ 적실성 - 완전성 - 정확성 - 적시성
④ 관련성 - 완전성 - 객관성 - 적시성

40

다음 중 「출입국관리법(시행령 및 시행규칙 포함)」상 범죄를 범한 내국인에 대한 출국금지 조치를 할 경우 그 절차에 관한 설명으로 가장 옳지 않은 것은?

① 범죄수사를 위하여 출국이 적당하지 아니하다고 인정되는 사람은 원칙적으로 1개월 이내의 기간 동안 출국을 금지할 수 있다.
② 소재를 알 수 없어 기소중지 또는 수사중지(피의자 중지로 한정한다)된 사람 또는 도주 등 특별한 사유가 있어 수사진행이 어려운 사람은 3개월 이내 기간 동안 출국을 금지할 수 있다.
③ 기소중지된 경우로서 체포영장 또는 구속영장이 발부된 사람은 영장 유효기간 이내 기간 동안 출국을 금지할 수 있다.
④ 출국금지를 요청한 기관의 장은 출국금지기간을 초과하여 계속 출국을 금지할 필요가 있을 때에는 출국금지기간이 끝나기 15일 전까지 법무부장관에게 출국금지기간을 연장하여 줄 것을 요청하여야 한다.

PART 10 총알 총정리 모의고사 10회

01

형식적 의미의 경찰개념과 실질적 의미의 경찰개념에 대한 설명으로 가장 적절한 것은?

① 정보경찰, 안보경찰, 행정경찰은 형식적 의미의 경찰에 속한다.
② 「경찰관 직무집행법」 제3조의 불심검문의 수단으로 행하여지는 '불심검문 대상자에 대한 정지'는 경찰상 즉시강제의 권력작용이라는 면에서 실질적 의미의 경찰에 해당하고, 실정법에서 경찰행정기관에 그 권한을 맡기고 있으므로 형식적 의미의 경찰이기도 하다.
③ 실질적 의미의 경찰은 사회공공의 안녕과 질서유지와 같은 적극적 목적을 위한 작용이다.
④ 실질적 의미의 경찰은 국민의 자유와 권리를 보호하기 위한 비권력적 작용을 포함하며, 사회공공의 안녕과 질서를 유지하기 위한 목적에 한정된다.

02

「경찰관 직무집행법」 제2조와 경찰의 임무 등에 대한 설명으로 가장 적절하지 않은 것은? (다툼이 있는 경우 판례에 의함)

① 작용법인 「경찰관 직무집행법」 제2조에서는 '경찰관의 직무'와 조직법인 「국가경찰과 자치경찰의 조직 및 운영에 관한 법률」 제3조의 '경찰의 임무'를 실질적으로 동일하게 규율하고 있다.
② 「경찰관 직무집행법」 제2조의 직무행위의 구체적 내용이나 방법 등은 경찰관의 전문적 판단에 기한 합리적인 재량에 위임되어 있다.
③ 공무원에 대하여 작위의무를 명하는 법령의 규정이 없다면 공무원의 부작위로 인하여 침해된 국민의 법익 또는 국민에게 발생한 손해가 어느 정도 심각하고 절박한 것인지, 관련 공무원이 그와 같은 결과를 예견하여 그 결과를 회피하기 위한 조치를 취할 수 있는 가능성이 있는지 등을 종합적으로 고려하여 판단하여야 한다.
④ 국민의 생명·신체 및 재산의 보호는 공공의 안녕을 포함하는 상위개념이다.

03

경찰의 기본이념 중 법치주의에 대한 설명으로 가장 적절하지 않은 것은?

① 국민의 권리·의무에 제한을 가하는 것은 국가안전보장, 질서유지, 공공복리를 위해 필요한 경우에 한하여 법률로써만 가능하고, 그 경우에도 자유와 권리의 본질적인 내용을 침해할 수 없다.
② 경찰활동은 사전에 상대방에게 의무를 과함이 없이 행사되는 강제집행 같은 경우가 많기 때문에 법치주의 원리가 강하게 요구된다.
③ 위법한 경찰작용으로 인한 손해에 대하여는 국가배상법에 따라 국가배상청구권이 인정된다.
④ 국민은 경찰권의 적극적 행사로 인한 권리침해에 대하여 침해배제청구권이, 부작위 등 소극적 행사에 대하여는 일정 요건 하에 경찰개입청구권이 인정된다.

04

범죄의 개념과 관련된 빈칸의 학자를 바르게 연결한 것은?

| 가. 각 시대의 사회적, 문화적, 역사적 상황과 환경에 따라 다른 모습을 하게 되는 상대적 개념( ) |
| 나. 범죄는 법규를 위반하는 행위라고 정의( ) |
| 다. 범죄란 범죄를 정의할 권한이나 힘을 가진 자들에 의해 규정되며, 일탈이라는 낙인이 부착된 사람을 일탈자라 하고, 사람들에 의해 일탈한 것이라고 낙인찍힌 행위를 일탈행위라고 규정( ) |
| 라. 상위계층(화이트칼라)에 의한 범죄가 기존에 다루어지는 범죄보다 실질적인 해악이 더 크다( ) |
| 마. 인간의 기초적 인권을 침해하는 해악적 행위가 범죄( ) |

① 가. 사이크스(G. M. Sykes)
　나. 베커(Howard Becker)
　다. 해스켈 & 야블론스키(Martin R. Haskell & Lewis Yablonsky)
　라. 서덜랜드(Sutherland)
　마. 허먼 & 슈벤딩거(Herman & Schwendinger)
② 가. 사이크스(G. M. Sykes)
　나. 해스켈 & 야블론스키(Martin R. Haskell & Lewis Yablonsky)
　다. 베커(Howard Becker)
　라. 허먼 & 슈벤딩거(Herman & Schwendinger)
　마. 서덜랜드(Sutherland)
③ 가. 베커(Howard Becker)
　나. 해스켈 & 야블론스키(Martin R. Haskell & Lewis Yablonsky)
　다. 사이크스(G. M. Sykes)
　라. 서덜랜드(Sutherland)
　마. 허먼 & 슈벤딩거(Herman & Schwendinger)
④ 가. 사이크스(G. M. Sykes)
　나. 해스켈 & 야블론스키(Martin R. Haskell & Lewis Yablonsky)
　다. 베커(Howard Becker)
　라. 서덜랜드(Sutherland)
　마. 허먼 & 슈벤딩거(Herman & Schwendinger)

05

브랜팅햄(Brantingham)과 파우스트(Faust)가 제시한 범죄예방 모델 중 3차적 범죄예방에 해당하는 것으로 가장 옳은 것은?

① 접근통제 등과 같은 환경설계
② CCTV 설치
③ 지역사회 교정프로그램
④ 상황적 범죄예방

06

다음은 범죄예방과 원인론에 대한 설명이다. 보기의 내용과 올바르게 연결된 것은?

> ㉠ 지역사회 주민들이 상가 주변의 방범 활동에 자발적으로 참여하면서, 공동체 전체의 안전을 확보하려는 노력을 강조하였다.
>
> ㉡ 관악 경찰서는 청소년들이 비행 행위에 빠지지 않도록, 유명 연예인의 과도한 음주와 흡연 장면을 담은 영상물이 미치는 영향을 설명하며 교육을 진행하였다.
>
> ㉢ 영등포 경찰서는 관내 차량 절도 사건이 급증하자 차량 소유자들에게 차량 내부에 추적 장치를 설치하도록 안내하고, 해당 장치를 지원해주는 캠페인을 진행하였다.
>
> ㉣ 작은 무질서가 심각한 범죄로 이어질 수 있으므로 심각한 범죄의 예방을 위해서 작은 무질서라도 일체 용인할 수 없으며, 이를 위하여 작은 무질서행위도 철저하게 단속하는 경찰활동을 말한다.

	㉠	㉡	㉢	㉣
①	상황적 범죄예방이론	집합효율성 이론	무관용 경찰활동	차별적 동일시 이론
②	무관용 경찰활동	집합효율성 이론	차별적 동일시 이론	상황적 범죄예방 이론
③	집합효율성 이론	상황적 범죄예방 이론	차별적 동일시 이론	무관용 경찰활동
④	집합효율성 이론	차별적 동일시 이론	상황적 범죄예방 이론	무관용 경찰활동

07

에크와 스펠만(Eck & Spelman)은 경찰관서에서 문제지향경찰활동을 지역문제의 해결에 보다 쉽게 적용할 수 있도록 4단계의 문제해결과정(이른바 SARA 모델)을 제시하였다. 개별 단계에 관한 설명으로 가장 적절한 것은?

① 조사단계(scanning)는 일반적으로 지역사회에서 일회적으로 발생하지만 대중의 이목을 집중시키는 심각한 중대범죄 사건을 우선적으로 조사대상화하는 데에서 출발한다.

② 대응단계(response)에서는 분석된 문제의 원인을 제거하는 등 문제를 해결하기 위하여 행동하는 단계로서 특히 경찰과 지역 사회와의 협력이 필요한 단계이다.

③ 분석(analysis)에서는 발견된 문제의 원인과 범위 그리고 효과들을 파악하는 단계로서 경찰 내부 조직을 통해 수집된 자료를 활용하여 심층적인 분석을 실시한다.

④ 평가단계(assessment)는 효과평가와 결과평가의 두 단계로 구성되며, 이전 문제해결과정에의 환류를 통해 각 단계가 지속적인 순환과정으로 작동할 수 있도록 한다는 점에서 중요한 의미를 가진다.

08

지구대에 근무하는 김순경은 순찰 근무 중 미아를 발견하고 수소문하여 미아를 안전하게 부모에게 인계하였다. 이에 미아의 부모는 감사의 표시로 따뜻한 커피 한잔을 김순경에게 제공하였는데 김순경은 이를 거절하였다. 김순경이 공짜 커피를 거절하게 된 이론적 근거가 아닌 것은?

① 김순경은 부모가 후일 경찰관에게 특별한 대우를 받기를 원할 것이라는 생각을 가지고 있었다.
② 김순경은 바늘도둑이 소도둑 된다는 논리와 일맥상통하다는 생각을 가지고 있었다.
③ 김순경은 공짜 커피일지라도 그것이 정례화되면 준 사람에 대한 의무감이나 신세를 가지고 있다는 생각을 가지게 되어 불공정하게 처리할 수 있다고 생각했다.
④ 김순경은 순찰구역에서 경찰관들이 사소한 호의와 뇌물을 구별할 수 있으며, 작은 호의로 인해 편파적으로 업무를 처리하지 않을 것이라고 판단하였다.

09

존 클라이니히(J. Kleinig)의 내부고발에 대한 설명으로 옳은 것은?

① 동료나 상사의 부정에 대하여 감찰이나 외부의 언론매체를 통하여 공표하는 행위를 내부고발 행위라고 말하며, Moral hazard라고도 한다.
② 내부고발자는 특별한 경우를 제외하고 공표를 한 후에 자신의 이견(異見)을 표시하기 위한 모든 내부적 채널을 다 사용해야 한다.
③ 내부고발자는 부적절한 행동을 하도록 지시되었다는 자신의 신념이 합리적 증거에 근거하였는지 확인해야 한다.
④ 경찰시험을 준비하는 甲은 언론에서 경찰공무원의 부정부패 기사를 보고 '나는 경찰이 되면 저런 행위를 하지 않겠다'는 생각을 가졌다. 이런 현상을 Moral hazard라 한다.

10

「부정청탁 및 금품등 수수의 금지에 관한 법률」상 외부강의등의 사례금 수수 제한에 대한 설명 중 가장 적절한 것은?

① 공직자등은 자신의 직무와 관련되거나 그 지위·직책 등에서 유래되는 사실상의 영향력을 통하여 요청받은 교육·홍보·토론회·세미나·공청회 또는 그 밖의 회의 등에서 한 강의·강연·기고 등(이하 "외부강의등"이라 한다)의 대가로서 대통령령으로 정하는 금액을 초과하는 사례금을 받아서는 아니 된다.
② 공직자등은 ①에 따른 금액을 초과하는 사례금을 받은 경우에는 대통령령으로 정하는 바에 따라 소속상관에게 신고하고, 제공자에게 그 초과 금액을 지체 없이 반환하여야 한다.
③ 공직자등은 사례금을 받는 외부강의등을 할 때에는 대통령령으로 정하는 바에 따라 외부강의등의 요청 명세 등을 소속기관장에게 그 외부강의등을 마친 다음 날부터 10일 이내에 서면으로 신고하여야 한다. 다만, 외부강의등을 요청한 자가 국가나 지방자치단체인 경우에는 그러하지 아니하다.
④ 소속기관장은 공직자 등이 신고한 외부강의등이 공정한 직무수행을 저해할 수 있다고 판단하는 경우에는 그 공직자등의 외부강의등을 제한 해야한다.

11

「경찰청 공무원 행동강령」 제14조의2(감독기관의 부당한 요구 금지)에 대한 설명으로 가장 옳은 것은?

① 감독기관은 피감기관에 법령에 근거가 없거나 예산의 목적·용도에 부합하지 않는 금품 등의 제공 요구가 금지된다.

② 감독기관은 정상적인 관행이라고 해도 피감기관에 예우나 의전의 요구가 금지된다.

③ 부당한 요구를 받은 피감기관 소속 공직자는 이행을 거부해야 하며, 거부했음에도 불구하고 감독기관 소속 공무원으로부터 같은 요구를 다시 받은 때에는 피감기관의 행동강령책임관에게 알려야 한다. 이 경우 행동강령책임관은 그 요구가 ①에 해당하는 경우에는 지체 없이 감독기관에게 보고해야 한다.

④ ③에 따라 감독기관은 그 사실을 해당 감독기관의 장에게 알려야 하며, 그 사실을 통지받은 감독기관의 장은 해당 요구를 한 소속 공무원에 대하여 징계 등 필요한 조치를 해야 한다.

12

「공직자의 이해충돌 방지법」 및 동법 시행령 관련 괄호 안의 숫자의 합은 얼마인가?

> ㉠ 사적이해관계자에 해당되는 퇴직자의 경우 최근 (　)년 이내에 퇴직한 공직자로서 퇴직일 전 (　)년 이내에 해당 공직자와 동일한 부서에서 함께 근무하였던 사람이 포함된다.
> ㉡ 부동산 보유·매수 신고의 경우, 공직자 본인, 배우자, 생계를 같이하는 직계존비속 등이 소속 공공기관의 직무관련 부동산을 매수 후 등기를 완료한 날부터 (　)일 이내에 신고를 하여야 한다.
> ㉢ 고위공직자 민간부문 업무활동의 내역 제출의 경우, 공직임용일 또는 임기 개시일로부터 (　)일 이내에 소속기관장에게 제출하여야 한다.
> ㉣ 직무관련자 거래신고에 있어서 특수관계사업자의 정의에는, 공직자, 배우자, 직계존·비속이 발행주식 총수의 100분의 (　) 이상을 소유하고 있는 법인 또는 단체가 포함된다.
> ㉤ 직무상 비밀 등 이용금지의 경우, 공직자가 아니게 된 날로부터 (　)년이 경과하지 아니한 퇴직자를 포함한다.

① 77　　　　　　　② 79
③ 81　　　　　　　④ 84

13

다음 중 한국경찰의 역사와 경찰제도에 관한 설명 중 옳은 것은?

① 1894년 갑오개혁 때 한국 최초의 경찰조직법인 경무청관제직장(일본의 행정경찰규칙과 위경죄 즉결례를 혼합)과 한국 최초의 경찰작용법인 행정경찰장정(일본 경시청관제 모방)이 제정되었다.
② 구한말(舊韓末) 일본이 한국경찰권을 강탈해 가는 과정은 경찰사무에 관한 취극서 → 재한국 외국인에 대한 경찰에 관한 한일협정 → 한국 사법 및 감옥사무 위탁에 관한 각서 → 한국 경찰사무 위탁에 관한 각서의 순으로 진행되었다.
③ 1919년 3·1운동을 계기로 헌병경찰제도에서 보통경찰제도로의 전환은 이루어졌으나, 오히려 3·1운동을 기화로 일본에서 제정된 정치범처벌법을 우리나라에 적용하는 등 탄압의 지배체제가 강화되었다.
④ 좌우포도청을 통합하여 경무청을 신설하고 전국의 경찰 사무를 관장토록 하였다.

14

런던수도경찰청을 창시(1829년)한 로버트 필 경(Sir. Robert Peel)이 경찰조직을 운영하기 위하여 제시한 기본적인 원칙(경찰개혁안 포함)에 대한 설명으로 가장 적절하지 않은 것은?

> ⊙ 경찰은 당파적인 치안서비스를 제공하여야 한다.
> ⓒ 경찰의 기본적인 임무는 범죄와 무질서를 적게 하는 범죄 예방에 있다.
> ⓒ 모방범죄 예방을 위해 범죄정보는 유출되어서는 안 된다.
> ⓔ 경찰의 효율성은 항상 범죄나 무질서를 진압하는 가시적인 모습으로 판단하는 것이다.
> ⓜ 모든 경찰활동은 문서로 기록을 남기어 차후 경찰력의 적절한 배치를 위한 기준이 되도록 하여야 한다.
> ⓑ 경찰은 경찰목적을 달성하는 데 필요하다면 적극적으로 물리력을 행사해야 한다.

① 2개　　② 3개
③ 4개　　④ 5개

15
다음 보기에서 설명하는 조직편성의 원리에 대한 설명으로 옳은 것은?

> 조직의 목표달성 과정에서 여러 단위간의 충돌과 갈등을 방지하기 위해 질서 정연한 행동통일을 기하는 원리로서, 관리자의 리더십을 강화하거나 위원회제도 등을 활용하여 조직단위의 권한과 책임의 한계를 명확히 함으로써 제고될 수 있다.

① 경찰업무는 대부분 여러 명의 협동을 요구하는 경우가 많은데, 각자의 임무를 명확히 나누어 부과하고 협력하도록 하는 것은 인간능력의 한계를 극복함은 물론 전문화를 추구하여 업무의 효율성을 높이기 위한 원칙에 대한 설명이다.
② 조직의 구성원간에 지시나 보고를 주고받는 과정에서 지시는 한 사람만이 할 수 있고, 보고도 한 사람에게만 하여야 한다는 원칙에 대한 설명이다.
③ 조직편성의 각각의 원리는 장단점을 가지고 있는 바, 이러한 장단점을 조화롭게 승화시키는 원리에 대한 설명이다.
④ 조직목적 수행을 위한 구성원의 임무를 책임과 난이도에 따라 상위로 갈수록 권한과 책임이 무거운 임무를 수행하도록 편성하는 원리에 대한 설명이다.

16
다음 중 실적주의에 대한 설명으로 옳은 것은?

① 실적주의는 정책 추진이 용이하며 의회와 행정부 간의 조정이 활성화된다.
② 실적주의는 미국의 민주정치 발전과정에서 도입된 인사제도이다.
③ 실적주의는 모든 사람은 누구나 일정한 자격만 갖추면 공직에 취임할 수 있다는 기회균등의 정신을 구현할 수 있다.
④ 실적주의는 엽관주의보다 우월한 제도로 우리나라는 실적주의만을 채택하고 있다.

17
다음은 경찰 예산의 과정을 순서 없이 나열한 것이다. 과정의 순서를 가장 바르게 나열한 것은?

> ㉠ 경찰청장은 다음 연도의 세입세출예산·계속비·명시이월비 및 국고채무부담행위 요구서를 작성하여 기획재정부장관에게 제출한다.
> ㉡ 기획재정부장관은 대통령의 승인을 받은 국가결산보고서를 감사원에 제출하여야 한다.
> ㉢ 경찰청장은 해당 회계연도부터 5회계연도 이상의 기간 동안의 신규사업 및 기획재정부장관이 정하는 주요 계속사업에 대한 중기사업계획서를 기획재정부장관에게 제출하여야 한다.
> ㉣ 경찰청장은 예산배정 요구서를 기획재정부장관에게 제출하여야 한다.
> ㉤ 기획재정부장관은 국무회의 심의를 거쳐 대통령의 승인을 얻은 다음 연도의 예산편성지침을 경찰청장에게 통보한다.
> ㉥ 경찰청장은 「국가회계법」에서 정하는 바에 따라 회계연도마다 작성한 결산보고서를 기획재정부장관에게 제출하여야 한다.

① ㉢-㉤-㉠-㉣-㉥-㉡
② ㉢-㉠-㉣-㉤-㉡-㉥
③ ㉣-㉥-㉢-㉡-㉤-㉠
④ ㉢-㉠-㉣-㉤-㉥-㉡

18
「보안업무규정」에 대한 설명으로 옳은 것은?

① 암호자재를 사용하는 기관의 장은 사용기간이 끝난 암호자재를 지체 없이 국가정보원장에게 반납하여야 한다
② 비밀은 보관하고 있는 시설 밖으로 반출해서는 아니 된다. 다만, 공무상 반출이 필요할 때에는 중앙행정기관의 장의 승인을 받아야 한다.
③ 비밀취급 인가를 받지 아니한 사람에게 비밀을 열람하거나 취급하게 할 때에는 국가정보원장이 정하는 바에 따라 소속 기관의 장(비밀이 군사와 관련된 사항인 경우에는 국방부장관)이 미리 열람자의 인적사항과 열람하려는 비밀의 내용 등을 확인하고 열람 시 비밀 보호에 필요한 자체 보안대책을 마련하는 등의 보안조치를 하여야 한다. 다만, Ⅰ급비밀의 보안조치에 관하여는 국가정보원장과 미리 협의하여야 한다.
④ 외국 정부나 국제기구로부터 접수한 비밀은 그 접수기관이 필요로 하는 정도로 보호할 수 있도록 분류하여야 한다.

19
「언론중재 및 피해구제 등에 관한 법률」상 정정보도 청구의 요건에 관한 설명으로 가장 옳은 것은?

① 사실적 주장에 관한 언론보도등이 진실하지 않아 피해를 입은 자는 해당 언론보도가 있음을 안 날부터 6개월 이내 언론사에게 그 언론보도 등의 내용에 관한 정정보도를 청구할 수 있다.
② 언론사등의 고의·과실이나 위법성을 필요로 한다.
③ 국가·지방자치단체, 기관 또는 단체의 장은 해당 업무에 대하여 그 기관 또는 단체를 대표하여 정정보도를 청구할 수 있다.
④ 「민사소송법」상 당사자능력이 없는 기관 또는 단체라도 하나의 생활단위를 구성하고 보도 내용과 간접적인 이해관계가 있을 때에는 그 대표자가 정정보도를 청구할 수 있다.

20
정책결정 모델에 대한 설명으로 가장 적절하지 않은 것은?

① 쓰레기통모형(모델)은 조직화된 무질서(혼란)상태에서 나타나는 문제의 흐름, 해결책의 흐름, 참여자의 흐름, 선택의 기회의 흐름 등 4가지 흐름에 의하여 정책이 우연히 결정되어진다고 보는 이론이다.
② 합리모형(모델)은 인간은 경제인이라는 전지전능성에 기인하고, 모든 대안을 총체적(포괄적)으로 검토한 후 그 결과를 완벽하게 예측하여 그 결과를 전체 최적화를 추구한다.
③ 만족모형(모델)에서 정책담당자는 제한된 합리성으로 인해 모든 대안을 탐색하지 않고 몇 개의 대안만을 무작위적이고 순차적으로 탐색한다.
④ 혼합주사모형(모델)은 합리모형과 점증모형의 두 요소를 절충한 것으로 근본적 정책결정은 점증모형을, 부분적 정책결정은 합리모형을 따른다.

21
다음은 판례 내용을 일부 발췌하였다. 내용 중 ( ) 안에 들어갈 내용에 관한 설명으로 옳지 않은 것은?

> 경찰공무원 채용시험에서의 부정행위자에 대한 5년간의 응시자격제한을 규정한 경찰공무원 임용령 제46조 제1항의 수권형식과 내용에 비추어 이는 행정청 내부의 사무처리기준을 규정한 재량준칙이 아니라 일반국민이나 법원을 구속하는 (   )에 해당하고 따라서 위 규정에 의한 처분은 재량행위가 아닌 기속행위라 할 것이다.

① 일반적으로 행정권이 정립하는 일반적·추상적 규정으로서 법규의 성질을 가지는 것을 말한다.
② 발동형식에 따라 시행령, 시행규칙으로 구분되며, 내용에 따라 위임명령과 집행명령으로 구분된다.
③ 집행명령은 법률이나 상위명령에서 구체적으로 범위를 정한 개별적인 위임이 있어야 제정할 수 있으나, 위임명령은 법률을 집행하는데 필요한 부수적·세목적 규정을 정하는 것으로 새로운 법규사항을 규정할 수 없다.
④ 국민과 행정청을 동시에 구속하는 양면적(쌍면적) 구속력을 가짐으로써 재판규범이 되지만, 공포를 요한다.

22
국가수사본부장을 외부를 대상으로 모집하여 임용하는 경우 결격사유에 해당하는 것은?

① 「스토킹범죄의 처벌 등에 관한 법률」 제2조 제2호에 따른 스토킹범죄를 범한 사람으로서 300만원 이상의 벌금형을 선고받고 그 형이 확정된 후 2년이 지나지 아니한 사람
② 정당의 당원이거나 당적을 이탈한 다음날부터 3년이 지나지 아니한 사람
③ 선거에 의하여 취임하는 공직에 있거나 그 공직에서 퇴직한 날부터 3년이 지나지 아니한 사람
④ 공무원 또는 판사·검사의 직에서 퇴직한 날로부터 2년이 지나지 아니한 사람

23
경찰관청의 '권한의 대리'와 '권한의 위임'에 관한 설명 중 가장 적절하지 않은 것은? (다툼이 있는 경우 판례에 의함)

① 행정관청 내부의 사무처리규정인 전결규정에 위반하여 원래의 전결권자가 아닌 보조기관이 처분권자인 행정관청의 이름으로 처분을 하였더라도 무효의 처분이라고 할 수는 없다.
② 수임청 및 피대리관청은 항고소송에서 피고가 된다.
③ 법정대리의 경우 피대리관청이 사고 등으로 인해 공석이므로 대리의 법적 효과는 대리관청에 귀속된다.
④ 「국가경찰과 자치경찰의 조직 및 운영에 관한 법률」상 "차장은 경찰청장을 보좌하며, 경찰청장이 부득이한 사유로 직무를 수행할 수 없을 때에는 그 직무를 대행한다."는 대리방식을 '협의의 법정대리'라고 한다.

24
「경찰공무원 복무규정」에 관한 내용으로 옳은 것은?

① 경찰공무원은 경찰관서의 장의 허가를 받거나 그 명령에 의한 경우를 제외하고는 직무와 관계없는 장소에서 직무수행을 하여서는 아니 된다.
② 경찰공무원은 신규채용·승진·전보·파견·출장·연가·교육훈련기관에의 입교 기타 신분관계 또는 근무관계 또는 근무관계의 변동이 있는 때에는 소속 상관에게 허가를 받아야 한다.
③ 경찰공무원은 휴무일 또는 근무시간외에 2시간 이내에 직무에 복귀하기 어려운 지역으로 여행을 하고자 할 때에는 소속 상관에게 신고를 하여야 한다. 다만, 치안상 특별한 사정이 있어 경찰청장, 해양경찰청장 또는 경찰기관의 장이 지정하는 기간 중에는 소속 상관의 허가를 받아야 한다.
④ 경찰기관의 장은 근무성적이 탁월하거나 다른 경찰공무원의 모범이 될 공적이 있는 경찰공무원에 대하여 1회 10일이내의 포상휴가를 허가할 수 있다. 이 경우의 포상휴가기간은 연가일수에 산입하지 아니한다.

25
경찰비례의 원칙에 대한 설명으로 가장 적절하지 않은 것은?

① 행정영역에서 적용되는 원칙으로서, 일반적 수권조항에 근거하여 경찰권을 발동하는 경우는 물론, 개별적 수권조항에 근거하여 경찰권을 발동하는 경우에도 적용된다.
② 경찰행정관청의 특정행위가 공적 목적 달성을 위해 적합하고, 국민에게 가장 피해가 적으며, 달성되는 공익이 침해되는 사익보다 더 커야 적법한 행정작용이 될 수 있다.
③ 상당성의 원칙(최소침해의 원칙)은 경찰기관의 어떤 조치가 경찰목적 달성을 위해 필요한 경우라고 하여도 그 조치에 따른 불이익이 그 조치로 인해 발생하는 이익보다 큰 경우에는 경찰권을 발동해서는 안된다는 원칙이다.
④ 경찰비례의 원칙은 「헌법」 제37조 제2항, 「행정기본법」 제10조, 「경찰관 직무집행법」 제1조 제2항에 명문으로 규정되어 있다.

26
다음 중 개인적 공권에 대한 설명으로 옳지 않은 것은? (다툼이 있는 경우 판례에 의함)

① 한의사 면허는 경찰금지를 해제하는 명령적 행위에 해당하고 한약조제시험을 통하여 약사에게 한약조제권을 인정함으로써 한의사들의 영업상 이익이 감소되었다고 하더라도 이는 사실상 이익에 불과하기 때문에 한약조제권을 인정받은 약사들에 대한 합격처분의 무효확인을 구하는 한의사의 소는 부적법하다.
② 상수원보호구역 설정의 근거가 되는 규정이 보호하고자 하는 것은 상수원의 확보와 수질보전일 뿐이고, 그 상수원에서 급수를 받고 있는 지역주민들이 가지는 상수원의 오염을 막아 양질의 급수를 받을 이익은 상수원의 확보와 수질보호라는 공공의 이익이 달성됨에 따라 반사적으로 얻게 되는 이익에 불과하다.
③ 환경영향평가 대상지역 밖의 주민이라면 공유수면매립면허 처분 등으로 인하여 그 처분 전과 비교하여 수인한도를 넘는 환경피해를 받거나 받을 우려가 있는 경우에도, 공유수면매립 면허처분 등으로 인하여 환경상 이익에 대한 침해 또는 침해우려가 있다는 것을 입증을 할 지라도 그 처분 등의 무효확인을 구할 원고적격을 인정하지 않는다.
④ 오늘날 사회적 법치국가에서는 경찰개입청구권이 인정 범위가 점점 확대되어가고 있는 경향이다.

27
「행정기본법」상 비례의 원칙에 해당하는 것은? (다툼이 있는 경우 판례에 의함)

① 행정청은 권한 행사의 기회가 있음에도 불구하고 장기간 권한을 행사하지 아니하여 국민이 그 권한이 행사되지 아니할 것으로 믿을 만한 정당한 사유가 있는 경우에는 그 권한을 행사해서는 아니 된다. 다만, 공익 또는 제3자의 이익을 현저히 해칠 우려가 있는 경우는 예외로 한다.
② 위법이나 비난의 정도가 미약한 사안을 포함한 모든 경우에 부정 취득하지 않은 운전면허까지 필요적으로 취소하고 이로 인해 2년 동안 해당 운전면허 역시 받을 수 없게 하는 것은, 공익의 중대성을 감안하더라도 지나치게 운전면허 소지자의 기본권을 제한하는 것이다.
③ 행정청은 합리적 이유 없이 국민을 차별해서는 아니 된다.
④ 행정청은 행정작용을 할 때 상대방에게 해당 행정작용과 실질적인 관련이 없는 의무를 부과해서는 아니 된다.

28

「공공기관의 정보공개에 관한 법률」에 관한 설명으로 가장 적절한 것은?

① 모든 국민은 정보의 공개를 청구할 권리를 가지며, 외국인의 정보공개 청구에 관하여는 대통령령으로 정한다.
② 청구인이 정보공개와 관련한 공공기관의 결정에 대하여 불복하는 경우 이의신청 절차를 거치지 않으면 행정심판을 청구할 수 없다.
③ 정보의 공개 및 우송 등에 드는 비용은 실비의 범위에서 행정청이 부담한다.
④ 공공기관은 부득이한 사유로 「공공기관의 정보공개에 관한 법률」 제11조 제1항에 따른 기간 이내에 공개 여부를 결정할 수 없을 때에는 그 기간이 끝난 날부터 기산하여 10일의 범위에서 공개 여부 결정기간을 연장할 수 있다. 이 경우 공공기관은 연장된 사실과 연장 사유를 청구인에게 지체 없이 구두로 통지하여야 한다.

29

경찰의무의 이행(실효성)확보수단에 대한 설명이다. 아래 ㄱ부터 ㅁ까지의 설명으로 옳고 그름의 표시(O, X)가 바르게 된 것은?

> ㄱ. 행정의 실효성 확보수단 중 통고처분이나 행정심판은 형식적 의미의 행정이며 실질적 의미의 사법이다.
> ㄴ. 경찰강제에는 경찰상 강제집행(대집행·강제징수·집행벌·즉시강제)과 경찰상 직접강제가 있는데, 경찰상 강제집행은 의무의 존재 및 그 불이행을 전제로 한다는 점에서 이를 전제로 하지 아니하고 급박한 경우에 행하여지는 경찰상 직접강제와 구별된다.
> ㄷ. 「관세법」상 통고처분 여부는 관세청장의 재량에 맡겨져 있지만, 「경범죄처벌법」 및 「도로교통법」상 통고처분은 재량의 여지가 없다.
> ㄹ. 행정청은 의무자가 행정상 의무를 이행할 때까지 이행강제금을 반복하여 부과할 수 있다. 다만, 의무자가 의무를 이행하면 새로운 이행강제금의 부과를 즉시 중지하되, 이미 부과한 이행강제금은 징수하여서는 안 된다.
> ㅁ. 대집행의 절차는 계고 → 통지 → 비용의 징수 → 실행 순이다.

① ㄱ (X) ㄴ (O) ㄷ (O) ㄹ (O) ㅁ (X)
② ㄱ (O) ㄴ (X) ㄷ (X) ㄹ (X) ㅁ (X)
③ ㄱ (X) ㄴ (O) ㄷ (O) ㄹ (X) ㅁ (O)
④ ㄱ (O) ㄴ (X) ㄷ (X) ㄹ (O) ㅁ (O)

30

甲의 질서위반행위에 대하여 A경찰서는 과태료를 부과하려고 한다. 이에 대한 내용으로 옳은 것은?

① 甲이 자신의 행위가 위법하지 아니한 것으로 오인하고 행한 질서위반행위는 그 오인에 정당한 이유가 있는 때에도 과태료를 부과한다.
② 甲이 하나의 행위로 2 이상의 질서위반행위를 저지른 경우에는 A경찰서는 가장 중한 과태료를 정한 질서위반행위를 기준으로 2분의 1의 과태료를 가중하여 과태료를 부과하여야 한다.
③ A경찰서는 질서위반행위에 대하여 과태료를 부과하고자 하는 때에는 미리 甲에게 과태료 부과의 원인이 되는 사실, 과태료 금액 및 적용 법령 등을 통지하고 10일 이상의 기간을 정하여 의견을 제출할 기회를 주어야 한다.
④ 甲이 과태료 납부를 하지 않는다면 과태료는 행정청의 과태료부과처분이나 법원의 과태료 재판이 확정된 후 3년간 징수하지 아니하거나 집행하지 아니하면 시효로 인하여 소멸한다.

31

다음은 「행정소송법」상 행정소송의 종류에 대한 설명이다. 적절한 것은?

> 국가 또는 공공단체의 기관상호간에 있어서의 권한의 존부 또는 그 행사에 관한 다툼이 있을 때에 이에 대하여 제기하는 소송. 다만, 헌법재판소의 관장 사항으로 되는 소송은 제외한다.

① 항고소송
② 당사자소송
③ 민중소송
④ 기관소송

32

「경찰관 직무집행법」 및 「위해성 경찰장비의 사용기준 등에 관한 규정」상 경찰장구의 사용에 대한 설명으로 옳은 것은?

① 경찰관은 범인의 체포 또는 도주의 방지, 자신이나 다른 사람의 생명·신체의 방어 및 보호, 공무집행에 대한 항거의 제지를 위하여 필요한 상당한 이유가 있는 경우 경찰장구를 사용할 수 있다.
② 경찰관은 14세 이하의 자 또는 임산부에 대하여 전자충격기 또는 전자방패를 사용하여서는 아니 된다.
③ 경찰관은 위험을 제거·완화시키는 것이 곤란하다고 판단하는 경우에는 시·도경찰청장의 명령에 따라 필요한 최소한의 범위에서 최루액을 혼합하여 살수할 수 있다. 최루액의 혼합 살수 절차 및 방법은 경찰청장이 정한다.
④ 경찰관 직무집행법 제11조(사용기록의 보관)에 따라 살수차, 분사기, 전자충격기, 무기를 사용하는 경우 그 책임자는 사용 일시·장소·대상, 현장책임자, 종류, 수량 등을 기록하여 보관하여야 한다.

33

「경찰관 직무집행법」과 「경찰착용기록장치 운영 등에 관한 규정」상 경찰착용기록장치의 사용 고지 등에 관한 설명으로 가장 적절하지 않은 것은?

① 경찰관이 경찰착용기록장치를 사용하여 기록하는 경우로서 이동형 영상정보처리기기로 사람 또는 그 사람과 관련된 사물의 영상을 촬영하는 때에는 불빛, 소리, 안내판 등 대통령령으로 정하는 바에 따라 촬영 사실을 표시하고 알려야 한다.
② 경찰착용기록장치로 기록을 마친 영상음성기록은 지체 없이 영상음성기록정보 관리체계를 이용하여 영상음성기록정보 데이터베이스에 전송·저장하도록 하여야 하며, 영상음성기록을 임의로 편집·복사하거나 삭제하여서는 아니 된다.
③ 경찰착용기록장치로 기록한 영상음성기록의 보관기간은 해당 기록을 ②에 따라 영상음성기록정보 데이터베이스에 전송·저장한 날부터 30일(해당 영상음성기록이 수사 중인 범죄와 관련된 경우 등 경찰청장 또는 해양경찰청장이 정하는 사항에 해당하는 경우에는 90일)로 한다.
④ ③에도 불구하고 경찰청장, 시·도경찰청장, 경찰서장은 범죄수사를 위한 증거 보전이 필요한 경우 등 영상음성기록을 계속하여 보관할 필요가 있다고 인정하는 경우에는 90일의 범위에서 두 차례만 보관기간을 연장할 수 있다.

34

「경찰 물리력 행사의 기준과 방법에 관한 규칙」상 보기의 대상자 행위에 대한 경찰관의 대응 수준으로 적절한 것은?

> 대상자가 경찰관 또는 제3자에 대해 신체적 위해를 가하는 상태를 말하며, 대상자가 경찰관에게 폭력을 행사하려는 자세를 취하여 그 행사가 임박한 상태, 주먹·발 등을 사용해서 경찰관에 대해 신체적 위해를 초래하고 있거나 임박한 상태, 강한 힘으로 경찰관을 밀거나 잡아당기는 등 완력을 사용해 체포에서 벗어나려고 하는 상태 등이 이에 해당한다.

① 신체 일부 잡기·밀기·잡아끌기, 쥐기·누르기·비틀기
② 경찰봉, 방패, 신체적 물리력으로 대상자의 신체 중요 부위 또는 급소 부위 가격, 대상자의 목을 강하게 조르거나 신체를 강한 힘으로 압박하는 행위
③ 경찰봉으로 중요부위가 아닌 신체 부위를 찌르거나 가격
④ 목을 압박하여 제압하거나 관절을 꺾는 방법, 팔·다리를 이용해 움직이지 못하도록 조르는 방법

35

다음 중 「지역경찰의 조직 및 운영에 관한 규칙」에 대한 내용으로 옳은 것은?

① 행정근무를 지정받은 지역경찰은 지역경찰관서 내에서 중요 사건·사고 발생시 보고 및 전파, 기타 필요한 문서의 작성 업무, 시설·장비의 관리 및 예산의 집행, 각종 현황·통계·자료·부책 관리, 기타 행정업무 및 지역경찰관서장이 지시한 업무를 수행한다.
② 지역경찰관리자는 신고출동태세 유지 등을 위해 필요한 경우 휴게 및 식사시간도 대기 근무로 지정할 수 있다.
③ 근무일지는 1년간 보관한다.
④ 시·도경찰청장은 소속 시·도경찰청의 지역경찰 정원 충원 현황을 반기별 2회 이상 점검하고 현원이 정원에 미달할 경우, 지역경찰 정원 충원 대책을 수립·시행하여야 한다.

36

「아동·청소년의 성보호에 관한 법률」상 미수범 처벌 규정에 해당하는 것은 모두 몇 개인가?

㉠ 영업으로 아동·청소년의 성을 사는 행위의 장소를 제공·알선하는 업소에 아동·청소년을 고용하도록 한 자
㉡ 아동·청소년의 성을 사는 행위의 장소를 제공하는 행위를 업으로 하는 자
㉢ 폭행이나 협박으로 아동·청소년으로 하여금 아동·청소년의 성을 사는 행위의 상대방이 되게 한 자
㉣ 영업으로 아동·청소년의 성을 사는 행위를 하도록 유인·권유 또는 강요한 자
㉤ 위계(僞計) 또는 위력으로써 아동·청소년을 추행한 자
㉥ 영업으로 아동·청소년을 아동·청소년의 성을 사는 행위의 상대방이 되도록 유인·권유한 자

① 3개　　② 4개
③ 5개　　④ 6개

37

「범죄피해자 보호법」에 관한 설명 중 가장 적절한 것은?

① '범죄피해자'란 타인의 범죄행위로 피해를 당한 사람과 그 배우자, 직계친족 및 형제자매를 말한다. 다만, 배우자의 경우 사실상의 혼인관계는 제외한다.
② "범죄피해자 보호·지원"이란 복지 증진을 제외한 범죄피해자의 손실 복구, 정당한 권리 행사에 기여하는 행위를 말한다. 다만, 수사 변호 또는 재판에 부당한 영향을 미치는 행위는 포함되지 아니한다.
③ 국가는 구조피해자나 유족이 해당 구조대상 범죄피해를 원인으로 하여 손해배상을 받았으면 그 범위에서 구조금을 지급하지 아니한다.
④ 이 법은 외국인이 구조피해자이거나 유족인 경우에는 해당 국가의 상호보증이 없는 경우에만 적용한다.

38

「국민보호와 공공안전을 위한 테러방지법」에 대한 설명으로 가장 적절한 것은?

① 대테러활동에 관한 정책의 중요사항을 심의·의결하기 위하여 국가테러대책위원회를 두고, 위원장은 법무부장관으로 한다.
② 관계기관의 장은 외국인테러전투원으로 출국하려 한다고 의심할 만한 상당한 이유가 있는 내국인·외국인에 대하여 일시 출국금지를 법무부장관에게 요청할 수 있다. 일시 출국금지 기간은 60일로 한다.
③ 경찰청장은 대테러활동에 필요한 정보나 자료를 수집하기 위하여 테러위험인물에 대한 추적을 할 경우 국가정보원장에게 사전 또는 사후에 보고하여야 한다.
④ 테러로 인하여 신체 또는 재산의 피해를 입은 국민은 관계기관에 즉시 신고하여야 한다. 다만, 인질 등 부득이한 사유로 신고할 수 없을 때에는 법률관계 또는 계약관계에 의하여 보호의무가 있는 사람이 이를 알게 된 때에 즉시 신고하여야 한다.

39

도로교통법령 상 '수사기관의 자동차 중 범죄수사를 위하여 사용되는 자동차'에 대한 특례로서 해당 긴급 자동차에 적용하지 않는 사항들은 모두 몇 개인가?

> 가. 「도로교통법」 제17조에 따른 자동차등의 속도제한
> 나. 「도로교통법」 제23조에 따른 끼어들기 금지
> 다. 「도로교통법」 제19조에 따른 안전거리 확보 등
> 라. 「도로교통법」 제22조에 따른 앞지르기의 금지
> 마. 「도로교통법」 제33조에 따른 주차금지

① 2개 ② 3개
③ 4개 ④ 5개

40

「보안관찰법」에 대한 설명으로 가장 적절한 것은?

① '보안관찰처분대상자'는 보안관찰해당범죄 또는 이와 경합된 범죄로 금고 이상의 형의 선고를 받고 그 형기 합계가 3년 이상인 자로서 형의 전부 또는 일부의 집행을 면제받은 사실이 있는 자를 말한다.
② 보안관찰처분대상자는 보안관찰 해당 범죄 또는 이와 경합된 범죄로 금고 이상 형의 선고를 받고 그 형기 합계가 3년 이상인 자로서 형의 전부 또는 일부의 집행을 받은 사실이 있는 자이며, 보안관찰처분의 기간은 1년이다.
③ 보안관찰처분청구는 관할경찰서장이 보안관찰처분청구서를 검사에게 제출함으로써 행한다.
④ 법무부장관의 결정을 받은 자가 그 결정에 이의가 있을 때에는 행정소송법이 정하는 바에 따라 그 결정이 집행된 날부터 60일 이내에 서울고등법원에 소를 제기할 수 있다.

01

다음의 ㉠, ㉡에 들어갈 내용으로 가장 적절한 것은?

(㉠)은 범죄수사·다중범죄진압, 교통위반자에 대한 통고처분 등 보통경찰조직의 직무범위 중에서 강제력을 수단으로 사회공공의 안녕과 질서유지를 위한 법집행을 주로 하는 경찰활동을 의미한다. 이에 비해 (㉡)은 청소년선도, 생활안전지도 등 강제력이 아닌 경찰활동으로 방범지도, 청소년선도, 교통정보제공 등을 통하여 경찰직무를 수행하는 경찰활동을 의미한다.

① ㉠ 사법경찰   ㉡ 행정경찰
② ㉠ 질서경찰   ㉡ 봉사경찰
③ ㉠ 진압경찰   ㉡ 예방경찰
④ ㉠ 보안경찰   ㉡ 협의의 행정경찰

02

주요 외국 판결과 그 판결의 설명이 옳게 연결되지 않은 것은?

① 에스코베도(Escobedo) 판결 – 변호인과의 접견교통권 및 진술거부권을 침해하여 획득한 자백의 증거능력을 부정하였다.
② 미란다(Miranda) 판결 – 변호인선임권, 접견교통권 및 진술거부권을 침해하여 획득한 자백의 증거능력을 부정하여, 자백의 임의성과 관계없이 채취과정에서 위법이 있는 자백을 배제하게 되는 계기가 되는 등 적법절차의 중요성을 강조하였다.
③ 맵(Mapp) 판결 – 경찰권의 불생사를 이유로 한 손해배상책임을 인정한 판결이다.
④ 맬로리(Mallory) 판결 – '체포 후 법관에게 인치하지 않고 30시간 구금 중에 얻은 자백은 인정하지 않는다.'는 내용의 판결(1957년)로 불법구속 중의 자백에 대한 증거능력을 부정하였다.

03

다음은 경찰활동의 기본이념과 관련된 법적 근거를 제시한 것이다. 이와 관련하여 〈보기 1〉과 〈보기 2〉의 내용이 가장 적절하게 연결된 것은?

〈보기 1〉

(가) 헌법 제1조 제2항에서는 "대한민국 주권은 국민에게 있고, 모든 권력은 국민으로부터 나온다"라고 규정하고 있다.
(나) 헌법 제37조 제1항에서는 "국민의 자유와 권리는 헌법에 열거되지 아니한 이유로 경시되지 아니한다"라고 규정하고 있다.
(다) 「국가공무원법」 제65조 제1항에서는 "공무원은 정당이나 그 밖의 정치단체의 결성에 관여하거나 이에 가입할 수 없다"라고 규정하고 있다.
(라) 헌법 제37조 제2항에서는 "국민의 모든 자유와 권리는 국가안전보장·질서유지 또는 공공복리를 위하여 필요한 경우에 한하여 법률로써 제한할 수 있으며, 제한하는 경우에도 자유와 권리의 본질적인 내용을 침해할 수 없다"라고 규정하고 있다.
(마) 「국가경찰과 자치경찰의 조직 및 운영에 관한 법률」 제1조에서는 "이 법은 경찰의 민주적인 관리·운영과 효율적인 임무수행을 위하여 경찰의 기본조직 및 직무 범위와 그 밖에 필요한 사항을 규정함을 목적으로 한다"라고 규정하고 있다.

〈보기 2〉

㉠ 인권존중주의   ㉡ 민주주의
㉢ 법치주의   ㉣ 정치적 중립주의
㉤ 경영주의

	가	나	다	라	마
①	㉢	㉡	㉠	㉤	㉣
②	㉡	㉠	㉣	㉢	㉤
③	㉡	㉠	㉣	㉤	㉢
④	㉡	㉠	㉤	㉣	㉢

04

범죄원인론에 대한 설명 중 가장 옳지 않은 것은?

① Glaser는 청소년들은 영화의 주인공을 모방하고 자신들과 동일시하면서 범죄를 학습한다"라고 하였다.
② Miller는 범죄는 하위문화의 가치와 규범이 정상적으로 반영된 것이라고 하였다.
③ E. H. Sutherland와 D. R. Cressey와의 공저 범죄학의 원리에서 제창한 이론으로, "어찌하여 지역사회간에 범죄율의 차이가 있으며, 왜 하필이면 어느 특정 개인이 범죄자가 되는가"라는 명제에 대한 해답을 제시한 범죄원인론은 사회해체이론이다.
④ Herman & Schwendinger는 범죄는 인간의 기초적 인권을 침해하는 행위라고 주장하였다(인권침해 행위 범죄이론).

05

'치료 및 갱생이론'과 '상황적 범죄예방론'에 대한 비판 내용으로 바르게 연결된 것은?

> ㉠ 비용이 많이 든다.
> ㉡ 적극적 범죄예방에 한계가 있다.
> ㉢ 한 지역의 범죄가 다른지역으로 전이되어 전체 범죄가 줄지 않는 전이효과가 발생한다.
> ㉣ 범죄의 기회를 줄이기 위하여 사회에 대한 국가권력의 과도개입을 초래하게 되고, '요새화된 사회'를 형성하게 되며, 인권을 침해할 수 있다.
> ㉤ 충동적 범죄에 적용시 한계가 있다.
> ㉥ 개인이나 소규모의 조직체에 의해서 수행되지 못한다.

① 치료 및 갱생이론-㉠㉤ 상황적 범죄예방론-㉣
② 치료 및 갱생이론-㉠㉡ 상황적 범죄예방론-㉣
③ 치료 및 갱생이론-㉠   상황적 범죄예방론-㉡㉢㉥
④ 치료 및 갱생이론-㉠㉡ 상황적 범죄예방론-㉢㉣

06

환경설계를 통한 범죄예방(CPTED)에 대한 설명으로 적절하지 않은 것은?

① 환경설계를 통한 범죄예방(CPTED)은 뉴먼(O. Newman)과 제퍼리(C. R. Jeffery)가 주장하였다.
② 환경설계를 통한 범죄예방(CPTED)는 방어공간(Defensible Space)과 관련하여 영역성, 자연적 감시, 이미지, 안전지대의 4가지 관점을 제시하였다.
③ 기존의 경찰력에 의존해왔던 범죄예방과 범죄진압이 한계에 이르렀고 범죄는 더욱 다양화·지능화·무동기화·흉포화됨에 따라 보다 근본적이고 효과적인 범죄예방을 위한 방안으로 주거 및 도시지역의 물리적 환경의 설계 또는 재설계를 통해 범죄기회를 차단하고 시민의 범죄에 대한 불안을 감소시키는 전략은 환경설계를 통한 범죄예방(CPTED)이론이다.
④ 환경설계를 통한 범죄예방의 기본원리(CPTED)의 자연적 감시는 사적 공간에 대한 경계를 제거하여 주민들의 책임의식과 소유의식을 감소시킴으로써 사적공간에 대한 관리권을 약화시키는 원리이다.

07

다음 경찰활동의 사례와 관련해서 가장 타당하지 않은 것은?

> 동작경찰서는 관내에서 폭행으로 적발된 청소년을 형사입건하는 대신, 학교전담경찰관이 외부 전문가와 함께 7일 동안 다양한 활동으로 구성된 선도프로그램을 제공함으로써 해당 청소년에게 스스로 잘못을 뉘우치고 장차 지역사회로 다시 통합될 수 있는 기회를 제공하였다.

① 낙인이론 (Labeling Theory)
② 전환제도 (Diversion Program)
③ 깨진 유리창 이론 (Broken Windows Theory)
④ 회복적 정의(restorative justice)

08

다음은 경찰부패에 대한 설명이다. 빈칸 ㉠부터 ㉢까지 들어갈 것으로 가장 적절하게 짝지어진 것은?

- (㉠)은 시카고 시민이 경찰을 부패시켰다고 윌슨이 주장하면서 시민사회의 부패가 경찰부패의 주원인이라고 보는 이론이다.
- (㉡)은 작은 사례나 호의는 시민과의 긍정적인 사회관계를 만들어주는 것으로, 작은 호의의 긍정적인 효과를 강조하는 이론이다.
- (㉢)은(는) 경찰에 대한 외부통제기능을 수행하는 정치권력, 대중매체, 시민단체의 부패는 경찰의 냉소주의를 부채질하고 부패의 전염효과를 가져온다고 한다.
- (㉣)은(는) 도덕적 가치관이 붕괴되어 동료의 부패를 부패라고 인식하지 못하는 것을 의미하며, 부패를 잘못된 행위로 인식하고 있지만 동료라서 모르는 척하는 침묵의 규범과는 구별되는 개념이다.

	㉠	㉡	㉢	㉣
①	전체사회 가설	사회 형성재 이론	윤리적 냉소주의 가설	Moral hazard
②	전체사회 가설	미끄러지기 쉬운 경사로 이론	의식주의	Whistle blowing
③	구조원인 가설	사회 형성재 이론	윤리적 냉소주의 가설	Whistle blowing
④	구조원인 가설	미끄러지기 쉬운 경사로 이론	정적 인간주의	Moral hazard

09

경찰윤리강령의 대외적 기능에 해당하는 것은 모두 몇 개인가?

㉠ 서비스 수준의 보장
㉡ 국민과의 신뢰관계 형성
㉢ 경찰조직의 기준 제시
㉣ 경찰조직구성원에 대한 교육자료 제공
㉤ 과도한 요구에 대한 책임 제한

① 0개 ② 1개
③ 2개 ④ 3개

10

「부정청탁 및 금품등 수수의 금지에 관한 법률」에 대한 내용으로 가장 적절한 것은?

① 임명직 공직자, 정당, 시민단체 등이 공익적인 목적으로 제3자의 고충민원을 전달하거나 법령·기준의 제정·개정·폐지 또는 정책·사업·제도 및 그 운영 등의 개선에 관하여 제안·건의하는 행위에 해당하는 경우에는 이 법을 적용하지 아니한다.

② 신고를 하려는 자는 자신의 인적사항을 밝히지 아니하고 변호사를 선임하여 신고를 대리하게 할 수 있고, 신고는 국민권익위원회에 하여야 한다.

③ 공직자등과 관련된 직원상조회·동호인회·동창회·향우회·친목회·종교단체·사회단체 등이 정하는 기준에 따라 구성원에게 제공하는 금품등은 동법 제8조(금품등의 수수 금지)에서 규정하는 수수를 금지하는 금품등에 해당한다.

④ 공직자등이 제3자를 위하여 다른 공직자등(제11조에 따라 준용되는 공무수행사인을 포함한다)에게 수사·재판·심판·결정·조정·중재·화해 또는 이에 준하는 업무를 법령을 위반하여 처리하도록 부정청탁한 경우 2천만원 이하의 과태료를 부과한다.

11

「공직자의 이해충돌 방지법」에 관한 내용으로 적절하지 않은 것은?

① 인·허가를 담당하는 공직자는 자신의 직무관련자가 사적이해관계자임을 안 경우 안 날부터 14일 이내에 소속기관장에게 그 사실을 서면 또는 구두로 신고하고 회피를 신청하여야 한다.
② 공직자는 직무관련자에게 사적으로 노무 또는 조언·자문 등을 제공하고 대가를 받는 행위를 하여서는 아니 된다.
③ 공직자는 공공기관이 소유하거나 임차한 물품·차량·선박·항공기·건물·토지·시설 등을 사적인 용도로 사용·수익하거나 제3자로 하여금 사용·수익하게 하여서는 아니된다.
④ 공직자는 직무수행 중 알게 된 비밀 또는 소속 공공기관의 미공개정보를 사적 이익을 위하여 이용하거나 제3자로 하여금 이용하게 하여서는 아니 된다.

12

다음 중 적극행정에 대한 설명으로 옳지 않은 것은?

① 적극행정 운영규정(대통령령)상 적극행정의 판단기준 중 창의성은 자신이 맡은 일을 잘 수행하기 위해 필요한 지식과 경험, 역량을 의미하고, 전문성은 어떤 문제에 대해 기존과 다른 시각으로 새로운 아이디어를 생각해 내는 특성을 의미한다.
② 적극행정 징계면제 제도는 공무원이 공공의 이익을 위하여 성실하고 적극적으로 업무를 처리한 결과에 대하여 고의나 중과실이 없는 이상 징계를 면제해주는 제도를 말한다.
③ 규정의 해석·적용 측면의 적극행정 유형은 불합리한 규정과 절차, 관행을 스스로 개선하는 행위를 말한다.
④ 행태적 측면의 적극행정 유형은 통상적으로 요구되는 정도의 노력이나 주의의무 이상을 기울여 맡은 바 임무를 최선을 다해 수행하는 행위를 말한다.

13

한국 경찰의 역사와 제도에 대한 아래 사건들을 시대순으로 바르게 나열한 것은?

> ㉠ 경찰법 제정
> ㉡ 경찰병원을 추가로 책임운영기관화 함
> ㉢ 경찰공무원법 제정
> ㉣ 경찰청 수사국 내에 "인권보호센터" 신설
> ㉤ 국가수사본부 신설
> ㉥ 사이버테러대응센터 신설

① ㉢ - ㉠ - ㉥ - ㉡ - ㉣ - ㉤
② ㉤ - ㉢ - ㉠ - ㉥ - ㉡ - ㉣
③ ㉡ - ㉥ - ㉠ - ㉢ - ㉣ - ㉤
④ ㉤ - ㉢ - ㉡ - ㉥ - ㉠ - ㉣

14

다음 중 영국의 근대이후 경찰에 대한 설명으로 옳지 않은 것은?

① 산업혁명으로 인구집중에 따른 치안수요가 급증하자 이에 대응하기 위해 로버트 필경의 제안으로 수도경찰법이 제정되고 수도경찰청 창설되었다.
② 영국의 국립범죄청(NCA)은 2013년 중대조직범죄청(SOCA)과 아동범죄대응센터(CEOPC)를 통합하여 출범하였다.
③ 국립범죄청(NCA)은 내무부의 책임 하에 조직범죄를 담당한다.
④ 1964년 경찰법에 의하여 수도경찰청과 런던시를 포함한 모든 경찰본부가 관리기구인 경찰위원회로 통합되었고, 내무부장관, 지방경찰위원회, 지방경찰청장을 중심으로 하는 경찰 3원 체제를 설정하였다.

15

다음은 계급제와 직위분류제에 대한 설명이다. 아래 가.부터 라.까지 설명 중 옳고 그름의 표시(O, X)가 바르게 된 것은?

> 가. 계급제는 충원방식에서 폐쇄형을 채택하여 인사배치가 비융통적이나 직위분류제는 개방형을 채택하고 있어 인사배치의 신축성이 있다.
> 나. 계급제는 보통 계급의 수가 많고 계급간의 차별이 심하며 외부로부터의 충원이 힘든 폐쇄형의 충원방식을 취하고 있다.
> 다. 직위분류제는 업무의 전문성과 효율성을 높이는 데 기여하며, 보수체계를 합리적으로 설정할 수 있다.
> 라. 직위분류제는 권한과 책임의 한계를 명확히 하여 공무원의 임무와 역할을 세분화한다.

① 가.(O) 나.(X) 다.(O) 라.(X)
② 가.(X) 나.(X) 다.(O) 라.(O)
③ 가.(O) 나.(O) 다.(X) 라.(X)
④ 가.(X) 나.(X) 다.(X) 라.(X)

16

동기부여이론 중 내용이론에 해당하는 것으로 가장 적절하지 않은 것은?

① 아지리스(C. Argyris)의 성숙·미성숙 이론
② 포터&롤러(Porter & Lawler)의 업적만족이론
③ 매슬로우(Maslow)의 욕구단계이론
④ 허즈버그(Herzberg)의 욕구충족요인 이원론(동기위생이론)

17

「경찰장비관리규칙」상 경찰기관의 장은 무기를 휴대한 자 중에서 다음 각 호에 해당하는 자가 있을 때에는 심의위원회의 심의를 거쳐 대여한 무기·탄약을 회수할 수 있다. 이에 해당하는 것은 모두 몇 개인가?(단서는 고려하지 않음)

> ㉠ 직무상의 비위 등으로 인하여 감찰조사의 대상이 되거나 경징계의결 요구 또는 경징계 처분 중인 자
> ㉡ 사의를 표명한 자
> ㉢ 형사사건의 수사 대상이 된 자
> ㉣ 경찰공무원 직무적성검사 결과 고위험군에 해당되는 자
> ㉤ 정신건강상 문제가 우려되어 치료가 필요한 자
> ㉥ 정서적 불안 상태로 인하여 무기 소지가 적합하지 않은 자로서 소속 부서장의 요청이 있는 자

① 2개　　② 3개
③ 4개　　④ 5개

18

「보안업무규정」 및 동 시행규칙에 대한 설명으로 가장 적절한 것은?

① 각급기관의 장은 비밀의 작성·분류·취급·유통 및 이관 등의 모든 과정에서 비밀이 누설되거나 유출되지 아니하도록 보안대책을 수립하여 시행하여야 한다. 이 경우 비밀의 제목 등 해당 비밀의 내용을 유추할 수 있는 정보가 포함된 자료는 공개하지 않는다.
② 각급기관의 장은 비밀 분류를 통일성 있고 적절하게 하기 위하여 세부 분류지침을 작성하여 시행하여야 하며 이 경우 세부 분류지침은 공개하는 것을 원칙으로 한다.
③ 비밀취급 인가권자는 업무상 조정·감독을 받는 기업체나 단체에 소속된 사람에 대하여 소관 비밀을 계속적으로 취급하게 하여야 할 필요가 있을 때에는 미리 경찰청장과의 협의를 거쳐 해당하는 사람에게 II급 이하의 비밀취급을 인가할 수 있다.
④ 보관용기에 넣을 수 없는 비밀은 제한지역 또는 통제구역에 보관하는 등 그 내용이 노출되지 아니하도록 특별한 보호대책을 마련하여야 한다.

19

다음은 경찰의 사전통제와 사후통제, 내부통제와 외부통제를 구분없이 나열한 것이다. 이 중 사후통제와 내부통제에 관한 것으로 올바르게 짝지어진 것은?

〈사전통제와 사후통제〉
가. 행정상 입법예고
나. 국회의 입법권
다. 국회의 국정감사 조사권
라. 사법부에 의한 사법심사
마. 국회의 예산심의권

〈내부통제와 외부통제〉
㉠ 국가경찰위원회의 심의·의결
㉡ 소청심사위원회 등에 의한 통제
㉢ 청문감사인권관 제도
㉣ 직무명령권
㉤ 중앙행정심판위원회의 심리·재결

① 사후통제 : 가, 나 / 내부통제 : ㉠, ㉢
② 사후통제 : 다, 라 / 내부통제 : ㉢, ㉣
③ 사후통제 : 가, 나 / 내부통제 : ㉡, ㉤
④ 사후통제 : 나, 마 / 내부통제 : ㉢, ㉣

20

「경찰 감찰 규칙」에 대한 설명으로 가장 적절하지 않은 것은?

① 감찰관은 감찰관 본인이 의무위반행위로 인해 감찰대상이 된 때에는 당해 감찰직무(감찰조사 및 감찰업무에 대한 지휘를 포함한다)에서 제척된다.
② 조사대상자, 피해자는 감찰관이 이 규칙을 위반하거나 불공정한 조사를 할 염려가 있다고 볼만한 객관적·구체적 사정이 있는 때에 별지 제1호 서식의 감찰관 기피 신청서를 작성하여 그 감찰관이 소속된 경찰기관의 감찰업무 담당 부서장(이하 "감찰부서장"이라 한다)에게 해당 감찰관의 기피를 신청할 수 있다.
③ ②에 따른 감찰관 기피 신청을 접수받은 감찰부서장은 기피 신청이 이유 있다고 인정하는 때에는 담당 감찰관을 재지정하여야 하며, 기피 신청이 이유 있다고 인정하지 않는 때에는 감찰처분심의회의 심의를 거쳐 기피 신청 수용 여부를 결정하여야 한다.
④ 감찰부서장은 감찰관 제척·기피신청과 관련한 사항을 심의하기 위하여 감찰처분심의회(이하 "처분심의회"라고 한다)를 설치·운영할 수 있다.

21

경찰법의 법원(法源)에 관한 설명으로 가장 적절하지 않은 것은?

① 헌법에 의하여 체결·공포된 조약과 일반적으로 승인된 국제법규는 국내법과 같은 효력을 가진다.
② 행정입법이란 행정부가 제정하는 법을 의미하며, 행정규칙과 법규명령으로 구분된다.
③ 최후의 보충적 법원으로서 조례는 일반적·보편적 정의를 의미하는 바, 경찰관청의 행위가 형식상 적법하더라도 조례에 위반할 경우 위법이 될 수 있다.
④ 판례에 의할 때 운전면허 취소사유에 해당하는 음주운전을 적발한 경찰관의 소속 경찰서장이 사무착오로 위반자에게 운전면허정지처분을 한 상태에서 위반자의 주소지 관할 시·도경찰청장이 위반자에게 운전면허취소처분을 한 것은 신뢰보호원칙에 위배된다.

22

경찰조직법에 대한 설명으로 가장 적절한 것은?

① 「정부조직법」상 치안에 관한 사무를 관장하기 위하여 행정안전부장관 소속으로 경찰청을 두고, 경찰청의 조직·직무범위 그 밖에 필요한 사항은 따로 법률(경찰관 직무집행법)로 정한다.
② 1991년 경찰법 제정으로 치안본부장이 경찰청장으로 변경되었고 경찰조직이 보조기관에서 경찰관청으로 승격이 되었으며, 2020년 국가경찰과 자치경찰의 조직 및 운영에 관한 법률 전부개정으로 제주특별자치도에 제주 자치경찰을 운영하고 있다.
③ 사무를 기준으로 하였을 때 「국가경찰과 자치경찰의 조직 및 운영에 관한 법률」은 경찰사무를 국가경찰사무와 자치경찰사무 그리고 「형사소송법」에 따른 경찰의 수사 사무로 구분하고, 자치경찰사무는 시·도지사가 관장하도록 하고 있다.
④ 「국가경찰과 자치경찰의 조직 및 운영에 관한 법률」에 의하면 국가는 지방자치단체가 이관받은 사무를 원활히 수행할 수 있도록 인력, 장비 등에 소요되는 비용에 대하여 재정적 지원을 하여야 하고, 시·도지사는 자치경찰사무 담당 공무원에게 조례에서 정하는 예산의 범위에서 재정적 지원 등을 할 수 있다고 규정하고 있다.

23

다음 중 「경찰공무원 임용령 시행규칙」상 시보경찰공무원의 임용심사위원회에 대한 설명으로 가장 적절한 것은?

① 임용심사위원회는 위원장 1명을 포함한 위원 5명 이상 7명 이하로 구성하며, 위원장은 위원 중에서 호선한다.
② 위원은 소속 경감 이상 경찰공무원 중에서 임용심사위원회가 설치된 기관의 장이 임명하되, 심사대상자보다 상위 계급자로 한다.
③ 위원회는 재적위원 과반수의 출석과 출석위원 과반수 찬성으로 의결한다.
④ 이 규칙에서 정한 사항 외에 위원회의 운영에 필요한 사항은 위원회의 의결을 거쳐 행정안전부령으로 정한다.

24

다음 중 직위해제에 대한 설명으로 가장 적절하지 않은 것은?

① 직위해제처분을 한 후 그 직위해제 사유와 동일한 사유를 이유로 파면처분을 하였다고 하더라도 일사부재리의 원칙이나 이중처벌금지의 원칙에 위배되는 것은 아니다.

② 직위해제처분을 받은 사람에 대한 징계 의결 요구에 대하여 관할 징계위원회가 징계하지 아니하기로 의결한 경우와 해당 직위해제처분의 사유가 된 징계처분이 소청심사위원회의 결정 또는 법원의 판결에 따라 무효 또는 취소로 확정된 경우 등은 승진소요 최저근무연수에 제외된다.

③ 「국가공무원법」 제73조의3 제1항에 따라 직위를 부여하지 아니한 경우에 그 직위해제 사유가 소멸되면 임용권자는 지체 없이 직위를 부여하여야 한다.

④ 「국가공무원법」 제73조의3 제1항 제5호(고위공무원단에 속하는 일반직공무원으로서 제70조의2 제1항 제2호부터 제5호까지의 사유로 적격심사를 요구받은 자)에 따라 직위해제된 사람이 직위해제일부터 3개월이 지나도 직위를 부여받지 못한 경우에는 그 3개월이 지난 후의 기간 중에는 봉급의 40퍼센트를 지급한다.

25

경찰책임에 대한 설명으로 가장 적절하지 않은 것은?

① 경찰비책임자에 대한 경찰권발동을 위해서 보충성은 전제조건이 아니므로 경찰책임자에 대한 경찰권발동 또는 경찰 자신의 고유한 수단으로는 위험방지가 불가능한지 여부를 먼저 심사하여야 한다.

② 경찰상 위해의 상태를 발생시킨 행위는 작위뿐만 아니라 부작위도 포함한다.

③ 행위자의 작위나 부작위에 상관없이 위험을 야기시키면 행위책임을 진다.

④ 경찰책임자에 대한 경찰의 경찰권발동으로 경찰책임자에게 재산적 손해가 발생한 경우, 원칙적으로 그 경찰책임자에게 손실보상청구권이 인정되지 않는다.

26

행정의 법 원칙에 관한 설명 중 가장 적절한 것은? (다툼이 있는 경우 판례에 의함)

① 행정작용은 법률에 근거하여야 하며, 국민의 권리를 제한하거나 의무를 부과하는 경우와 그 밖에 국민생활에 중요한 영향을 미치는 경우에는 법률에 위반되어서는 아니된다.
② 적법 및 위법을 불문하고 재량준칙에 따른 행정관행이 성립한 경우라면, 행정의 자기구속 원칙이 적용될 수 있다.
③ 「행정절차법」 제4조 제2항 "행정청은 법령등의 해석 또는 행정청의 관행이 일반적으로 국민들에게 받아들여졌을 때에는 공익 또는 제3자의 정당한 이익을 현저히 해칠 우려가 있는 경우를 제외하고는 새로운 해석 또는 관행에 따라 소급하여 불리하게 처리하여서는 아니 된다."라고 하는 것은 권한남용금지의 원칙에 대한 내용이다.
④ 제1종 대형면허의 취소에는 당연히 제1종 보통면허소지자가 운전할 수 있는 차량의 운전까지 금지하는 취지가 포함된 것이어서 이들 차량의 운전면허는 서로 관련된 것이라고 할 것이므로, 제1종 대형면허로 운전할 수 있는 차량을 운전면허 정지기간 중에 운전한 경우에는 이와 관련된 제1종 보통면허까지 취소할 수 있다.

27

「행정기본법」상 법 적용의 기준에 관한 내용이다. ( )에 들어갈 것으로 옳은 것은?

> • 당사자의 (ㄱ)에 따른 처분은 법령등에 특별한 규정이 있거나 (ㄴ) 당시의 법령등을 적용하기 곤란한 특별한 사정이 있는 경우를 제외하고는 (ㄴ) 당시의 법령등에 따른다.
> • 법령등을 위반한 행위의 성립과 이에 대한 제재처분은 법령등에 특별한 규정이 있는 경우를 제외하고는 (ㄷ) 당시의 법령등에 따른다. 다만, 법령등을 위반한 행위 후 법령등의 변경에 의하여 그 행위가 법령등을 위반한 행위에 해당하지 아니하거나 제재처분 기준이 가벼워진 경우로서 해당 법령등에 특별한 규정이 없는 경우에는 (ㄹ) 법령등을 적용한다.

	ㄱ	ㄴ	ㄷ	ㄹ
①	처분	신청	제재처분	변경된
②	신청	신청	법령등을 위반한 행위	신청시
③	처분	처분	판결	신청시
④	신청	처분	법령등을 위반한 행위	변경된

28

「개인정보 보호법」에 대한 설명으로 가장 적절하지 않은 것은?

① 개인정보처리자는 통계작성, 과학적 연구, 공익적 기록보존 등을 위하여 정보주체의 동의 없이 가명정보를 처리할 수 있다.
② 보호위원회는 상임위원 2명(위원장 1명, 부위원장 1명)을 포함한 9명의 위원으로 구성한다.
③ 개인정보처리자는 가명정보를 제3자에게 제공하는 경우에는 특정 개인을 알아보기 위하여 사용될 수 있는 정보를 포함해서는 아니 된다.
④ 고정형영상정보처리기기운영자는 고정형 영상정보처리기기의 설치 목적과 다른 목적으로 고정형 영상정보처리기기를 임의로 조작하거나 다른 곳을 비춰서는 아니 되며, 녹음기능은 사용할 수 있다.

29

행정상 강제집행에 해당하는 것을 모두 몇 개인가? (다툼이 있는 경우 판례에 의함)

> ㉠ 「경찰관 직무집행법」 제6조 범죄의 예방을 위한 제지
> ㉡ 「경찰관 직무집행법」 제4조 제1항 제1호에서 규정하는 술에 취한 상태로 인하여 자기 또는 타인의 생명·신체와 재산에 위해를 미칠 우려가 있는 피구호자에 대한 보호조치
> ㉢ 무허가건물의 철거 명령을 받고도 이를 불이행하는 사람의 불법건축물을 철거하는 것
> ㉣ 지정된 기한까지 체납액을 완납하지 않은 국세 체납자의 재산을 압류하는 것
> ㉤ 감염병 환자의 즉각적인 강제격리조치

① 2개 ② 3개
③ 4개 ④ 5개

30

「행정절차법」에 대한 설명으로 옳은 것은?

① 행정절차에 관하여 다른 법률에 특별한 규정이 있는 경우에도 「행정절차법」이 우선한다.
② 송달은 다른 법령등에 특별한 규정이 있는 경우를 제외하고는 해당 문서를 발신한때 그 효력이 발생한다.
③ 행정청은 위반사실등의 공표를 하기 전에 당사자가 공표와 관련된 의무의 이행, 원상회복, 손해배상 등의 조치를 마친 경우에도 위반사실등의 공표를 반드시 해야 한다.
④ 행정청은 공표된 내용이 사실과 다른 것으로 밝혀진 경우에도 당사자가 원하지 아니하면 정정한 내용을 공표하지 아니할 수 있다.

31

「행정심판법」상 행정심판에 관한 설명 중 가장 적절하지 않은 것은?

① 행정청의 처분 또는 부작위에 대하여는 다른 법률에 특별한 규정이 있는 경우 외에는 이 법에 따라 행정심판을 청구할 수 있다.
② 대통령의 처분 또는 부작위에 대하여는 다른 법률에서 행정심판을 청구할 수 있도록 정한 경우 외에는 행정심판을 청구할 수 없다.
③ 시·도경찰청장의 처분 또는 부작위에 대한 행정심판의 청구에 대해서는 경찰청에 두는 행정심판위원회에서 심리·재결한다.
④ 행정심판위원회는 처분, 처분의 집행 또는 절차의 속행 때문에 중대한 손해가 생기는 것을 예방할 필요성이 긴급하다고 인정할 때에는 직권으로 또는 당사자의 신청에 의하여 처분의 효력, 처분의 집행 또는 절차의 속행의 전부 또는 일부의 정지를 결정할 수 있다.

32

다음 보기는 「경찰관 직무집행법」 제10조의2 경찰장구의 사용에 관한 규정이다. 옳은 내용은 모두 몇 개 인가?

> 제10조의2(경찰장구의 사용) ㉠ 경찰관은 다음 각 호의 직무를 수행하기 위하여 필요하다고 인정되는 상당한 이유가 있을 때에는 그 사태를 합리적으로 판단하여 필요한 한도에서 경찰장구를 사용할 수 있다.
> ㉡ 현행범이나 사형·무기 또는 장기 1년 이상의 징역이나 금고에 해당하는 죄를 범한 범인의 체포 또는 도주 방지
> ㉢ 자신이나 다른 사람의 생명·신체·재산의 방어 및 보호
> ㉣ 공공시설 안전에 대한 현저한 위해의 발생 억제

① 0개　　　　　② 1개
③ 2개　　　　　④ 3개

33

다음 중 「경찰관 직무집행법」에 관련된 판례이다. 옳지 않은 것은?

① 미리 입수된 용의자에 대한 인상착의와 일부 일치되지 않는 부분이 있다고 하더라도 그것만으로 경찰관이 불심검문 대상자로 삼은 조치가 위법하다고 볼 수 없다.

② 보호조치를 필요로 하는 피구호자에 해당하는지는 구체적인 상황을 고려하여 경찰관 평균인을 기준으로 판단하되, 그 판단은 보호조치의 취지와 목적에 비추어 현저하게 불합리하여서는 아니 되며, 피구호자의 가족 등에게 피구호자를 인계할 수 있다면 특별한 사정이 없는 한 경찰관서에서 피구호자를 보호하는 것은 허용되지 않는다.

③ 형법상 공무집행방해죄는 공무원의 직무집행이 적법한 경우에 한하여 성립하며, 이때 적법한 공무집행은 그 행위가 공무원의 추상적 권한이 아니라 구체적 직무집행에 관한 법률상 요건과 방식을 갖춘 경우를 가리키므로, 경찰관이 적법절차를 준수하지 않은 채 실력으로 현행범인을 연행하려 하였다면 적법한 공무집행이라고 할 수 없다.

④ 경찰관직무집행법 제4조 제1항 제1호에서 규정하는 술에 취한 상태로 인하여 자기 또는 타인의 생명·신체와 재산에 위해를 미칠 우려가 있는 피구호자에 대한 보호조치는 경찰 행정상 즉시강제에 해당하므로, 그 조치가 불가피한 최소한도 내에서만 행사되도록 발동·행사 요건을 신중하고 엄격하게 해석하여야 한다. 따라서 '술에 취한 상태'란 피구호자가 술에 만취하여 정상적인 판단능력이나 의사능력을 상실할 정도에 이른 것을 말한다.

34

「경찰관 직무집행법」및 「경찰관 직무집행법 시행령」상 손실보상에 대한 설명으로 가장 적절한 것은?

① 손실발생의 원인에 대하여 책임이 없는 자가 경찰관의 적법한 직무집행으로 인하여 생명·신체 또는 재산상의 손실을 입은 경우(손실발생의 원인에 대하여 책임이 없는 자가 경찰관의 직무집행에 자발적으로 협조하거나 물건을 제공하여 생명·신체 또는 재산상의 손실을 입은 경우를 제외한다), 국가는 그 손실을 입은 자에 대하여 정당한 보상을 하여야 한다.
② 경찰청장 또는 시·도경찰청장은 손실보상심의위원회의 심의·의결에 따라 보상금을 지급하고, 거짓 또는 부정한 방법으로 보상금을 받은 사람에 대하여는 해당 보상금을 환수할 수 있다.
③ 손실보상심의위원회는 위원장 1명을 포함한 7명 이상 9명 이내의 위원으로 성별을 고려하여 구성하며, 보상위원장이 부득이한 사유로 직무를 수행할 수 없는 때에는 상임위원, 위원 중 연장자 순으로 보상위원장의 직무를 대행한다.
④ 손실보상 결정권자는 통지를 하는 경우 서면, 전자우편, 문자메시지 등 청구인이 요청하는 방법으로 할 수 있으며, 별도로 요청하는 방법이 없는 경우에는 보상금 지급 결정 통지서에 따른 서면으로 통지한다.

35

「실종아동등의 보호 및 지원에 관한 법률」상 용어의 정의에 관한 설명 중 가장 적절한 것은?

① "아동등"이란 실종 당시 18세 미만인 아동, 「장애인복지법」 제2조의 장애인 중 지적장애인, 자폐성장애인 또는 정신장애인, 「치매관리법」 제2조 제2호의 치매환자를 말한다.
② "실종아동등"이란 약취·유인 또는 유기되거나 사고를 당하거나 길을 잃는 등의 사유로 인하여 보호자로부터 이탈된 아동등을 말한다. 다만, 가출한 경우는 제외한다.
③ "보호자"란 친권자, 후견인, 보호시설의 장이나 그 밖에 다른 법률에 따라 아동등을 보호 또는 부양할 의무가 있는 자를 말한다.
④ "보호시설"이란 「사회복지사업법」 제2조 제4호에 따른 사회복지시설을 말하고, 인가·신고 등이 없이 아동등을 보호하는 시설로서 사회복지시설에 준하는 시설은 해당하지 아니한다.

36

「가정폭력범죄의 처벌 등에 관한 특례법」상 가정폭력범죄에 해당하는 것은 모두 몇 개인가?

㉠ 살인	㉡ 폭행
㉢ 중상해	㉣ 약취·유인
㉤ 특수공갈	㉥ 공무집행방해

① 1개 ② 2개
③ 3개 ④ 4개

37

다중범죄의 대한 설명으로 옳은 것은?

① 다중범죄는 특정 집단의 주의·주장을 관철하기 위한 어느 정도 미조직된 다수에 의한 불법집단 행동이다.
② 다중범죄의 발생은 군중심리의 영향을 많이 받아 일단 발생하면 부화뇌동으로 인하여 갑자기 확대될 수도 있으며, 점거농성할 때 투신이나 분신자살을 하든 등 과감하고 전투적인 행동을 하는 경우가 많다는 내용은 부화뇌동적 파급성에 대한 설명이다.
③ 다중범죄의 정책적 치료법 중 다중범죄의 발생 징후나 이슈가 있을 때 집단이나 국민들의 관심을 집중시킬 수 있는 경이적인 사건을 폭로하거나 규모가 큰 행사를 개최함으로써 원래의 이슈가 상대적으로 약화되도록 하는 방법은 선수승화법이다.
④ 군중이 목적지에 집결하기 전에 중간에서 차단하여 집합을 못하게 하는 방법으로 차단·배제를 위해서는 중요 목지점에 경력을 배치하고 검문검색을 실시하여 불법시위 가담자를 사전에 색출, 검거하거나 귀가시켜 시위군중의 집합을 사전에 차단하는 것이다.

38

다음 설명 중 옳은 것은? (다툼이 있으면 판례에 의함)

① 술에 취해 자동차 안에서 잠을 자다가 추위를 느껴 히터를 가동시키기 위하여 시동을 걸었고, 실수로 자동차의 제동장치 등을 건드렸거나 처음 주차할 때 안전조치를 제대로 취하지 아니한 탓으로 원동기의 추진력에 의하여 자동차가 약간 경사진 길을 따라 앞으로 움직여 피해자의 차량 옆면을 충격하게 된 경우는 자동차의 운전에 해당한다.
② 교차로 직전의 횡단보도에 따로 차량 보조등이 설치되어 있지 아니한 경우, 교차로 차량 신호등이 적색이고 횡단보도 보행등이 녹색인 상태에서 횡단보도를 지나 우회전하다가 사람을 다치게 하였다면 「교통사고처리 특례법」상 특례조항인 신호위반에 해당하지 않는다.
③ 모든 차의 운전자는 보행자보다 먼저 횡단보자용 신호기가 설치되지 않은 횡단보도에 진입한 경우에도, 보행자의 횡단을 방해하지 않거나 통행에 위험을 초래하지 않을 상황이 아니고서는, 차를 일시정지하는 등으로 보행자의 통행이 방해되지 않도록 할 의무가 있다.
④ 황색실선이나 황색점선으로 된 중앙선이 설치된 도로의 어느 구역에서 좌회전이나 유턴이 허용되어 중앙선이 백색 점선으로 표시되어 있는 경우, 그 지점에서 안전표지에 따라 좌회전이나 유턴을 하기 위하여 중앙선을 넘어 운행하다가 반대편 차로를 운행하는 차량과 충돌하는 교통사고를 낸 것은 교통사고처리 특례법에서 규정한 중앙선침범에 해당한다.

39

집회 및 시위에 관한 내용 중 ( ) 안 숫자의 합은?

㉠ 옥외집회나 시위를 주최하려는 자는 그에 관한 사항 모두를 적은 신고서를 옥외집회나 시위를 시작하기 720시간 전부터 ( )시간 전에 관할 경찰서장에게 제출하여야 한다.

㉡ 관할 경찰관서장은 신고서의 기재사항에 미비한 점을 발견하면 접수증을 교부한 때부터 12시간 이내에 주최자에게 ( )시간을 기한으로 그 기재사항을 보완할 것을 통고할 수 있다.

㉢ 신고서를 접수한 관할 경찰관서장은 신고된 옥외집회 또는 시위가 다음 각 호의 어느 하나에 해당하는 때에는 신고서를 접수한 때부터 ( )시간 이내에 집회 또는 시위를 금지할 것을 주최자에게 통고할 수 있다.

㉣ 집회 또는 시위의 주최자는 제8조에 따른 금지 통고를 받은 날부터 ( )일 이내에 해당 경찰관서의 바로 위의 상급경찰관서의 장에게 이의를 신청할 수 있다.

㉤ 이의 신청을 받은 경찰관서의 장은 접수 일시를 적은 접수증을 이의 신청인에게 즉시 내주고 접수한 때부터 24시간 이내에 재결(裁決)을 하여야 한다. 이 경우 접수한 때부터 ( )시간 이내에 재결서를 발송하지 아니하면 관할경찰관서장의 금지 통고는 소급하여 그 효력을 잃는다.

① 130　　② 142
③ 151　　④ 154

40

다음 설명 중 가장 적절하지 않은 것은?

① 「경찰수사규칙」에 따르면 사법경찰관은 주한 미합중국 군대의 구성원·외국인군무원 및 그 가족이나 초청계약자의 범죄 관련 사건을 인지하거나 고소·고발 등을 수리한 때에는 7일 이내에 별지 제95호서식의 한미행정협정사건 통보서를 검사에게 통보해야 한다.

② 「경찰수사규칙」에 따르면 사법경찰관은 검사로부터 주한 미합중국 군당국의 재판권포기 요청 사실을 통보받은 날부터 14일 이내에 검사에게 사건을 송치 또는 송부해야 한다. 다만, 검사의 동의를 받아 그 기간을 연장할 수 있다.

③ 「범죄수사규칙」에 따르면 경찰관은 총영사, 영사 또는 부영사의 사택이나 명예영사의 사무소 혹은 사택에서 수사할 필요가 있다고 인정될 때에는 미리 국가수사본부장에게 보고하여 그 지시를 받아야 한다.

④ 「범죄수사규칙」에 따르면 경찰관은 중대한 범죄를 범한 사람이 도주하여 대한민국의 영해에 있는 외국군함으로 들어갔을 때에는 신속히 국가수사본부장에게 보고하여 그 지시를 받아야 한다. 다만, 급속을 요할 때에는 신분을 밝히고 출입할 수 있다.

01

실질적 의미의 경찰과 형식적 의미의 경찰에 대한 설명으로 적절하지 않은 것은 모두 몇 개인가?

> 가. 실질적 의미의 경찰은 독일 행정법학에서 학문적으로 정립된 개념으로, 특정 행정영역에서의 권력적 작용을 포함한다.
> 나. 형식적 의미의 경찰과 실질적 의미의 경찰은 일치한다.
> 다. 사무를 기준으로 하였을 때 우리나라 자치경찰은 형식적 의미의 경찰과 실질적 의미의 경찰 모두에 해당한다.
> 라. 형식적 의미의 경찰작용이란 실정법상 일반행정기관에 분배된 사무를 말한다.
> 마. 실질적 의미의 경찰개념은 경찰작용의 성질에 따른 것으로서, 보건·산림·세무·의료·환경 등의 업무는 국가기관의 비권력적 행위로 간주되며 경찰개념에 포함되지 않는다.

① 1개　　② 2개
③ 3개　　④ 4개

02

경찰의 분류에 대한 설명으로 가장 적절하지 않은 것은?

① 위해정도 및 담당기관에 따라 평시경찰과 비상경찰을 분류한다.
② 보통경찰조직의 직무범위 중에서 강제력을 수단으로 사회공공의 안녕과 질서유지를 위한 법집행을 주로 하는 경찰활동은 질서경찰에 해당한다.
③ 행정경찰과 사법경찰의 구분은 삼권분립의 사상이 투철했던 프랑스에서 확립된 것이며, 그 영향을 받아 우리나라에서는 조직법상으로 수사를 주관하는 부서인 '국가수사본부'가 사법경찰 업무만을 담당하고 있어 행정경찰과 사법경찰의 구분이 명확하다.
④ 풍속경찰은 경찰의 생활안전업무 소관으로 보안경찰에 해당된다.

03

「국회법」상 국회내 경찰권에 대한 설명으로 가장 적절한 것은?

① 경찰청장은 회기 중 국회의 질서를 유지하기 위하여 국회 안에서 경호권을 행사한다.
② 경위나 경찰공무원은 국회 안에 현행범인이 있을 때에는 체포한 후 의장의 지시를 받아야 한다. 다만, 회의장 안에서는 의장의 명령 없이 의원을 체포할 수 없다.
③ 국회의 경호업무는 국회의장의 지휘를 받아 수행하되, 경위는 회의장 건물 밖에서, 경찰공무원은 회의장 건물 안에서 경호한다.
④ 의원이 본회의 또는 위원회의 회의장에서 회의장의 질서를 어지럽혔을 지라도 의장이나 위원장은 경고나 제지는 할 수 없다.

04

다음은 고전주의와 실증주의 범죄학파의 견해를 기술한 것이다. 고전주의의 학파의 내용만으로 바르게 짝지어진 것은?

> ㉠ 의사비(非)결정론적 인간관이다.
> ㉡ 인간은 환경(사회)의 영향을 받는 존재이다.
> ㉢ 범죄자의 특성보다 범죄행위 자체의 동기와 결과에 중점을 둔다.
> ㉣ 형벌의 본질은 응보이며, 형벌의 목적은 일반예방이다.
> ㉤ 형벌은 개인의 특성에 따라 차별적으로 결정되어야 한다.
> ㉥ 인간의 범죄는 자유의지가 아닌 외적 요소에 의해 강요되는 것이라고 보았다.

① ㉠㉡㉢　　② ㉠㉢㉣
③ ㉡㉢㉤　　④ ㉢㉣㉤

05

상황적 범죄예방이론에 대한 설명으로 가장 적절하지 않은 것은?

① 코헨과 펠슨이 주장한 일상활동이론은 시간과 공간적 변동에 따른 범죄발생 양상·범죄기회·범죄조건 등에 대한 구체적이고 미시적인 분석을 토대로 구체적인 상황에 맞는 범죄예방활동을 하고자 하였다.

② 상황적 범죄예방이론은 합리적 선택이론, 일상활동이론, 범죄패턴이론에 근거하여 범죄행위에 대한 위험과 어려움을 높여 범죄기회를 줄이고 범죄행위의 이익을 감소시켜 범죄를 예방하려는 이론이다.

③ 일상활동이론에 의하면 범죄자가 범행을 결정하는 데 고려하는 4가지 요소(VIVA 모델)에는 대상의 가치(Value), 이동의 용이성(Inertia), 가시성(Visibility), 보호자의 부재(Absence)가 있다.

④ 한 주차장에서 차량 도난 방지를 위해 보안요원을 배치하고 조명을 강화한 결과, 해당 주차장의 차량 도난 사건은 줄었지만, 인근 주차장의 차량 도난 사건이 증가한 현상을 범죄의 전이효과(crime displacement effect)라고 한다.

06

다음 중 방범용 CCTV에 대한 이론적 설명으로 가장 적절하지 않은 것은?

① 방범용 CCTV는 상황적 범죄예방이론 및 CPTED 이론 등을 근거로 하고 있다.

② 한 지역에서 방범용 CCTV를 설치했을 때 그 지역은 범죄율이 감소하지만 인근지역의 범죄율이 증가하는 것을 범죄의 전이효과(crime displacement effect)라고 한다.

③ 방범용 CCTV의 설치로 우발적이고 비이성적인 범죄에 대한 예방은 어렵지만 침입절도나 강도 등을 예방하는데 효과가 있다는 점은 범죄의 합리적 선택이론을 입증하는 것이다.

④ 방범용 CCTV를 통한 범죄예방은 일반예방이론보다 특별예방이론의 측면이 강하다.

07

지역사회 경찰활동(Community Policing)에 대한 설명으로 가장 적절하지 않은 것은?

① 지역중심적 경찰활동(Community Oriented Policing) – 경찰과 지역사회가 협력하여 길거리 범죄, 물리적 무질서 등을 확인하고 해결함으로써 주민들의 삶의 질을 개선하고자 노력한다.

② 문제지향적 경찰활동(Problem Oriented Policing) – 지역사회 문제해결을 위해 에크와 스펠만의 SARA모형이 강조되는데, 이 모형은 조사(Scanning) – 평가(Assessment) – 대응(Response) – 분석(Analysis)로 진행된다.

③ 이웃지향적 경찰활동(Neighborhood Oriented Policing) – 경찰과 주민의 의사소통을 활성화하고 주민들에 의한 순찰을 실시하는 등 지역사회에 기초를 둔 범죄예방 활동 등을 위해 노력한다.

④ 무관용 경찰활동(Zero Tolerance Policing) – 소규모 지역공동체 모임의 활성화를 통해 상호 감시를 증대하고 단속 중심의 경찰활동을 전개함으로써 범죄에 대응하는 전략을 추진한다.

08

코헨과 펠드버그가 제시한 윤리표준의 구체적 내용의 위반 사례가 옳게 연결된 것은?

① 불법오토바이를 단속한 지구대 경찰관 A는 정지명령에 불응하는 오토바이를 향하여 과도하게 추격한 결과, 오토바이 운전자가 중앙선을 침범하여 마주오던 차량과 충돌하여 사망하였다. - 시민의 생명과 재산의 안전
② 광역수사대 형사 B는 수배자 C가 자기 관내에 있다는 첩보를 입수하고도 이를 팀장과 광역수사대장에게 보고하지 않고 단독으로 검거하려다 실패하였다. - 공중의 신뢰
③ 경찰관 D는 순찰근무 중 정지신호를 무시하고 달아나는 10대 오토바이 운전자를 향해 권총을 발사하여 사망하게 하였다. - 객관적 자세
④ 경찰관 E는 혼자 순찰 중 강도가 칼을 들고 편의점 직원을 위협하는 것을 보고 신변의 위협을 느껴 모른 척하고 지나갔다. - 역할한계의 오류

09

'냉소주의'와 '회의주의'에 대한 설명 중 옳고 그름의 표시(O, X)가 바르게 된 것은?

가. 니더호퍼(Niederhoffer)는 사회체계에 대한 기존의 신념체제가 붕괴된 후 새로운 신념체제에 의해 급하게 대체될 때 냉소주의가 나타날 수 있다고 하였다.
나. 냉소주의와 회의주의는 모두 불신을 바탕으로 한다는 공통점이 있지만, 회의주의는 대상이 특정화되어 있다는 점에서 냉소주의와 차이가 있다.
다. 회의주의는 불특정대상에 대하여 합리적인 근거를 바탕으로 의심하고 비판하며 개선의 의지가 있다는 점에서 냉소주의와 차이가 있다.
라. 인간관 중 X이론은 인간이 책임감 있고 정직하여 권위적인 관리를 해야 한다는 이론이고, Y이론은 인간을 게으르고 부정직한 것으로 보아 민주적으로 관리해야 한다는 이론으로, Y이론에 의한 관리가 냉소주의를 극복하는 방안이 된다.

① 가.(O) 나.(O) 다.(X) 라.(X)
② 가.(X) 나.(O) 다.(O) 라.(O)
③ 가.(X) 나.(O) 다.(X) 라.(X)
④ 가.(X) 나.(X) 다.(X) 라.(X)

10

존 클라이니히(J. Kleinig)의 내부고발의 윤리적 정당화 요건으로 가장 적절하지 않은 것은?

① 내부고발을 함에 있어서는 조직에 대한 충성의 의무와 국민을 위한 공공의 이익 두 가지를 고려해야 한다.
② 내부고발(whistle blowing)을 Deep Throat이라고도 한다.
③ 적절한 도덕적 동기에 의해 내부고발이 이루어져야 하며, 높은 정도의 성공가능성이 있어야 한다.
④ 도덕적 위반이 얼마나 중대한가, 도덕적 위반이 얼마나 급박한가 등에 대한 세심한 고려가 있어야 한다.

11

「공직자의 이해충돌 방지법」 관한 설명 중 가장 적절한 것은?

① 공직자로 채용·임용되기 전 3년 이내에 공직자 자신이 대리하거나 고문·자문 등을 제공했던 개인이나 법인 또는 단체는 사적이해관계자에 해당한다.
② 부동산을 직접 또는 간접으로 취급하는 대통령령으로 정한 공공기관의 공직자가 소속 공공기관의 업무와 관련된 부동산을 보유하고 있거나 매수하는 경우 소속기관장에게 그 사실을 서면으로 신고하여야 한다.
③ 고위공직자는 그 직위에 임용되거나 임기를 개시하기 전 3년 이내에 민간 부문에서 업무활동을 한 경우, 그 활동 내역을 그 직위에 임용되거나 임기를 개시한 다음 날부터 30일 이내에 소속기관장에게 제출하여야 한다.
④ 동법 제14조 제2항을 위반하여 공직자로부터 직무상 비밀 또는 소속 공공기관의 미공개정보임을 알면서도 제공받거나 부정한 방법으로 취득하고 이를 이용하여 재물 또는 재산상의 이익을 취득한 자는 5년 이하의 징역 또는 5천만원 이하의 벌금에 처한다.

12

다음 중 '적극행정'에 관한 다음 관련 법령상의 설명 중 가장 옳지 않은 것은?

① 「적극행정 운영규정」상 '적극행정'이란 공무원이 불합리한 규제를 개선 하는 등 공공의 이익을 위해 창의성과 전문성을 바탕으로 적극적으로 업무를 처리하는 행위를 말한다.
② 「경찰관 직무집행법」상 경찰청장은 경찰관이 제2조 각 호에 따른 직무의 수행으로 인하여 민·형사상 책임과 관련된 소송을 수행할 경우 변호인 선임 등 소송 수행에 필요한 지원을 할 수 있다.
③ 「행정기본법」상 국가와 지방자치단체는 소속 공무원이 공공의 이익을 위하여 적극적으로 직무를 수행할 수 있도록 제반 여건을 조성하고, 이와 관련된 시책 및 조치를 추진하여야 한다.
④ 「행정기본법」상 행정은 현저히 공공의 이익에 반하지 않는 한 적극적으로 추진되어야 한다.

13

일제 강점기 경찰제도는 3·1운동 이후 보통경찰제도로 변화하였다. 이와 관련된 설명으로 옳은 것은?

① 총독부 직속의 경무총감부가 폐지되고, 경무국이 경찰사무와 위생사무를 감독하였다.
② 일본에서 제정된 정치범처벌법이 우리나라에 적용되었다.
③ 경찰의 사무 중 집달리 사무, 민사쟁송조정 사무 등이 제외되는 등 경찰의 활동영역에 많은 변화가 있었다.
④ 일제강점기에는 총독·경무총장에게 주어진 제령권과 경무부장에게 주어진 명령권 등을 통해 각종 전제주의적·제국주의적 경찰권 행사가 가능하였다는 특징이 있다.

14

영국의 4원체제하에서 지역치안위원장이 가지고 있는 권한이 아닌 것은 모두 몇 개인가?

> ㉠ 지역경찰청장 중에서 국립범죄청장 임명
> ㉡ 지역치안의 대표자로서 지역주민의 선거에 의하여 선출
> ㉢ 각 지방경찰청 예산의 50%씩 지원
> ㉣ 지역경찰청장 및 차장의 임명 및 해임권
> ㉤ 예산 및 재정 총괄권
> ㉥ 지역경찰의 예산지출에 대한 감사권

① 1개   ② 2개
③ 3개   ④ 4개

15

다음 중 관료제에 관한 설명으로 옳은 것은?

① 막스베버(M.Weber)는 관료제의 특성으로 직무조직은 계층적 구조로 구성된다고 보며, 가장 강조한 특성이다.
② 관료제는 소극적 일처리 및 상급자 권위에 지나치게 의존하는 목표의 전환 현상이 나타난다.
③ 변화에 대한 저항이란 소속기관·부서에만 충성함으로써 타 조직·부서와의 조정·협조가 곤란한 현상을 말한다.
④ 동조과잉과 형식주의로 인해 '전문화로 인한 무능' 현상이 발생한다.

16

예산제도에 대한 설명으로 가장 적절한 것은?

① 품목별 예산제도는 지출의 대상·성질을 기준으로 세출예산의 금액을 분류하는 관리지향적 제도로 회계책임을 명확히 할 수 있다는 장점이 있으나, 계획과 지출이 일치하지 않는 경우가 많다는 단점이 있다.
② 성과주의 예산제도는 국민이 정부의 활동과 목적을 이해하는데 용이하나 단위원가 계산이 곤란하고, 업무측정단위 선정이 어려운 단점이 있다.
③ 자본예산은 정부예산을 경상지출과 자본지출로 구분하고 경상지출은 경상수입으로 충당시켜 균형을 이루도록 하지만, 자본지출은 적자재정과 공채발행으로 그 수입에 충당하게 함으로써 균형예산을 편성하는 제도이다.
④ 일몰법은 특정의 행정기관이나 사업이 일정기간 지나면 의무적·자동적으로 폐지되게 하는 예산제도로 행정부가 예산편성을 통해 정하며 중요 사업에 대해 적용된다.

17

「경찰장비관리규칙」상 무기류에 관한 설명으로 가장 적절하지 않은 것은?

① 탄약고는 무기고와 함께 설치할 수 있으며 가능한 본 청사와 격리된 독립 건물로 하여야 한다.
② 집중무기·탄약고의 열쇠보관은 일과시간에는 무기 관리부서의 장이, 일과시간 후에는 당직 업무(청사방호) 책임자가 한다.
③ 지구대 등의 간이무기고의 경우는 소속 경찰관에 한하여 무기를 지급하되 감독자 입회(감독자가 없을 경우 반드시 타 선임 경찰관 입회)하에 무기탄약 입출고부에 기재한 뒤 입출고하여야 한다. 다만, 긴급상황 발생시 경찰서장의 사전허가를 받은 경우의 대여는 예외로 한다.
④ 경찰기관의 장은 무기를 휴대한 자 중에서 술자리 또는 연회장소에 출입할 경우에는 대여한 무기·탄약을 무기고에 보관하도록 해야 한다.

18

경찰홍보와 관련하여 다음 (　) 안에 들어갈 말을 나열한 것으로 가장 적절한 것은?

- (㉠)는 주민을 소비자로 보는 관점으로 유료광고·캐릭터 활용 등의 방법이 있고, (㉡)는 신문·잡지·TV 등의 보도기능에 대응하는 활동으로 대개 사건·사고에 대한 질의에 답하는 대응적이고 소극적인 홍보활동을 말한다.
- (㉢)는 인쇄매체, 유인물 등 각종 대중매체를 통하여 개인이나 단체의 긍정적인 점을 일방적으로 알리는 활동을 의미하고, (㉣)는 단순히 기자들의 질문에 응답만 하는 것이 아니라 신문·방송 등 대중매체와 긴밀한 협조관계를 구축하여 대중매체가 원하는 바를 충족시켜주는 것과 동시에 경찰의 긍정적인 측면을 널리 알리는 활동을 말한다.

① ㉠ 지역공동체관계 ㉡ 언론관계 ㉢ 협의의 홍보 ㉣ 기업식 경찰홍보
② ㉠ 지역공동체관계 ㉡ 공공관계 ㉢ 대중매체관계 ㉣ 협의의 홍보
③ ㉠ 기업식 경찰홍보 ㉡ 언론관계 ㉢ 협의의 홍보 ㉣ 대중매체관계
④ ㉠ 기업식 경찰홍보 ㉡ 공공관계 ㉢ 대중매체관계 ㉣ 언론관계

19

「부패방지 및 국민권익위원회의 설치와 운영에 관한 법률」에 대한 설명으로 가장 적절한 것은?

① 신고를 하려는 자는 본인의 인적사항과 신고취지 및 이유를 기재한 무기명의 문서로써 하여야 하며, 신고대상과 부패행위의 증거 등을 함께 제시하여야 한다.
② 국민권익위원회는 접수된 신고사항에 대하여 신고자를 상대로 신고대상자의 인적사항, 신고의 경위 및 취지 등 신고내용의 특정에 필요한 사항을 확인하여야 한다.
③ 국민권익위원회는 접수된 신고사항에 대하여 감사·수사 또는 조사가 필요한 경우 이를 감사원, 수사기관 또는 해당 공공기관의 감독기관(감독기관이 없는 경우에는 해당 공공기관을 말한다. 이하 "조사기관"이라 한다)에 이첩하여야 한다.
④ 조사기관은 신고를 이첩 또는 송부받은 다음날부터 60일 이내에 감사·수사 또는 조사를 종결하여야 한다. 다만, 정당한 사유가 있는 경우에는 그 기간을 연장할 수 있으며, 위원회에 그 연장사유 및 연장기간을 통보하여야 한다.

20

다음 중 「경찰 인권보호 규칙」상 경찰청 및 그 소속기관의 장이 진정을 각하할 수 있는 경우로 가장 적절한 것은?

① 진정 내용이 인권침해에 해당하지 아니하는 것이 명백한 경우
② 사건 해결과 진상 규명에 핵심적인 중요 참고인의 소재를 알 수 없는 경우
③ 진정 내용이 사실이 아니거나 사실 여부를 확인하는 것이 불가능한 경우
④ 진정인이나 피해자의 소재를 알 수 없는 경우

21

경찰법의 법원에 대한 설명 중 옳지 않은 것은 모두 몇 개인가?

> ㉠ 경찰법의 법원이란 경찰법의 존재형식 또는 인식근거에 관한 문제이다.
> ㉡ 행정상의 법률관계는 모두 성문법규로 규율되므로 불문법은 경찰법의 법원이 될 수 없다.
> ㉢ 국무총리는 직권으로 총리령을 발할 수 있으나, 행정각부의 장은 직권으로 부령을 발할 수 없다.
> ㉣ 조례는 법률의 위임이 있을 때 주민의 권리제한 또는 의무부과에 관한 사항이나 벌칙을 정할 수 있으며, 조례 위반행위에 대하여 1천만원 이하의 벌금이나 과태료를 정할 수 있다.
> ㉤ 가장 중심적인 법원으로 국회가 입법절차에 따라 제정하여 공포되는 법 형식의 법원은 법령이다.

① 1개   ② 2개
③ 3개   ④ 4개

22

「국가경찰과 자치경찰의 조직 및 운영에 관한 법률」상 '시·도자치경찰위원회'의 소관사무에 대한 설명으로 옳지 않은 것은?

① 시·도경찰청장의 임용과 관련한 경찰청장과의 협의 사무
② 경찰청장, 시·도경찰청장이 중요하다고 인정하여 시·도자치경찰위원회의 회의에 부친 사항에 대한 심의·의결
③ 국가경찰사무·자치경찰사무의 협력·조정과 관련하여 경찰청장과 협의
④ 국가경찰위원회에 대한 심의·조정 요청

23

다음 중 승진에 대한 설명으로 가장 적절한 것은?

① 「경찰공무원법」상 경무관 이하 계급으로의 승진은 승진시험에 의하여 한다. 다만, 경정 이하 계급으로의 승진은 대통령령으로 정하는 비율에 따라 승진시험과 승진심사를 병행할 수 있다.
② 「경찰공무원 승진임용 규정」상 중앙승진심사위원회는 위원장을 포함한 5명 이상 7명 이하의 위원으로 구성한다.
③ 「경찰공무원 승진임용 규정」상 경력 평정은 기본경력과 초과경력으로 구분하여 실시하되, 경정·경감의 경우 기본경력에 포함되는 기간은 평정기준일부터 최근 4년간으로 한다.
④ 「경찰공무원 승진임용 규정」상 임용권자는 경감으로의 근속승진임용을 위한 심사를 할 때에는 연도별로 합산하여 해당 기관의 근속승진 대상자의 100분의 40에 해당하는 인원수(소수점 이하가 있는 경우에는 1명을 가산한다)를 초과하여 근속승진임용할 수 없다.

24

「경찰공무원 징계령」 제14조(징계위원회의 의결)에 따르면, 다음과 같은 상황에서 괄호 안의 내용으로 가장 적절한 것은? (단, 징계의 감경이나 가중 사유는 존재하지 않음)

> 징계 혐의자인 경찰공무원 甲에 대한 징계 의결을 위한 징계위원회에 6명의 징계위원이 출석하였는데, 징계위원들의 의견이 분분하였다. 징계위원 A와 B는 '강등', 징계위원 C와 D는 '정직 2월', 징계위원 E는 '정직 1월', 징계위원 F는 '감봉 3월' 의견을 제시하였다. 이 경우 징계 혐의자인 경찰공무원 甲에 대한 징계로 (   )을 징계위원회의 합의된 의견으로 본다.

① 강등   ② 정직 2월
③ 정직 1월   ④ 감봉 3월

25

다음 중 경찰비례의 원칙에 관한 설명으로 옳지 않은 것은 모두 몇 개인가?

> ㉠ 경찰비례의 원칙 위반의 효과는 행정소송의 대상이 되며, 국가배상책임이 성립할 수 있다.
> ㉡ 미국에서 경찰법상의 판례를 중심으로 발달하여 왔고, 오늘날에는 행정법의 모든 영역에서 적용되는 원칙으로 이해되고 있다.
> ㉢ 경찰비례의 원칙은 과잉금지의 원칙이라고도 하는데, 필요성의 원칙은 '최소침해의 원칙'이라고 불리고, '협의의 비례원칙'은 상당성의 원칙을 말하며, 경찰기관의 조치는 그 목적을 달성하는데 적합하여야 한다는 원칙은 적합성의 원칙 내용이다.
> ㉣ 경찰비례의 원칙이란 행정작용에 있어서 행정목적과 행정수단 사이에는 합리적인 비례관계가 있어야 한다는 원칙을 말한다.
> ㉤ 이준규 총경은 5·18 광주 민주화운동 당시 무장 강경진압 방침이 내려오자 '분산되는 자는 너무 추적하지 말 것, 부상자가 발생하지 않도록 할 것' 등을 지시하여 비례의 원칙에 입각한 경찰권 행사 및 인권 보호를 강조하였다.

① 1개 ② 2개
③ 3개 ④ 4개

26

다음 행정행위 중 강학상 특허에 해당하지 않는 것은? (다툼이 있는 경우 판례에 의함)

① 개인택시면허
② 토지거래구역내 토지거래허가
③ 어업면허
④ 국유재산 등의 관리청이 행정재산의 사용·수익에 대하여 하는 허가

27

행정행위의 부관에 대한 설명으로 옳지 않은 것은? (다툼이 있는 경우 판례에 의함)

① 재량행위에 있어서는 법령상의 근거가 없다고 하더라도 부관을 붙일 수 있다.
② 지방국토관리청장이 일부 공유수면매립지에 대하여 한 국가 또는 광역시 귀속처분은 법률효과의 일부배제에 해당하는 것으로 행정행위의 부관의 유형으로 볼 수 있다.
③ 도로보수공사 완성을 조건으로 한 자동차운송사업의 면허는 해제조건에 해당한다.
④ 조건은 행정행위의 효력 발생 또는 소멸을 장래의 불확실한 사실의 성부에 의존시키는 부관을 말한다.

28

「공공기관의 정보공개에 관한 법률」에 대한 설명으로 가장 적절하지 않은 것은? (다툼이 있는 경우 판례에 의함)

① 직무를 수행한 공무원의 성명·직위 등 「개인정보 보호법」 제2조 제1호에 따른 개인정보로서 공개될 경우 사생활의 비밀 또는 자유를 침해할 우려가 있다고 인정되는 정보는 공개하지 않을 수 있다.
② 정보공개에 관한 정책 수립 및 제도 개선에 관한 사항 등을 심의·조정하기 위하여 행정안전부장관 소속으로 정보공개위원회를 둔다.
③ 수사기록 중 의견서, 보고문서, 메모, 법률검토 등은 그 실질적인 내용을 구체적으로 살펴 수사의 방법 및 절차 등이 공개됨으로써 수사기관의 직무수행을 현저히 곤란하게 한다고 인정할 만한 상당한 이유가 있어야만 비공개대상정보에 해당한다.
④ 피의자신문조서 등 조서에 기재된 피의자 등의 인적사항 이외의 진술내용 역시 개인의 사생활의 비밀 또는 자유를 침해할 우려가 인정되는 경우에는 비공개대상정보에 해당한다.

29

다음 <보기> 중 「행정절차법」상 기간과 관련된 규정을 정리한 것이다. ㉠~㉤에 들어갈 기간을 바르게 나열한 것은?

<보기>
① 행정예고기간은 예고 내용의 성격 등을 고려하여 정하되, 특별한 사정이 없으면 (㉠)일 이상으로 한다.
② ①에도 불구하고 행정목적을 달성하기 위하여 긴급한 필요가 있는 경우에는 행정예고기간을 단축할 수 있다. 이 경우 단축된 행정예고기간은 (㉡)일 이상으로 한다.
③ 입법예고기간은 예고할 때 정하되, 특별한 사정이 없으면 (㉢)일 [자치법규는 (㉣)일] 이상으로 한다.
④ 행정청은 공청회를 개최하려는 경우에는 공청회 개최 (㉤)일 전까지 제목, 일시 및 장소 등을 당사자 등에게 통지하고 관보, 공보, 인터넷 홈페이지 또는 일간신문 등에 공고하는 등의 방법으로 널리 알려야 한다.

① ㉠ (14) ㉡ (10) ㉢ (40) ㉣ (20) ㉤ (14)
② ㉠ (14) ㉡ (20) ㉢ (20) ㉣ (10) ㉤ (20)
③ ㉠ (20) ㉡ (10) ㉢ (40) ㉣ (20) ㉤ (14)
④ ㉠ (20) ㉡ (20) ㉢ (40) ㉣ (20) ㉤ (14)

30

다음과 같은 경우의 배상책임에 대한 설명으로 타당한 것은?

시위진압을 위해 출동한 김경장은 기동대 버스를 주차할 곳이 마땅하지 않아 언덕길에 핸드브레이크를 사용하여 안전을 확인한 후 주차하였으나, 버스가 뒤로 밀리면서 뒤에 주차되어 있던 주민 甲의 승용차를 손괴하고, 행인 乙에게도 전치 3주의 부상을 입혔다.

① 국가는 김경장의 고의·과실을 불문하고 배상책임이 있고, 만일 김경장이 고의 또는 중과실이 있는 경우에는 김경장에게 구상권을 행사할 수 있다.
② 국가는 김경장의 고의 또는 중과실이 있는 경우에만 배상책임이 있다.
③ 국가는 김경장의 고의 또는 중과실을 불문하고 구상권을 행사할 수 없다.
④ 국가는 김경장의 과실이 있는 경우에만 배상책임이 있다.

31

「경찰관 직무집행법」 제4조 '보호조치등'에 대한 설명으로 적절한 것은?

① 경찰관은 적당한 보호자가 없는 부상자에 대해 응급구호가 필요하다고 인정할 만한 사유가 있다면 본인이 구호를 거절하더라도 보호조치를 할 수 있다.
② 경찰관은 자살기도자를 발견하여 경찰관서에 보호할 경우 지체 없이 구호대상자의 가족, 친지 또는 그 밖의 연고자에게 그 사실을 알려야 하며, 연고자가 발견되지 아니할 때에는 구호대상자를 관할경찰관서에 즉시 인계하여야 한다.
③ 경찰관은 보호조치 등을 하는 경우에 구호대상자가 휴대하고 있는 무기·흉기 등 위험을 일으킬 수 있는 것으로 인정되는 물건을 경찰관서에 임시로 영치(領置)하여 놓을 수 있고, 그 기간은 10일을 초과할 수 없으며 법적 성질은 대물적 즉시강제이다.
④ 긴급구호요청을 받은 응급의료종사자가 정당한 이유 없이 긴급구호요청을 거절할 경우, 「경찰관 직무집행법」에 따라 3년 이하의 징역 또는 3천만원 이하의 벌금에 처한다.

32

「경찰관 직무집행법」에 규정된 경찰장비의 사용에 대한 내용으로 가장 적절한 것은?

① '경찰장구'란 경찰관이 휴대하여 범인 검거와 범죄 진압 등의 직무 수행에 사용하는 수갑, 포승, 경찰봉, 방패, 도검 등을 말한다.
② '권총'의 사용은 사형·무기 또는 장기 3년 이상의 징역이나 금고에 해당하는 죄를 범하거나 범하였다고 의심할 만한 충분한 이유가 있는 사람이 경찰관의 직무집행에 항거하거나 도주하려고 할 때에 그 행위를 방지하거나 그 행위자를 체포하기 위하여 무기를 사용하지 아니하고는 다른 수단이 없다고 인정되는 상당한 이유가 있을 경우 사용할 수 있다.
③ '분사기'는 법률에 정해진 직무 수행을 위해 부득이한 경우에 필요한 최소한의 범위에서 사용할 수 있으나, 최루탄은 사용이 금지되어 있다.
④ '경찰착용기록장치'는 사람의 생명·신체에 위해를 끼치거나 재산에 중대한 손해를 끼칠 우려가 없는 경우에도 직무 수행을 위하여 사용할 수 있다.

33

다음 중 「경찰관 직무집행법」에 관련된 판례이다. 옳지 않은 것은?

① 경찰관은 형사처벌의 대상이 되는 행위가 눈앞에서 막 이루어지려고 하는 것이 객관적으로 인정될 수 있는 상황이고 그 행위를 당장 제지하지 않으면 곧 인명·신체에 위해를 미치거나 재산에 중대한 손해를 끼칠 우려가 있는 상황이어서, 직접 제지하는 방법 외에는 위와 같은 결과를 막을 수 없는 급박한 상태일 때에만 경찰관 직무집행법 제6조에 의하여 적법하게 그 행위를 제지할 수 있고, 그 범위 내에서만 경찰관의 제지 조치가 적법하다고 평가될 수 있다

② 경찰관 직무집행법상 경찰관의 제지에 관한 부분은 눈앞의 급박한 경찰상 장해를 제거하여야 할 필요가 있고 의무를 명할 시간적 여유가 없거나 의무를 명하는 방법으로는 그 목적을 달성하기 어려운 상황에서 의무이행을 전제로 하지 않고 경찰이 직접 실력을 행사하여 경찰상 필요한 상태를 실현하는 권력적 법률행위에 관한 근거조항이다.

③ 야간에 술이 취한 상태에서 병원에 있던 과도로 대형 유리창문을 쳐 깨뜨리고 자신의 복부에 칼을 대고 할복 자살하겠다고 난동을 부린 피해자가 출동한 2명의 경찰관들에게 칼을 들고 항거하였다고 하여도 위 경찰관 등이 공포를 발사하거나 소지한 가스총과 경찰봉을 사용하여 위 망인의 항거를 억제할 시간적 여유와 보충적 수단이 있었다고 보여지고, 또 부득이 총을 발사할 수 밖에 없었다고 하더라도 하체부위를 향하여 발사함으로써 그 위해를 최소한도로 줄일 여지가 있었다고 보여지므로, 칼빈소총을 1회 발사하여 피해자의 왼쪽 가슴 아래 부위를 관통하여 사망케 한 경찰관의 총기사용행위는 경찰관 직무집행법 제12조 소정의 총기사용 한계를 벗어난 것이다.

④ 경찰관의 경고나 제지는 범죄의 예방을 위하여 범죄행위에 관한 실행의 착수 전에 행하여질 수 있을 뿐만 아니라, 이후 범죄행위가 계속되는 중에 그 진압을 위하여도 당연히 행하여질 수 있다고 보아야 한다.

34

「경찰관 직무집행법 시행령」상 '손실보상심의위원회'에 대한 내용으로 옳고 그름(O, X)의 표시가 바르게 연결된 것은?

> ㉠ 보상금 지급 청구서를 받은 손실보상 결정권자는 특별한 사유가 없으면 보상금 지급 청구서를 받은 날부터 60일 이내에 손실보상심의위원회의 심의·의결에 따라 보상 여부 및 보상금액을 결정해야 한다. 다만, 부득이한 사유로 60일 이내에 결정할 수 없을 때에는 그 기간이 끝나는 날의 다음 날부터 60일의 범위에서 결정기간을 한 차례만 연장할 수 있다.
> ㉡ 위원회는 위원장 1명을 포함한 5명 이상 7명 이내의 위원으로 성별을 고려하여 구성한다. 다만, 청구금액이 100만원 이하인 사건에 대해서는 제3항 제1호에 해당하는 위원 3명으로만 구성할 수 있다.
> ㉢ 보상위원장은 소속 경찰관 위원 중에서 손실보상 결정권자가 지명한 사람이 된다.
> ㉣ 위원회의 회의는 재적위원 과반수의 출석으로 개의하고, 출석위원 과반수의 찬성으로 의결한다.

① ㉠ (O) ㉡ (O) ㉢ (X) ㉣ (X)
② ㉠ (X) ㉡ (X) ㉢ (O) ㉣ (O)
③ ㉠ (X) ㉡ (O) ㉢ (O) ㉣ (O)
④ ㉠ (O) ㉡ (X) ㉢ (X) ㉣ (O)

35

「112치안종합상황실 운영 및 신고처리 규칙」에 관한 설명으로 가장 적절하지 않은 것은?

① 경찰관서 방문 등 112신고 외의 방법으로 범죄나 각종 사건·사고 등 위급한 상황이 발생하였거나 발생할 것이 예상된다는 신고를 접수한 경찰관은 소속 경찰관서의 112시스템에 신고내용을 입력해야 한다.
② 경찰청장은 강력범죄 현행범인 등 신고 대응을 위해 실시간 전파가 필요한 경우에는 112신고 대응 코드(code) 중 코드 1 신고로 분류한다.
③ 출동 경찰관은 소관 업무나 관할 등을 이유로 출동을 거부하거나 지연 출동해서는 안 된다.
④ 112신고 접수·처리자료 중 112시스템 입력자료는 112신고 대응 코드 0·코드 1·코드 2로 분류한 자료는 3년간, 코드 3·코드 4로 분류한 자료는 1년간 보존하고, 녹음·녹화자료는 3개월간 보존한다.

36

「스토킹범죄의 처벌 등에 관한 법률」에 대한 설명으로 옳지 않은 것은?

① "스토킹행위"란 상대방의 의사에 반(反)하여 정당한 이유 없이 상대방 또는 그의 동거인, 가족에 대하여 접근하거나 따라다니거나 진로를 막아서는 행위, 주거, 직장, 학교, 그 밖에 일상적으로 생활하는 장소 또는 그 부근에서 기다리거나 지켜보는 행위 등을 하여 상대방에게 불안감 또는 공포심을 일으키는 것을 말한다.
② 사법경찰관은 긴급응급조치를 하였을 때에는 지체 없이 검사에게 해당 긴급응급조치에 대한 사후승인을 지방법원 판사에게 청구하여 줄 것을 신청하여야 하며, 신청을 받은 검사는 긴급응급조치가 있었던 때부터 48시간 이내에 지방법원 판사에게 해당 긴급응급조치에 대한 사후승인을 청구한다.
③ 사법경찰관은 스토킹행위 신고와 관련하여 스토킹행위가 지속적 또는 반복적으로 행하여질 우려가 있고 스토킹범죄의 예방을 위하여 긴급을 요하는 경우 스토킹행위자에게 직권으로 또는 스토킹행위의 상대방이나 그 법정대리인 또는 스토킹행위를 신고한 사람의 요청에 의하여 긴급응급조치를 할 수 있다.
④ 스토킹행위의 상대방등이나 그 법정대리인은 제4조 제1항 제1호(스토킹행위의 상대방등이나 그 주거등으로부터 100미터 이내의 접근 금지)의 긴급응급조치가 있은 후 스토킹행위의 상대방등이 주거등을 옮긴 경우에는 사법경찰관에게 긴급응급조치의 취소를 신청할 수 있으며, 긴급응급조치가 필요하지 아니한 경우에는 사법경찰관에게 해당 긴급응급조치의 변경을 신청할 수 있다.

37

마약류에 대한 설명으로 옳은 것은 모두 몇 개인가?

> ㉠ 마약이라 함은 양귀비, 아편, 대마와 이들로부터 추출되는 모든 알카로이드 및 그와 동일한 화학적 합성품으로서 대통령령으로 정하는 것 등을 말한다.
> ㉡ GHB(일명 물뽕)는 무색, 무취, 무미의 액체로 유럽 등지에서 데이트 강간약물로도 불린다.
> ㉢ LSD는 곡물의 곰팡이, 보리 맥각에서 추출한 물질을 인공 합성시켜 만든 것으로 무색, 무취, 무미하다.
> ㉣ 헤로인은 「마약류 관리에 관한 법률」에서 규제하는 향정신성의약품에 해당한다.
> ㉤ 엑스터시(MDMA 또는 XTC)는 기분이 좋아지는 약, 포옹마약(Hug Drug), 클럽마약, 도리도리 등으로 지칭되며, 복용하면 신체적 접촉 욕구가 강하게 발생한다.
> ㉥ 카리소프로돌은 알약의 모양이 나비모양처럼 생겼다고 하여, 일명 '나비약'이라고 불리는 마약성 식욕억제제의 성분이며, 금단증상으로는 온몸이 뻣뻣해지고 뒤틀리며, 혀꼬부라지는 소리 등을 하게 된다.

① 2개
② 3개
③ 4개
④ 5개

38

「통합방위법」에 대한 설명으로 가장 적절한 것은?

① 「통합방위법」상 중앙 통합방위협의회의 의장은 합동참모의장이고, 지역 통합방위협의회의 의장은 시·도지사이며, 통합방위본부장은 국무총리이다
② 행정안전부장관 또는 국방부장관은 갑종사태에 해당하는 상황이 발생하였을 때 또는 둘 이상의 특별시·광역시·특별자치시·도·특별자치도(이하 "시·도"라 한다)에 걸쳐 을종사태에 해당하는 상황이 발생하였을 때 국무총리를 거쳐 대통령에게 통합방위사태의 선포를 건의하여야 한다.
③ 통합방위본부장 또는 지역군사령관은 통합방위사태에 대비하여 국가중요시설에 대한 방호지원계획을 수립·시행하여야 한다.
④ 국가중요시설의 평시 경비·보안활동에 대한 지도·감독은 관계 행정기관의 장과 국가정보원장이 수행한다.

39

'음주운전'과 관련된 판례 입장으로 옳지 않은 것은? (다툼이 있으면 판례에 의함)

① 음주운전 시점과 혈중알코올농도의 측정 시점 사이에 시간 간격이 있고 그때가 혈중알코올농도의 상승기로 보이는 경우라 하더라도, 그러한 사정만으로 무조건 실제 운전 시점의 혈중알코올농도가 처벌기준치를 초과한다는 점에 대한 증명이 불가능하다고 볼 수는 없다.

② 음주운전과 관련한 도로교통법 위반죄의 범죄수사를 위하여 미성년자인 피의자의 혈액채취가 필요한 경우에도 피의자에게 의사능력이 있다면 피의자 본인만이 혈액채취에 관한 유효한 동의를 할 수 있고, 피의자에게 의사능력이 없는 경우에는 법정대리인이 피의자를 대리하여 동의할 수는 있다.

③ 물로 입 안을 헹굴 기회를 달라는 피고인의 요구를 무시한 채 호흡측정기로 측정한 혈중알코올 농도 수치가 0.05%로 나타난 사안에서, 피고인이 당시 혈중알코올 농도 0.05% 이상의 술에 취한 상태에서 운전하였다고 단정할 수 없다.

④ 음주감지기에서 음주반응이 나온 경우, 그것만으로 술에 취한 상태에 있다고 인정할 만한 상당한 이유가 있다고 볼 수 없다.

40

집회 및 시위에 관한 판례의 내용 중 옳지 않은 것은? (다툼이 있으면 판례에 의함)

① 시위의 개념 중 '공중이 자유로이 통행할 수 있는 장소'라는 장소적 제한개념은 시위의 개념요소라고 본다.

② 집회가 성립하기 위한 최소한의 인원에 대해 종래 학계와 실무에서는 2인설과 3인설이 대립하고 있었으나 대법원은 '2인이 모인 집회도 「집회 및 시위에 관한 법률」의 규제대상'이라고 판시하였다.

③ 집회의 장소가 관공서 등 공공건조물의 옥내라 하더라도 그곳이 일반적으로 집회의 개최가 허용된 개방된 장소가 아닌 이상 이를 무단 점거하여 그 건조물의 평온을 해치거나 정상적인 기능의 수행에 위험을 초래하고 나아가 질서를 유지할 수 없는 정도에 이른 경우에는 해산명령의 대상이 되는 것이다.

④ 서울광장이 청구인들의 생활형성의 중심지인 거주지나 체류지에 해당한다고 할 수 없고, 서울광장에 출입하고 통행하는 행위가 그 장소를 중심으로 생활을 형성해 나가는 행위에 속한다고 볼 수도 없으므로 청구인들의 거주·이전의 자유가 제한되었다고 할 수 없다.

정답

해설지 다운로드

 해설지 다운로드(네이버 카페: 김재규 경찰학)

제1회

1	2	3	4	5	6	7	8	9	10
①	③	④	④	①	③	②	①	②	④
11	12	13	14	15	16	17	18	19	20
①	③	④	④	①	①	④	③	④	④
21	22	23	24	25	26	27	28	29	30
②	②	③	③	②	④	②	④	②	③
31	32	33	34	35	36	37	38	39	40
③	④	①	②	④	④	②	①	④	④

제2회

1	2	3	4	5	6	7	8	9	10
①	①	②	②	④	③	④	①	③	③
11	12	13	14	15	16	17	18	19	20
③	③	②	②	④	①	③	④	④	①
21	22	23	24	25	26	27	28	29	30
③	③	①	④	①	③	②	②	①	③
31	32	33	34	35	36	37	38	39	40
④	②	③	②	④	③	②	①	④	④

제3회

1	2	3	4	5	6	7	8	9	10
④	④	③	③	④	③	④	③	①	③
11	12	13	14	15	16	17	18	19	20
③	④	④	①	①	④	④	②	④	②
21	22	23	24	25	26	27	28	29	30
④	④	①	③	①	④	③	①	①	③
31	32	33	34	35	36	37	38	39	40
④	①	②	③	②	②	②	①	④	①

필수 해설지 다운로드(네이버 카페: 김재규 경찰학)

제4회

1	2	3	4	5	6	7	8	9	10
③	③	①	④	①	①	③	③	③	③
11	12	13	14	15	16	17	18	19	20
④	③	②	④	③	④	④	②	②	②
21	22	23	24	25	26	27	28	29	30
①	①	③	③	②	③	③	①	①	③
31	32	33	34	35	36	37	38	39	40
②	③	④	③	①	②	③	④	②	②

제5회

1	2	3	4	5	6	7	8	9	10
①	③	④	①	③	①	②	④	④	②
11	12	13	14	15	16	17	18	19	20
③	③	②	②	①	③	④	④	③	③
21	22	23	24	25	26	27	28	29	30
④	①	④	④	②	②	③	③	①	④
31	32	33	34	35	36	37	38	39	40
③	④	②	②	③	①	④	③	②	②

제6회

1	2	3	4	5	6	7	8	9	10
④	②	④	④	②	①	④	③	①	④
11	12	13	14	15	16	17	18	19	20
④	①	②	①	②	③	③	②	③	④
21	22	23	24	25	26	27	28	29	30
③	①	④	③	②	④	②	①	①	②
31	32	33	34	35	36	37	38	39	40
④	③	④	①	①	①	①	③	④	④

 해설지 다운로드(네이버 카페: 김재규 경찰학)

제7회

1	2	3	4	5	6	7	8	9	10
③	④	②	④	②	③	④	③	②	③
11	12	13	14	15	16	17	18	19	20
①	④	②	③	③	①	②	①	③	④
21	22	23	24	25	26	27	28	29	30
④	④	②	③	③	①	④	④	②	④
31	32	33	34	35	36	37	38	39	40
①	④	①	②	①	④	③	③	④	①

제8회

1	2	3	4	5	6	7	8	9	10
③	④	②	③	③	①	①	③	①	①
11	12	13	14	15	16	17	18	19	20
③	①	④	③	③	③	③	②	④	①
21	22	23	24	25	26	27	28	29	30
④	④	③	②	④	③	④	②	②	④
31	32	33	34	35	36	37	38	39	40
①	③	③	②	③	④	③	②	③	②

제9회

1	2	3	4	5	6	7	8	9	10
④	②	④	②	②	④	③	③	①	④
11	12	13	14	15	16	17	18	19	20
④	③	③	③	①	①	④	③	③	①
21	22	23	24	25	26	27	28	29	30
④	④	③	④	④	④	④	①	②	④
31	32	33	34	35	36	37	38	39	40
②	③	①	②	③	③	②	④	③	④

 해설지 다운로드(네이버 카페: 김재규 경찰학)

제10회

1	2	3	4	5	6	7	8	9	10
②	④	②	④	③	④	②	④	③	①
11	12	13	14	15	16	17	18	19	20
①	③	②	③	③	③	①	③	③	④
21	22	23	24	25	26	27	28	29	30
③	③	③	④	③	③	②	①	②	③
31	32	33	34	35	36	37	38	39	40
④	③	④	③	②	①	③	④	②	④

제11회

1	2	3	4	5	6	7	8	9	10
②	③	②	③	④	④	③	①	④	②
11	12	13	14	15	16	17	18	19	20
①	①	①	④	②	②	④	①	②	④
21	22	23	24	25	26	27	28	29	30
③	④	②	②	①	④	④	④	①	④
31	32	33	34	35	36	37	38	39	40
③	②	③	④	①	③	④	③	④	④

제12회

1	2	3	4	5	6	7	8	9	10
③	③	②	②	③	④	②	①	③	③
11	12	13	14	15	16	17	18	19	20
④	④	①	③	①	②	①	③	②	①
21	22	23	24	25	26	27	28	29	30
④	②	②	②	②	②	③	①	③	①
31	32	33	34	35	36	37	38	39	40
③	②	②	②	②	④	①	④	②	①

2025 최신개정판

해커스경찰
킹재규
경찰학 2차 시험 대비
총알 총정리 모의고사

개정 2판 1쇄 발행 2025년 7월 7일

지은이	김재규 편저
펴낸곳	해커스패스
펴낸이	해커스경찰 출판팀
주소	서울특별시 강남구 강남대로 428 해커스경찰
고객센터	1588-4055
교재 관련 문의	gosi@hackerspass.com
	해커스경찰 사이트(police.Hackers.com) 교재 Q&A 게시판
	카카오톡 플러스 친구 [해커스경찰]
학원 강의 및 동영상강의	police.Hackers.com
ISBN	979-11-7404-277-4 (13350)
Serial Number	02-01-01

저작권자 © 2025, 김재규

이 책의 모든 내용, 이미지, 디자인, 편집 형태는 저작권법에 의해 보호받고 있습니다.
서면에 의한 저자와 출판사의 허락 없이 내용의 일부 혹은 전부를 인용, 발췌하거나 복제, 배포할 수 없습니다.

**경찰공무원 1위,
해커스경찰 police.Hackers.com**

해커스경찰

· 정확한 성적 분석으로 약점 극복이 가능한 **경찰 합격예측 온라인 모의고사**(교재 내 응시권 및 해설강의 수강권 수록)
· 해커스 스타강사의 **경찰학 무료 특강**
· **해커스경찰 학원 및 인강**(교재 내 인강 할인쿠폰 수록)

한경비즈니스 2024 한국품질만족도 교육(온·오프라인 경찰학원) 부문 1위

해커스경찰 전 강좌
수강료 100% 환급+평생패스

형사법/경찰학/헌법 전 강좌
합격할 때까지 평생 무제한 연장!

[100% 환급] 최초 수강기간 내 최종 합격 시, 교재비 환급대상 제외, 제세공과금 본인 부담 / [평생] 매년 불합격 인증시 1년씩 연장(시험 응시 필수)

경찰 전강좌 100%
환급+평생패스 바로가기

- 범죄학 **노신**
- 경찰헌법 **황남기**
- 경찰헌법 **박철한**
- 경찰학 **김민철**
- 경찰학 **서정표**
- 범죄학 **이언담**
- 경찰헌법 **신동욱**
- 형사법 **김대환**
- 경찰학 **조현**
- 경찰학 **김재규**

전 강사&전 강좌 **무제한 수강**	검정제/가산점 강의 **무료 제공**	합격 시 **수강료 전액환급***

*증빙 서류 제출 및 조건 달성 시
*제세공과금 제외

해커스경찰 police.Hackers.com   문의 1588-4055